앞으로 100년, 전 세계를 휩쓸

그린 비즈니스
GREEN
BUSINESS

※ 이 책은 방일영 문화재단의 후원으로 저술, 출판되었습니다.

앞으로 100년, 전 세계를 휩쓸

그린 비즈니스
GREEN BUSINESS

이도운 지음

무한

에너지에 처음 관심을 갖게 된 것은 워싱턴 특파원 시절이던 2006
년이다. 글로벌 기업 관련 자료를 찾다가 '포천(Fortune) 글로벌
500' 명단을 보게 됐는데, 1위부터 20위 사이의 기업들이 대부분 금
융 아니면 에너지 기업이라는 사실을 알고 깜짝 놀랐다. 1990년대 말
우리나라가 국제통화기금(IMF)의 구제금융을 받게 되며 금융의 중요
성은 알게 됐지만, 에너지가 이처럼 크고, 중요한 산업인지는 미처 깨
닫지 못했었다.

2007년 초에 서울신문에서 전남 무안에 1MW급 태양광발전소를
세웠다. 당시로서는 국내 최대 규모였다. 국제부 데스크에서 태양광
등 신재생에너지와 관련한 기획을 해보라고 요청했다. 마침 워싱턴
프레스센터에서 '콜로라도 주 신재생에너지 투어' 참가자를 모집하
기에 신청을 했다.

콜로라도에서 갖가지 클린 에너지, 그린 비즈니스를 목격하면서 에

너지 분야에 엄청난 변화가 오고 있다는 사실을 깨닫게 됐다. 콜로라도의 에너지 전문가들은 "앞으로 몇 년 안에 클린 에너지 분야에서 구글과 같은 기업이 10개 이상 나올 것"이라고 말했다. 그 말을 들으며 "10개 가운데 적어도 서너 개는 한국에서 나와야 하는 것 아닌가."라는 생각을 갖게 됐다. 그 때부터 관심을 갖고 신재생에너지 관련 책도 읽고, 자료도 모으기 시작했다.

2008년 3월 서울로 귀임한 뒤 한동안은 정치부 데스크로 근무해야 했다. 그러다가 8월 15일 이명박 대통령이 '저탄소 녹색 성장' 정책을 발표한 것을 계기로 신재생에너지 분야를 직접 담당해 보겠다고 자원했다. 편집국장과 국장단의 배려로 서울신문의 '2009 녹색 성장의 비전' 시리즈와 '환경과 에너지' 면을 전담하게 됐다. 세계 각국을 다니며 '클린 에너지 혁명'의 현장을 직접 목격하고 전문가들과 의견을 교환하는 소중한 기회를 가질 수 있었다.

이 책은 그동안 신문에 게재됐던 기사를 중심으로 엮은 것이다. 지면의 한계 때문에 담지 못했던 현장 사진 등 새로운 내용들도 많이 포함됐다. 어렵고 지루한 테크놀로지에 대한 설명은 최대한 줄이고 글로벌 클린 에너지, 그린 비즈니스 현장의 분위기를 전하는 데 중점을 뒀다. 직접 방문하지 못한 기업이나 지역도 몇 곳이 있었다. 이런 분야에는 류지영·박건형 기자 등 현장을 방문했던 서울신문 동료 기자들의 기사를 대신 소개했다.

2008년도 포천 글로벌 500 기업 명단 (1~10위)

순위	기업	사업 분야	수익(백만 달러)
1	월마트(Wal-Mart Stores)	유통	378,799
2	엑슨모빌(Exxon Mobil)	에너지	372,824
3	로열더치셸(Royal Dutch Shell)	에너지	355,782
4	브리티시페트롤륨(BP)	에너지	291,438
5	도요타자동차(Toyota Motor)	자동차	230,201
6	셰브론(Chevron)	에너지	210,783
7	ING	금융	201,516
8	토털(Total)	에너지	187,280
9	제너럴모터스(General Motors)	자동차	182,347
10	코노코필립스(ConocoPhillips)	에너지	178,558

2008년 발생한 글로벌 금융위기로 월스트리트의 대표적인 투자은행들이 무너지면서 '포천 글로벌 500 기업' 명단의 상위 순위는 미국과 유럽의 에너지 기업들이 거의 독점하다시피 하고 있다.

C O N T E N T S

녹색 성장, 녹색 혁명

01. "클린 에너지와 그린 에너지의 차이가 뭡니까?"

:: 녹색 성장의 다양한 용어들

"클린(Clean) 에너지와 그린(Green) 에너지의 차이가 뭡니까?"

2008년 10월 30일 서울 신라호텔에서 만난 앤디 카스너 전 미국 에너지부 에너지 효율 및 재생에너지 담당 차관보에게 물었다.

"원자력을 포함시키느냐, 청정 석탄을 포함시키느냐, 뭐 그런 차이 등이 있기는 했지만 크게 신경 쓸 필요 없습니다. 다 같은 뜻으로 보면 됩니다."

미 에너지부가 공식적으로 사용하는 용어는 재생(Renewable)에너지. 태양과 바람, 지열, 바이오매스 등 자연의 힘을 이용해 끊임없이 사용할 수 있는 에너지라는 점을 강조하는 표현이다.

재생에너지, 클린 에너지, 그린 에너지, 대체에너지 등 각 용어에는 나름대로 뉘앙스의 차이도 있고, 그 용어를 쓰는 것이 적절한 상황도 있을 것이다. 그러나 대체로 같은 의미로 통용된다.

한국 정부의 공식 용어는 신재생에너지. 재생에너지에다 수소나 핵융합, 연료전지같은 신(新)에너지를 추가한 개념이다. 용어의 정확한 법적 의미를 꼭 알아야 직성이 풀리는 사람이라면 '신에너지 및 재생에너지 이용, 개발, 보급 촉진법'을 보면 된다.

클린 에너지의 개발과 관련된 각종 기술들은 보통 클린 테크놀로지라고 한다. 그린 테크놀로지라는 말도 함께 쓰인다. 또 그와 관련된 사업은 그린 비즈니스다. 다만 클린 비즈니스라는 말은 잘 안쓴다. 클린 비즈니스는 그린 비즈니스의 뜻으로도 쓰이지만, '세탁업'이나 '청소업'을 연상시킬 수 있다. 세계 최대 서점인 아마존(Amazon.com)의 인터넷 홈페이지에서 해당 용어들을 입력해 보면 서로 다른 용어를 제목으로 삼아 수많은 책들이 출판된 사실을 알 수 있다.

"그럼 '저탄소 녹색 성장'이라는 용어는 적절하다고 봅니까?"

다시 카스너 전 차관보에게 물었다.

"그 말을 들으면 무슨 뜻인지 알 수 있지 않습니까? 그러면 되는 것입니다."

녹색 성장이라는 용어는 2005년 환경부와 유엔 아시아태평양경제사회이사회(UNESCAP)가 서울에서 공동 주최한 5차 '아·태 환경과 개발에 관한 장관회의(MCED)'에서 처음 제시된 것이다. 환경보호 등 지속가능한 개발이 당시 회의의 중요한 어젠다였으나, 저개발국들이 시큰둥한 반응을 보이자 '녹색'에 '성장'이라는 말을 붙여 설득했던 것이라고 정부 관계자는 설명했다.

녹색 성장이란 용어를 정의하기 위해 여러 기관에서 갖가지 말들을 갖다 붙이고 있지만 그런 말들에 스트레스 받을 필요는 없다. 또 녹색 성장이라는 용어가 마음에 들지 않을 수도 있지만, 이미 '브랜드'가 되어버렸다. 사람들의 머릿속에 자리 잡은 브랜드를 바꾸는 것은 쉽지 않은 일이다.

외국에서도 녹색 혁명(Green Revolution), 녹색 경제(Green

Economy), 에너지 혁명 등 다양한 용어가 혼재한다. 가장 많이 쓰이는 녹색 혁명이란 용어는 20세기 중반 북중미와 아시아의 농업 발전을 의미하기도 하는 등 혼선은 마찬가지다.

이 책에서도 여러 가지 용어가 번갈아가면서 나온다. 가급적 한국과 관련된 글에서는 녹색 성장과 신재생에너지 등 '공식 용어'를 사용하려고 했으며, 외국과 관련된 글에서는 가급적 현지에서 자주 쓰는 용어를 사용했다.

02. 녹색 성장의 7가지 얼굴
:: 녹색 혁명을 촉발시킨 요인들

도대체 녹색 성장이란 무엇일까? 이명박 대통령은 2008년 8월 15일 광복절 기념사를 통해 '저탄소 녹색 성장(Low Carbon, Green Growth)'이라는 화두를 불쑥 던졌다.

정부는 이 생소한 화두를 놓고 갑론을박을 거친 뒤 "녹색 성장이란 환경과 경제의 선순환 구조를 통해 양자의 시너지를 극대화하고 이를 새로운 동력으로 삼는 것"이라는 공식 설명을 제시했다. 그러나 그 정도로는 부족한 것 같다. 녹색 성장은 매우 다양한 측면을 갖고 있다.

첫째, 녹색 성장은 환경에서 출발한 개념이다. 온실가스 과다 배출에 따른 지구온난화로 기후 변화가 일어나면서 지구촌에 갖가지 재앙

이 닥치고 있다는 환경학자들의 연구결과에 따라 국제사회가 이산화탄소 등을 감축하기 위한 노력을 기울이기 시작한 데서 녹색 성장은 시작된 것이다.

둘째, 녹색 성장은 에너지의 문제다. 이산화탄소 등 온실가스 배출의 주범은 석탄·석유와 같은 화석연료다. 따라서 지구온난화의 중요한 해소책은 화석연료를 대체하는 클린 에너지의 개발이다. 1970년대 이후 몇 차례 '석유 위기'를 겪으며 세계 주요국들은 대체에너지 개발에 착수했다. 그러나 매번 오래가지 못했다. 석유 가격이 내려가면 금방 흐지부지됐다. 석유만큼 싸고, 효율적인 에너지를 개발하지 못했다. 그러나 1990년대 말부터 급속도로 발달한 각 분야의 테크놀로지가 에너지 쪽으로 유입되면서 화석연료의 가격에 근접한 클린 에너지들이 나오기 시작했다. 마침 중국과 인도의 성장 등으로 에너지 수요가 크게 늘어나면서 석유 가격도 많이 올라 클린 에너지들이 상대적인 경쟁력을 갖기 시작했다.

셋째, 녹색 성장은 그 자체가 경제 성장이다. 2008년 말 발표된 도이치뱅크 보고서에 따르면 "최근의 금융 및 경제위기로 각국 정부는 향후 2~3년 동안 불황을 막기 위해 본격적인 경기 부양에 나서지 않을 수 없다."면서 "녹색 성장 분야에서 전 세계적으로 2050년까지 무려 45조 달러(약 6경 3,000조 원)라는 엄청난 투자가 일어날 것"이라고 예측했다. 또 이 같은 대규모의 투자가 필요하기 때문에 녹색 성장에는 기업 못지않게 정부의 역할이 중요한 것이다. 결국 녹색 성장은 국가 간의 치열한 '경제 전쟁'의 현장이기도 하다.

넷째, 녹색 성장은 금융이다. 자본주의 꽃이 주식시장인 것처럼, 녹색 성장의 꽃은 탄소 시장이 될 가능성이 크다. 온실가스 배출권을 사고파는 세계 탄소 시장의 규모는 2006년 300억 달러에 이르렀으며, 2010년에는 1,500억 달러(약 195조 원) 규모에 이를 것으로 추산된다. 영국을 비롯한 유럽 각국에서는 탄소 시장을 중심으로 금융과 컨설팅 비즈니스를 개발하는 기업들이 끊임없이 나오고 있다. 이와 함께 클린 테크놀로지 분야에 벤처 캐피털의 투자금이 몰리고 있다. 돈이 있는 곳에 녹색도 있고, 성장도 있는 것이다.

다섯째, 녹색 성장의 요체는 과학이다. 신재생에너지 개발에는 과학기술이 뒷받침돼야 한다. 노벨화학상을 수상한 앨런 히거 UC산타바바라 교수는 "15년 전 초고속전자이동을 연구했는데, 그것이 결국은 태양전지 개발로 이어졌다."면서 "기초과학이 탄탄해야 그 기반 위에서 신재생에너지도 나올 수 있다."고 말했다.

여섯째, 녹색 성장은 안보다. 2008년 10월 미국 샌디에이고에서 열린 '솔라 파워 인터내셔널 2008' 행사에서 웨슬리 클라크 전 나토사령관은 기조연설을 통해 "기후 변화는 안보와 직결된 사안"이라며 "군 지도부는 홍수와 가뭄, 흉작 등에 따른 인구의 이동이나 지정학적 불안정이 미국의 안보를 위협할 수 있다는 사실을 공감하고 있다."고 말했다. 또 미국 등 주요국이 지불하는 막대한 석유수입 대금이 중동의 테러리스트들에게로 흘러간다는 분석도 미국 정부가 신재생에너지 개발에 박차를 가하는 이유 가운데 하나다.

　마지막으로, 녹색 성장은 생활이다. 각국에서 녹색 성장 정책이 닻을 내리는 데는 이른바 LOHAS(Life Style of Health and Sustainability)족들의 역할이 컸다. 이들은 좀 더 비싼 비용을 지불하더라도 환경에 영향을 미치지 않는 상품과 서비스를 구입해 왔다. 그러나 녹색 성장이 본격화되려면 LOHAS 소비자들로만은 부족하다. 지난 수십 년간 진행된 이른바 IT 혁명도 사람마다 컴퓨터를 소유하고, 초고속 인터넷에 접속하게 되면서 완성 단계에 들어갔다. 녹색 성장 또는 녹색 혁명도 에너지 절약과 신재생에너지 사용 등이 전체 국민의 생활 속에 녹아들어야 꽃을 피울 수 있을 것이다.

CHAPTER

2

클린 에너지

01. 저 빛의 1%만 : : 태양광

태양은 우리에게 2가지 에너지를 제공한다. 하나는 빛이고, 하나는 열이다. 태양의 빛 에너지를 전기 에너지로 바꿔 주는 것이 태양전지 (Solar Cell)다. 태양광의 광자(Photon)가 태양전지 속의 전자를 때려 움직임을 활성화하는 방식으로 전기를 생산한다. 태양전지를 만드는 방법은 매우 다양하며, 새로운 기술이 계속 개발되고 있다.

태양광은 온실가스를 발생시키지 않는 청정 에너지이며, 필요한 지역에서 필요한 만큼만 전력을 생산하는 소규모 발전이 가능하다. 또 태양전지의 수명은 20년 정도로 매우 긴 편이며, 유지와 보수도 간편하다. 그러나 에너지 밀도가 낮아 발전소를 설치하려면 큰 면적이 필요하다. 또 밤에는 전기생산이 불가능하고, 흐린 날씨에는 효율이 떨어진다. 이와 함께 초기 투자비용이 큰 데다가 발전 단가도 아직은 비싼 편이다.

태양열은 다시 2가지 방식으로 이용할 수 있다. 먼저 태양열로 물이나 다른 액체 물질을 끓여 생산되는 증기로 터빈을 돌려 발전하는 것이다. 이 같은 방식은 사하라 사막처럼 한낮의 온도가 매우 높은 지역에서 유리하다. 또 다른 태양열 이용법은 온수를 만드는 것이다. 태양열로 물을 가열한 뒤 따뜻해진 물을 저장해 사용하는 것이다.

국가별 태양광발전 능력

순위	국가	2007년 (MWp)	2007년까지 누적 (MWp)	와트 당 모듈가격 (유로)
1	독일	1,135	3,862	4.0~5.3
2	일본	210	1,919	2.96
3	미국	206	831	2.98
4	스페인	512	655	3.0~4.5
5	이탈리아	70	120	3.2~3.6
6	오스트레일리아	12	82	4.5~5.4
7	한국	43	78	3.5~3.8
8	프랑스	31	75	3.2~5.1
9	네덜란드	1	53	3.3~4.5
10	스위스	6.5	36	3.2~3.3
	세계 전체	2,258	7,841	2.5~11.2

세계 10대 태양전지 생산업체

순위	업체	국적	생산량 (2007년)	비고
1	큐셀	독일	389.2MW	2008년 570MW, 2009년 1.57GW 추정
2	샤프	일본	363.0MW	
3	선텍	중국	336.0MW	
4	교세라	일본	207.0MW	
5	퍼스트 솔라	미국	200.0MW	2008년 720MW, 2009년 1.1GW 추정
6	모텍 솔라	타이완	176.4MW	
7	솔라월드	독일	170.0MW	
8	산요	일본	165.0MW	
9	잉리	중국	145.5MW	
10	JA 솔라	중국	132.4MW	

＊자료 : Renewable Energy Report

독일 탈하임의 큐셀 본사. 품질을 뜻하는 'Q' 모양이 선명하게 새겨져 있다

"큐셀(Q-Cells)의 Q가 무슨 뜻인지 아십니까?

바로 품질(Quality)입니다."

2009년 1월 13일 오전 10시에 도착한 독일 탈하임의 태양광단지 (Solar Valley). 옛 동독 지역의 허허벌판이 세계의 주목을 받는 첨단 태양광 산업기지로 변신했다.

태양광단지 입구의 출입사무실에서 방문 절차를 밟은 뒤 다시 2개 의 검문소를 지나서야 큐셀 본사에 도착할 수 있었다. 홍보 책임자인 스테판 디트리히가 반갑게 맞아줬다. 그와는 2008년 10월 미국 샌디에이고에서 열린 '솔라 파워 인터내셔널' 행사에서 만난 적이 있다.

디트리히는 기자의 사전 요청에 따라 본사 건물과 붙어 있는 제4 태양전지 생산라인으로 안내했다. 큐셀은 탈하임에 6개의 생산라인을 갖고 있고, 멕시코와 말레이시아에도 공장을 지었다. 이미 방문 전에 사진 촬영은 하지 않기로 합의했지만, 이날 또 다시 안내자가 이끄는 동선을 벗어나지 말고, 기계나 물품을 만지지 않으며, 불필요하게 근무중인 직원들에게 말을 걸지 않는 등의 10가지 사항을 준수하겠다는 서약서에 서명을 하고서야 생산라인에 들어갈 수 있었다.

큐셀은 방문객에 따라 보안 등급을 나눠 공개하는 시설을 제한했다. 디트리히는 "미스터 리에게는 (시설을 많이 볼 수 있도록) 낮은 보안 등급을 적용했다."며 웃었다.

제4생산라인에서 1년에 생산하는 태양전지의 용량은 180만MW. 한국에서 방문했던 미리넷솔라, 한국철강의 생산라인보다 용량은 크지만 설비나 공정의 흐름은 대체로 비슷하다는 느낌을 받았다. 큐셀이 태양전지 제작에 사용하는 장비가 슈미트, 로스&라우, 얀스&레드먼 등 독일 업체의 제품으로, 한국 업체들이 사용하는 것과 같기 때문이었다. 이날 제4생산라인은 중국 업체가 납품한 폴리실리콘 웨이퍼로 태양전지를 생산하고 있었다.

웨이퍼 품질 점검~웨이퍼 클리닝, 에칭, 린싱, 건조~확산로에서의 양·음극 분리~가장자리 처리~실리콘 질소 코팅~스크린 프린팅~은 도금~성능별 분류 등의 복잡한 공정을 거쳐 완성된 큐셀의 태양

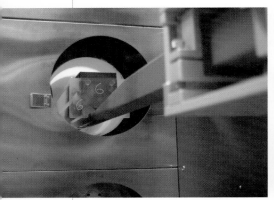

큐셀 생산라인

전지 오른쪽 아래에는 작은 'Q' 마크가 찍혀 있었다. 태양전지 하나 하나의 품질을 보장할 수 있다는 일종의 자신감 또는 '과시' 였다. 큐

큐셀 생산라인의 직원이 완성된 태양 전지를 효율 및 성능에 따라 분류하고 있다. 태양전지 오른쪽 아래에 Q라는 마크가 새겨져 있다

셀의 태양전지는 효율에 따라 와트 당 3.7~3.9유로에 팔린다.

큐셀의 CEO 안톤 밀너는 "고품 질의 태양전지를 대량으로 공급할 수 있는 능력이 큐셀의 차별화된 경쟁력"이라고 말했다. 큐셀의 품 질은 '라이너 르모이네(타개한 큐 셀의 최고기술책임자) 연구센터' 에 서 나온다. 무려 250명의 과학자와 엔지니어가 실리콘 결정질 등 갖가 지 원료를 사용한 태양전지를 시험

제작한다. 이 연구소에는 경영대학원(MBA)을 졸업한 한국 여성도 한 명이 근무하고 있다고 디트리히는 귀띔했다.

　연구소의 연구 방향은 2가지. 첫째는 효율을 높이고, 둘째는 전지의 두께를 줄이는 것이다. 효율을 1% 높이면, 생산비용이 7% 줄어든다. 현재 양산되는 큐셀 태양전지의 효율은 15~16.6%이지만 연구실에서는 사용하는 원료에 따라 18~23%까지도 나온다고 디트리히는 말했다. 큐셀 연구소는 현재 사용하는 원료로 최고 28%까지 효율을 높일 수 있을 것으로 분석하지만, 단기적으로는 18% 효율의 태양전지 양산을 목표로 하고 있다. 또 전지의 두께를 줄이면 줄일수록 값비싼 원료인 폴리실리콘의 사용량이 절약된다. 태양전지의 두께는 2003년에 330μm(마이크로미터)였다. 2008년 생산된 태양전지의 두께는 180μm로 줄었지만, 앞으로 120μm까지 좁힌다는 계획이다.

　큐셀은 2007 글로벌 태양전지 생산량 1위를 차지했다. 그동안 수십 년 간 시장을 석권해 오던 일본의 샤프를 누른 것이다. 디트리히 홍보 책임자는 "공식 집계가 나오지는 않았지만 2008년에도 큐셀이 1위 자리를 지킨 것 같다."고 말했다. 큐셀이 2007년 1위를 차지한 것은 납품업자와의 신뢰관계가 결정적이었다. 당시 시장에서는 태양전지를 만드는 원료인 폴리실리콘이 절대 부족했다. 그러나 큐셀은 노르웨이의 REC 등 폴리실리콘 업체들과의 끈끈한 유대를 발판으로 안정적으로 원료를 공급받았다. 당시 샤프의 생산능력은 700MW로 큐셀의 400MW를 크게 앞서 있었지만 폴리실리콘 확보에 실패해 공장

가동을 멈춘 채 큐셀의 약진을 바라볼 수밖에 없었다.

2008년에도 1위를 유지할 수 있었던 것은 제품의 품질에 대한 시장의 평가가 좋은 데다, 생산설비 확장을 통해 들어오는 주문을 모두 소화할 수 있었기 때문이었다. 각국의 태양전지 모듈(태양전지를 연결한 패널) 제작 업체나 태양광발전소 건설 업체 등에 "큐셀은 약속한 날짜에 요구하는 품질의 태양전지를 어김없이 납품할 능력을 갖췄다."는 믿음을 심어준 것이다.

큐셀도 2008년 말 불어 닥친 금융 및 경제위기의 태풍을 피해가지는 못했다. 갑작스런 주문 취소로 당초 목표했던 생산량이 584MW에서 570MW로 축소됐다. 큐셀은 창업 이후 처음으로 크리스마스를 포함한 연말의 2주 동안 공장가동을 중단했다. 직원들은 그 기간 동안 장비를 점검하고, 인력을 재정비했다. 큐셀은 2009년에 생산능력이 1GW를 넘어서게 된다. 40%의 성장을 통해 1위 수성을 자신하고 있다.

안톤 밀너는 큐셀의 창업자이자, CEO이다. 영국에서 태어났으며 프랑스의 명문 경영대학인 INSEAD의 학부와 MBA를 졸업했다. 세계적인 컨설팅회사 맥킨지와 에너지 자이언트인 로열 더치 셸에서 경력을 쌓은 뒤 1990년대 말 독일 정부가 재생에너지를 적극 육성하는 정책을 추진하자 탈하임에 큐셀을 설립했다.

질문 글로벌 금융 및 경제위기는 태양광 산업에도 영향을 미치고 있다. 위기를 어떻게 극복할 것인가?

안톤 밀너 현재 태양광 산업계가 필요한 것은 새로운 자금이다. 우리는 은행들과 (투자를 위한 대출을) 협상 중이며 상황은 낙관적이다. 당분간 큐셀은 핵심 역량인 실리콘 태양전지 생산과 박막태양전지 개발에 투자를 집중할 계획이다. 위기에도 불구하고 큐셀은 2009년에 최소한 40% 성장을 달성할 것이다.

질문 유가 급등락이 태양광 비즈니스에 어떤 영향을 미칠까?

안톤 밀너 원유 가격은 태양광 사업에 직접적인 연관이 없다. 왜냐하면 요즘은 원유를 전력 생산에 거의 사용하지 않기 때문이다. 물론 유가는 에너지 시장의 중요한 지표다. 대개 유가가 떨어지면, 큐셀의 주가도 떨어진다. 그러나 그 이유는 다분히 심리적인 것이다. 게다가 저유가는 일시적인 현상으로 봐야 한다. 유가는 다시 오를 것이 분명하다고 말할 수 있다.

질문 올해 가장 중요한 시장은 어느 나라인가?

안톤 밀너 역시 독일이 가장 큰 시장이 될 것이다. 지난해에는 스페인이 비슷한 규모로 성장했지만, 올해 정부의 지원 규모에 한도가 생겨 다소 주춤할 것이다. 유럽에서는 이탈리아와 프랑스 시장이 의미 있는 성장을 할 것으로 본다. 미국 시장은 갈수록 중요해진다. 중기적으로 가장 중요한 시장이다. 아시아에서는 일본 정부가 시장을 되살리려는 노력을 기울이고 있다(큐셀의 고위관계자는 중국의 경우 국내 태양광 시장 확대보다는 태양전지 수출 쪽에 초점을 맞추고 있기 때문에 시장으로서의 매력은 떨어진다고 말했다).

질문 버락 오바마 정부의 출범이 태양광을 비롯한 신재생에너지 시장을 활성화시키지 않을까?

안톤 밀너 오바마 대통령이 말한대로라면, 미국 시장이 크게 성장할 수 있을 것으로 기대한다. 미국은 일조량도 많고, 활용할 수 있는 부지도 엄청나게 크다. 특히 각 지역에서 그동안 저렴했던 전기요금이 빠르게 오르고 있다. 점차 시장이 무르익고 있는 것이다.

질문 **큐셀의 차별화된 경쟁력은 무엇인가?**

안톤 밀너 우리는 고품질 태양전지를 대량 공급할 수 있는 능력을 갖고 있다. 태양전지는 곧 큐셀이라고 말할 수 있다.

질문 **누구를 라이벌로 생각하는가?**

안톤 밀너 태양전지만 전문적으로 생산하는 업체는 그다지 많지 않다. 그 가운데는 큐셀이 가장 탁월하기 때문에 특별한 라이벌 업체를 지목하기 어렵다. 타이완에 Motech이나 Gintech같은 업체가 있고, 중국의 Ersol이나 독일의 Bosch같은 기업이 있다. 모듈을 생산하는 기업까지 생각하면 일본의 샤프와 교세라, 산요, 그리고 중국의 대량 생산업체인 선텍과 잉리, 트리나, JA솔라도 있다. 같은 독일 업체로는 솔라월드와 쇼트솔라를 꼽을 수 있다. 박막태양전지 분야에서는 퍼스트솔라를 지목할 수 있고, 그밖에도 대기업의 지원을 받는 신생 기업들이 성장하고 있다.

질문 **큐셀은 2007년에 이어 2008년에도 태양전지 생산량 1위를 기록할 것으로 추산된다. 장기적으로 세계 1위 자리를 유지하기 위한 방안은 무엇인가?**

안톤 밀너 세계 1위가 목표는 아니다. 물론 1위를 하면 좋고, 매우 자랑스럽기도 하다. 그러나 태양광 사업에서 중요한 것은 지속적인 성장, 비용 절감, 충분한 이익, 제품의 품질이다. 이런 쪽에서 계속 선전할 수 있다면, 세계 1위 자리를 계속 유지할 수 있다고 본다.

질문 향후 5~10년 뒤 태양광 비즈니스의 승패를 가를 요인은 무엇이라고 보나?

안톤 밀너 가장 중요한 것은 규모다. 경쟁이 치열한 글로벌 시장에서는 어느 정도의 생산 능력과 금융 수단이 뒷받침돼야만 한다. 그 다음으로는 고도의 테크놀로지와 높은 품질 기준이 필요하다. 가격과 비용의 구조가 건전해야 하는 것도 마찬가지다. 이와 함께 납품업자 및 고객들과 매우 긴밀하고 신뢰있는 관계를 구축하는 것도 긴요하다. 승자는 글로벌 시장 전체에서 돋보일 것이며, 패자는 그렇지 못할 것이다.

질문 사업을 하면서 더 필요하다고 느끼는 인력은?

안톤 밀너 태양광 연구 전문가 및 엔지니어와 글로벌 대기업에서 일한 경험을 가진 고위 경영진이다.

질문 삼성, LG, 현대 같은 한국의 글로벌 기업들이 태양광 시장에 진출하고 있다. 이들이 태양광 업계에서 중요한 플레이어가 될 수 있을까?

안톤 밀너 물론이다. 그들은 (인적, 재정적) 자원이 많고, 세계 시장에서 메이저 플레이어가 되는 노하우와 경험을 갖고 있다. 또 그들은 대량생산 능력을 갖춘 데다가, (태양전지 생산 공정과 비슷한) 반도체나 LCD 관련 기술을 보유하고 있으며, 세계 각국에 판매망도 갖고 있다.

질문 **한국 시장에 어느 정도 관심이 있나?**

안톤 밀너 큐셀은 한국 시장에도 활발하게 진출하고 있다. S-에너지, 심포니 에너지, KD솔라 등과 태양전지 공급 계약을 맺고 있다. 말하자면 한국에서도 큐셀 제품을 살 수 있는 것이다. 한국은 아시아에서 가장 중요한 시장 가운데 하나다.

질문 **한국의 태양광 업체들과 기업인들이 큐셀과 밀너 회장을 본보기로 삼고 있다. 이들을 위한 조언을 부탁한다.**

안톤 밀너 우선 솔라 에너지가 미래의 가장 중요한 에너지원이 될 수 있다는 확신을 가져야 한다. 그 다음으로 올바른 비즈니스 모델이 필요하다. 태양광 산업은 이미 성숙 단계에 들어섰다. 새로운, 거대한 플레이어들이 시장으로 들어오고 있다. 따라서 매우 특별하고, 혁신적인 제품이나 공정을 선보이거나, 고객의 특별한 요구를 맞출 수 있어야만 한다. 그렇지 않으면 생존할 수 없다.

질문 **큐셀의 장기적인 비전은 무엇인가?**

안톤 밀너 모든 사람에게 영원한 클린 에너지를 공급하는 것이다. 단지 태양광 회사에 머무르지는 않을 것이다.

질문 2010년에서 2015년이면 이탈리아와 스페인, 독일에서 태양광으로 생산하는 전기요금이 기존의 전기요금 수준으로 낮아지게 될 것(Grid-Parity)으로 예측된다. 그럴 경우 세상에는 어떤 일이 벌어지는가?
안톤 밀너 세계 곳곳에서 엄청나게 성장하는 시장을 보게 될 것이다. 왜냐하면 모든 사람이 전력회사에서 전기를 사서 쓰는 것보다 직접 생산하는 것이 더 싸게 먹힐 것이기 때문이다. 한걸음 한걸음 우리는 정부의 지원이나 보조금에서 벗어나고 있다. 일단 Grid-Parity가 달성되면 태양에너지는 획기적인 약진을 하게 될 것이다.

질문 태양광이 기저부하(Baseload-Power, 기본이 되는 전력)가 되려면 무엇이 필요할까?
안톤 밀너 에너지 저장 기술과 새롭고 나은 전력망이 필요하다.

질문 미쯔비시는 50년짜리 비즈니스 플랜을 갖고 있다고 한다. 큐셀은 몇 년을 내다보고 사업을 하는가?
안톤 밀너 누가 50년 앞을 내다볼 수 있겠는가? 우리는 3년 후의 상황까지를 고려한다. 그것도 매우 멀리 보는 것이다.

미리넷솔라 : "큐셀도 따라 잡을 수 있습니다"

'효율 20%, 생산수율 90%'

2008년 12월 26일 방문한 태양전지 제조업체 미리넷솔라 대구공장의 벽에는 이 회사의 목표가 짧고 정확하게 적혀 있었다.

"큐셀도 따라 잡을 수 있습니다."

미리넷솔라를 창업한 이상철 회장은 매우 야심찬 목표를 밝혔다. 이 회장은 "큐셀 등 세계적인 기업과 비교할 때 사업 시작이 5~7년 정도 늦었지만, 기술격차는 1~2년 정도에 불과하다."면서 "총력을 기울여 1, 2년 내에 동등한 수준으로 따라잡는다는 목표를 갖고 있다."고 말했다.

이 회장의 목표가 다소 무모하게 들릴 수도 있다. 그러나 생산본부장인 정연득 전무는 "반도체와 태양전지 공정을 비교하면 그렇지 않을 수도 있다."고 거들었다. 정 전무는 "반도체는 태양전지에 비해 공정기술력과 응용기술력이 훨씬 앞선 분야인데, 우리나라에 이 분야의 전문가가 많다."면서 "이들을 태양광 산업 분야로 끌어들이면 단시간 내에 큰 발전을 이룰 것"이라고 말했다. 또 대용량의 반도체는 개발한 뒤 제품화하는 데 2~3개월이 걸리지만, 태양전지는 고효율 태양전지 개발 후 불과 1시간이면 생산이 가능하다."고 정 전무는 설명했다.

단기간에 글로벌 플레이어가 되기 위한 이 회장과 미리넷솔라의 전략은 효율과 생산능력 향상이다. 큐셀, 샤프, 선텍 등 세계 상위권의 태양전지 업체에 비해 태양전지 효율을 연구하는 미리넷솔라의 인력은 미약한 수준이다. 현재 연구 인력은 20명 남짓. 미리넷솔라는 부족한 연구개발 능력을 보충하기 위해 옛 소련의 태양광 전문가들과 협력하고 있다. 이들은 인공위성용 고효율 태양전지 개발에 참여했던 인물들이라고 이 회장은 전했다.

효율 향상만으로는 세계 시장을 장악하기 어렵다. 양산 능력이 뒷받침되지 않으면 대량 주문이 들어오지 않기 때문이다. 이에 따라 미리넷솔라는 생산능력 향상에도 집중하고 있다. 현재 성서공단 제1공장의 생산능력은 연간 30MW 수준. 바로 옆에 건설 중인 제2공장이 완성되면 2009년 150MW로 늘어나게 된다. 2010년까지 300MW를 목표로 하고 있다.

LG실트론에서 잉곳 및 웨이퍼를 담당했던 정연득 전무는 "한국에 태양전지 제조 전문가는 있지만, 아직 양산 전문가가 없다."고 말했다. 그러나 2009년 국내 태양광 업체 전체의 생산 용량도 1GW를 넘어서기 때문에 생산의 노하우를 체득한 양산 전문가들이 나오게 될 것이라고 정 전무는 예상했다.

미리넷솔라의 제1공장은 2008년 연말부터 하루 24시간, 2교대 근무로 풀가동 중이다. 미리넷솔라의 공장에서 일하는 노동자들은 대부분 전문대학을 졸업한 20대 청년들이다. 이들은 태양광 분야가 비전 있는 직업이기 때문에 오래 일할수록 많이 배운다는 생각을 갖고 있

미리넷솔라의 직원들이 가동 중인 생산라인을 점검하고 있다. 생산라인은 24시간 가동을 멈추지 않는다

다. 그러나 회사는 근로자들의 업무 과중을 우려해 하루 3교대로 전환할 방침이다.

태양전지 시장의 주도권은 지난해부터 공급자에서 수요자 위주로 급속하게 변하고 있다. 그동안은 공급이 달려 만들면 팔렸지만, 앞으로는 질 좋고 값싼 제품만 팔리게 되어 있다. 이 때문에 미리넷솔라는 글로벌 시장에서 스스로를 '저가 고효율 태양전지 제조업체'로 포지셔닝해 나가려 하고 있다. 당장 큐셀처럼 GW급 생산능력을 갖추기는 어렵겠지만 효율과 수율 등 제품의 질은 세계 최고 수준으로 올리겠다는 것이다. 수율은 100장의 태양전지를 만들었을 때 팔 수 있는 태양전지 개수를 의미한다. 쉽게 말하면 불량품을 제외한 제품이다.

현대LCD 출신인 이관석 공정 2팀 과장은 태양전지의 성능은 원자재 품질, 공정, 장비의 성능이 각각 3분의 1씩 좌우한다고 말했다. 미리넷솔라의 경우 원자재와 장비를 외부에서 들여오기 때문에 에칭과 도핑, 반사 방지 등 공정 쪽에서 최선의 결과를 얻기 위해 노력을 집중하고 있다고 이 과장은 말했다.

미리넷솔라 태양전지의 와트당 가격은 2008년 말 기준 3.1(2.5~3.3)달러 수준. 실리콘 가격에 따라 변동폭이 심하다. 미리넷솔라는 일단 태양전지 분야의 양산체제가 안정화되면, 실리콘 박막태양전지와 화합물 박막태양전지, 집광형 태양전지(CPV, Concentrating Photovoltaic) 등 연관 분야에도 도전할 계획이다. 이와 함께 태양광 사업 가치사슬(Value Chain)의 전 단계인 폴리실리콘과 잉곳 및 웨이퍼의 개발 및 제조까지 사업 영역을 넓힌다는 목표도 갖고 있다고 이 회장은 설명했다.

태양광 테크놀로지 트렌드

태양광발전 기술도 다른 하이 테크놀로지 산업과 마찬가지로 끊임없이 진화하고 있다. 2008년 10월 미국 샌디에이고에서 열린 '솔라 파워 인터내셔널' 행사에 참가했던 태양광 전문 컨설팅 및 출판 기업 '솔라 인더스트리'의 빌 오코너 이사는 "2009년 솔라 업계의 주요 트렌드는 박막태양전지(Thin Film)의 성장, 그리고 집광형 태양전지의 부상이 될 것"이라고 전망했다.

박막태양전지 분야에서는 미국의 퍼스트 솔라(First Solar)가 독보적인 존재다. 애리조나 주에 본사를, 오하이오 주 페리스버그에 연구센터를, 역시 페리스버그와 독일 프랑크푸르트, 말레이시아에 생산라인을 두고 있는 이 회사는 지난 2007년 태양전지 생산량 세계 5위를 기록했다. 그 해 20위에 든 태양전지 업체 가운데 유일한 박막태양전지 전문 기업이다.

박막태양전지를 만드는 방법은 매우 다양하다. 폴리실리콘을 자른 웨이퍼 대신 비정질실리콘(a-Si)이나 카드뮴·인듐·갈륨·셀레나이드(CIGS) 혼합물, 염료, 유기물 등을 태양전지 제작에 사용한다. 퍼스트 솔라는 카드뮴·텔룰라이드(CaTe) 혼합물을 유리에 입히는 방식을 채택하고 있다.

박막태양전지는 실리콘 결정질 태양전지보다 효율이 떨어지는 대신 가격이 저렴하다. 퍼스트 솔라 박막태양전지의 효율은 8~10% 정도로 알려져 있다. 퍼스트 솔라 측은 1와트당 태양전지 생산비용이 2008년 1.14달러까지 낮아졌으며, 곧 기존의 전기요금과 가격이 비슷해지는 상황(Grid-Parity)이 도래할 것이라고 2008년도 연례보고서를 통해 밝혔다. 실제로 에너지 개발 기업 셈프라가 네바다 주 엘도라도 사막에 퍼스트 솔라의 박막태양전지로 건설한 12MW 규모의 태양광 발전소는 1kWh 당 전기 생산 비용이 기존의 전기요금보다 낮아졌다고 투자은행 퍼시픽 크레스트의 마크 바크먼 연구원이 2009년 1

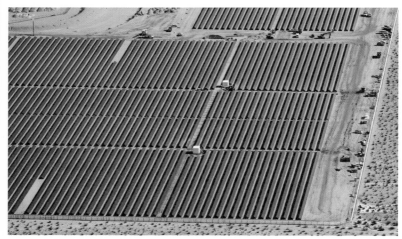

퍼스트 솔라의 박막태양전지로 건설된 미국 네바다 주 엘도라도 사막의 12MW급 태양광 발전소의 전경

월 보고서를 통해 주장했다.

퍼스트 솔라는 카드뮴 · 텔룰라이드 박막태양전지 생산 방식을 특허로 출원했다. 이 회사는 생산 시설과 기술을 공개하지 않고 있다. 그러나 큐셀을 포함한 다른 업체들도 특허를 침해하지 않는 선에서 이 기술을 응용한 제품을 연구하고 있다.

한국에서는 한국철강이 유일하게 박막태양전지를 생산하고 있다. 한국철강은 비정질실리콘(a-Si) 박막태양전지를 생산한다. 이 업체는 2006년 3월 카이스트와의 산학협력으로 박막태양전지 사업에 착수, 2008년 7월 양산에 들어갔다. 2009년 600억 원의 매출을 예상하고 있다.

한국철강 태양광 사업부의 CTO(최고기술책임자)는 카이스트 출신

한국철강의 증평 생산라인 입구에 전시된 박막형 태양전지 1호 제품. 한국철강의 제품은 GETWATT라는 브랜드로 출시된다

명승엽 박사다. 명 박사는 스위스와 일본에서 태양광과 관련된 분야를 연구하다가 카이스트 지도교수의 추천으로 한국철강에 합류했다. 한국철강은 명 박사가 특허를 갖고 있는 다중접합(Multi-Junction) 태양전지도 개발 중이다. 다중접합 태양전지는 태양전지를 여러 개 겹쳐 효율을 높이는 방식이다.

박막태양전지와 함께 각광을 받고 있는 집광형 태양전지는 오목한 거울 등으로 햇빛을 모아 태양전지에 비춰 줌으로써 효율을 높이는 방식이다. 지난 솔라 파워 인터내셔널 행사에서 참가자들의 관심을 가장 많이 끈 신제품 가운데 하나도 그린볼트의 집광형 태양전지 시스템이었다. 이 회사 관계자는 "빛을 모아 쏴주기 때문에 고성능 다중접합 태양전지를 사용한다."면서 "효율은 최소한 40%"라고 설명했

미국의 그린볼트가 솔라 파워 인터내셔널 행사에 출품한 집광형 태양전지(CPV) 시스템

다. 한국에서는 아직 집광형 태양광 시스템을 다루는 업체가 없다. 한국철강의 명승엽 박사는 "집광형 태양전지는 강한 빛을 똑바로 받아야 효과가 있다."면서 "한국보다는 사막에 맞는 시스템"이라고 말했다.

일부 에너지 전문가들은 "태양광은 기저부하(Base-load)가 될 수 없다고 지적하고 있다. 날씨에 따라 발전량이 달라지기 때문에 예비 전력이 반드시 필요하다는 것이다. 태양광 업계는 이 문제를 해결하는 방안으로 에너지 저장(Energy Storage) 기술과 지능형 전력망(Smart Grid)을 지목하고 있다.

큐셀과 미리넷솔라 비교

	큐셀	미리넷솔라
설립연도	1999년	2005년 12월 27일
대량생산 시작 연도	2001년	2008년
설립자(주요 경력)	안톤 밀너(로열데치셸에서 오일 트레이딩 및 분석, 맥킨지에서 경영 컨설팅)	이상철(미리넷 사장)
CEO	안톤 밀너	이상철
CTO	플로리아 홀자페 (맥킨지 하이테크)	정연득(LG실트론 잉곳 및 웨이퍼 담당 이사)
매출	12억 2,500만 유로 (약 2조 2,050억 원, 2008년)	약 200억 원(2008년) 약 2,000억 원(2009년) 22억 5,000만 유로 (약 4조 50억 원, 2009년)
영업 이익	2억 938만 유로(2008년)	비공개
상장 증시직원 수 (2008년 말 현재)	프랑크푸르트 증시 2,325명	비상장 120명
연구 개발 인력	250명의 과학자 및 엔지니어	연구원 20명 구 소련 지역 전문가 초빙
주요생산제품	다결정질 실리콘 태양전지 박막태양전지	단결정질 실리콘 태양전지
와트(W) 당 판매 가격	3.7~3.9유로(약 4.9~5.1달러)	2.5~3.3달러
연간 생산 능력	570MW(2008년) 1.57GW(2009년 추정)	30MW(2008년) 150MW(2009년) 300MW(2010년)
비즈니스 전략	성장과 비용 절감	효율과 생산능력 확대

세상을 바꿀 태양광 프로젝트들

　세계 각 지역과 국가에서는 기존의 에너지 판도를 바꿀 만한 대규모 태양광 프로젝트들이 진행되고 있다. 우선 관심을 끄는 것은 아프리카 사하라 사막의 강렬한 태양빛을 이용하는 이른바 데저텍(DESERTEC, Desert+Technology) 프로젝트. 2008년 7월 유럽연합 에너지연구소의 아르눌프 월든 소장이 제안했고, 니콜라 사르코지 프랑스 대통령과 고든 브라운 영국 총리 등이 지지를 표시하면서 탄력을 받고 있다. 월든 소장은 "사하라와 중동 사막에 내리쬐는 태양 에너지의 0.3%만 활용해도 유럽 대륙이 필요한 에너지를 모두 충족할 수 있다."고 주장했다.

　사하라 프로젝트는 당연히 태양광 업계에서 큰 환영을 받고 있다. 큐셀의 스테판 디트리히 홍보 책임자는 "글로벌 금융 및 경제위기로 태양광 업계도 타격을 받는 상황에서 사하라 프로젝트와 오바마 당선 이후의 미국 시장이 가장 큰 관심사"라고 말했다. 미국은 사하라 프로젝트와는 별도로 네바다 주와 캘리포니아 주의 사막에 대규모 태양광 발전소를 건설하는 프로젝트를 진행 중이다.

　미국 아이다호 주의 에너지 기업 '솔라 로드웨이'는 미국의 모든 도로를 태양광 패널로 대체한다는 야심찬 프로젝트를 추진 중이다. 캘리포니아공대의 에너지 전문가 네이트 루이스 교수는 "미 대륙의 1.7%만 태양광 패널로 덮으면 미 전체 에너지를 충족시킬 수 있다."

고 강조해 왔다. 미국의 도로 면적이 국토의 1.7% 정도를 차지한다는 사실에 착안한 전기 엔지니어 스캇 브루소가 이 회사를 창업, 도로용 태양전지 패널을 제작하고 있다.

도로용 태양전지 패널은 투명하고 강한 표면층, 태양전지층, 전기 송전층의 3개 층으로 구성돼 있다. 솔라 로드웨이는 아이다호 주의 코에르 달린느와 샌드 포인트를 잇는 45마일 도로에서 시범 프로젝트를 진행 중이다. 표면층은 재료공학으로 유명한 펜스테이트대학과 데이턴대학이, 전기송전층은 아이다호대학 건축과 교수들이 연구에 참여하고 있다. 솔라 로드웨이는 이 프로젝트를 미국에서 성공시킨 뒤 전 세계로 확산시킨다는 목표를 갖고 있다.

아예 태양광 패널을 우주로 가져가는 프로젝트도 추진되고 있다. 미국 캘리포니아의 전력회사인 PG&E는 2009년 4월 캘리포니아 주 전력정책위원회에 우주개발업체 솔라렌으로부터 2016년부터 15년 동안 연 200MW의 전력을 구입하는 계약을 승인해 달라고 요청했다고 밝혔다. 200MW는 20만 가정의 에너지를 충당할 수 있는 규모다. 에너지 및 우주항공 전문가들은 수십 년 동안 우주에서의 태양 에너지 이용에 대해 연구해 왔지만, 상업적인 프로젝트가 추진되는 것은 이번이 처음이다.

솔라렌은 태양전지를 인공위성에 싣고 지구 정지 궤도에 띄운 뒤 전력을 생산한다는 계획이다. 이른바 SSP(Space Solar Power) 또는 SBSP(Space Based Solar Power) 시스템이다. 우주에서 태양광 발전

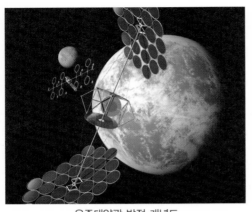
우주태양광 발전 개념도

을 하면 태양빛이 강해 지상보다 효율이 8~10 배나 높아진다. 또 우주 에는 낮과 밤이 없고, 구름도 없기 때문에 1 년 365일, 하루 24시간 발전이 가능해진다. 우 주에서 생산된 전기는 무선파(Radio Frequency)를 통해 지구로 전송된다. PG&E는 캘리 포니아의 프레스노 지역에 무선파를 받아들이는 시설을 설치할 예정 이라고 밝혔다. 이 시설에서 무선파를 다시 전기로 전환한 뒤 가정에 서비스하는 것이다.

솔라렌의 최고경영자인 게리 스퍼낙은 "이번 프로젝트에 이용되는 기술은 기본적으로 통신위성 기술을 기반으로 한 것"이라면서 "지난 45년 동안 인공위성에서 태양전지로 전기를 생산하고, 또 이를 지구 로 전송도 해왔기 때문에 기술적인 어려움은 없을 것"이라고 말했다.

문제는 얼마나 낮은 비용으로 우주에서 전기를 생산할 수 있느냐는 것이다. 이에 대해 스퍼낙은 "솔라렌의 연구원들이 10~45년 간 관련 분야에서 일해 온 전문가들이기 때문에 우주 태양광 발전이 기술적으 로뿐만 아니라 경제적으로도 가능하다는 사실을 보여 줄 것"이라고 확신했다.

솔라렌은 2001년 인공위성 전문가와 우주과학자들이 캘리포니아의 맨해튼비치에 세운 회사다. 한편, PG&E는 "우리 회사는 솔라렌으로부터 전력만 사들이기 때문에 투자와 관련해서 아무런 위험요소가 없다."고 밝혔다.

태양광은 대규모 프로젝트뿐만 아니라 일상생활에도 속속 파고들고 있다. 군사 분야에서 이용되던 기술이 응용된 것도 많다. 보병의  철모에 태양전지를 부착해 통신에 필요한 전기를 이용하는 데서 착안해 사파리 헬멧이나 운동모자에 태양전지를 부착한 제품들이 이미 인터넷 쇼핑몰 이베이에서 팔리고 있다. 또 한여름에 자동차 내부의 뜨거운 공기를 내보내는 송풍장치에도 태양전지가 부착돼 있다. 태양전지가 햇빛뿐만 아니라 다른 불빛으로도 작동한다는 사실을 응용한 솔라 키보드도 시장에 나와 있다.

한국의 태양광 기업들

한국에는 태양광 관련업체가 셀 수 없을 만큼 많다. 그 이유는 태양전지가 일종의 반도체이기 때문이다. 따라서 우리나라의 반도체 업체들은 모두가 잠재적인 태양광 업체라고도 말할 수 있다. 또 실제로 반도체 분야에서 활약해 온 기업들이 태양광 사업 쪽으로 많이 진출하고 있다.

현재 삼성전자에서 만드는 최첨단 반도체의 기술을 10이라고 할 때 태양전지는 7정도 수준의 반도체라고 보면 된다. 그러므로 한국의 반도체 산업이 태양광 비즈니스에 총력을 기울이기 시작하면, 순식간에 세계 시장을 장악할 수도 있다는 것이 세계 태양광 업계의 관측이기도 하다. 그러나 삼성전자와 같은 한국의 대표적인 반도체 업체들이 태양전지 쪽으로 방향을 완전히 돌리지 않는 것은 아직까지는 기존의 반도체 시장이 태양전지 쪽보다는 수익성이 좋기 때문이라고 전문가들은 분석한다.

한국의 대표적인 태양전지 제조업체는 미리넷솔라와 한국철강 말고도 현대중공업, KPE, 신성이엔지 등이 있다.

세계 1위 조선업체인 현대중공업은 충북 음성군 소이공업단지 안에 태양전지 생산라인을 건설했다. 또 KCC와 합작법인을 설립해 폴리실리콘 생산 분야에도 참여하고 있다.

신성이엔지는 반도체 클린룸, 공정자동화 설비 전문업체다. 충북 증평에 태양전지 생산라인을 갖고 있다.

태양전지 생산 설비를 제조하는 업체로는 주성엔지니어링이 있다. 이 회사는 반도체 공정 장비를 만드는 회사로, 반도체와 LCD 제조 장비의 국산화에 앞장서 왔다. 주성엔지니어링은 2006년부터 태양광 사업에도 진출했다. 한국철강의 박막태양전지 생산라인을 주성엔지니어링이 만들었다.

태양광 비즈니스의 핵심은 태양전지 생산이라고 할 수 있지만 그밖에도 많은 밸류 체인을 갖고 있다. 그 가운데 하나가 태양전지의 원료인 폴리실리콘 제조다. 태양전지를 만드는 폴리실리콘은 순도가 최소한 '나인 나인(99.9999999%)'이 돼야 한다. '나인 나인' 기술을 갖고 있는 회사는 세계적으로 10개 미만이다. 우리나라에서는 OCI(옛 동양제철화학)가 대표적인 폴리실리콘 제조업체다. 2006년 군산에서 폴리실리콘 생산을 시작했다. OCI는 '나인 나인'을 넘어 '일레븐 나인(순도 99.999999999%)'에 도전하고 있다. OCI 군산 공장의 폴리실리콘 생산능력은 2008년 말 현재 연간 5,000만t 규모이지만 2010년 초까지는 2만 6,500t 규모로 늘려 세계 2위를 차지하겠다는 목표를 갖고 있다.

건축 자재 전문기업인 KCC도 미국의 솔라파워인더스트리와 제휴, 충남 서산시 대죽산업단지의 생산라인에서 폴리실리콘을 생산한다. 이 회사는 2012년까지 세계 4대 실리콘 기업으로 도약한다는 목표를 세웠다. 웅진그룹의 웅진폴리실리콘도 총 5,000억 원을 투입해 2010

년부터 폴리실리콘 5,000t 양산체제를 갖추게 된다.

잉곳, 웨이퍼 분야의 대표적인 업체는 LG그룹 계열사인 실트론이다. 실트론은 반도체용 실리콘 웨이퍼 전문기업이다. 최근 들어 태양전지용 웨이퍼도 개발, 생산하고 있다. 일본의 대표적인 태양전지 업체 샤프에도 웨이퍼를 공급하고 있다. SKC도 잉곳 생산업체인 솔믹스의 지분을 인수하면서 이 분야에 발을 들였다.

소디프신소재는 태양전지 생산에 필요한 모노실란이라는 가스를 생산한다. 이 회사는 반도체 및 LCD용 세정가스 제조 기업으로 동양제철화학에 인수됐다. 이건산업의 계열사인 이건창호시스템은 단독주택을 대상으로 가정용 태양광 시스템 시공사업을 하고 있다. 이밖에도 삼성 계열사들과 LG전자, SK에너지, 한화, STX그룹, 코오롱 등이 태양광 사업에 착수하거나 착수를 검토하고 있다.

태양광 사업 밸류 체인

밸류 체인	해당 기업
폴리실리콘	동양제철화학, KCC, LG화학, 웅진폴리실리콘, 삼성정밀화학
잉곳·웨이퍼	LG실트론, SKC, 코오롱
태양전지	미리넷솔라, KPE, 현대중공업, 신성이엔지, STX솔라
모듈	현대중공업, LG전자, 삼성SDI
시공서비스	현대중공업, LS산전, LG솔라에너지, 효성, 삼성물산, 삼성에버랜드

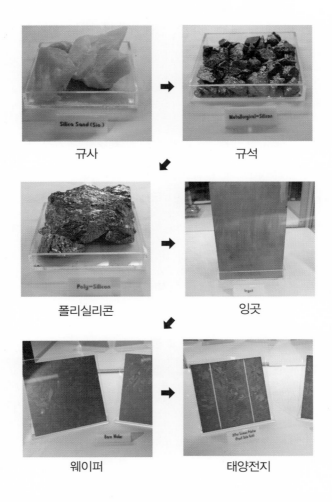

규사

규석

폴리실리콘

잉곳

웨이퍼

태양전지

태양전지는 규사를 규석으로 만들어 다시 폴리실리콘으로 가공한 뒤 잉곳을 만들고, 이를 잘게 썬 웨이퍼로 변환시킨 뒤 태양전지로 완성한다. 규사 1kg이 1달러라면, 규석 1kg은 2달러 정도다. 그런데 규석을 고순도로 가공한 폴리실리콘은 1kg의 가격이 100달러 정도로 뛴다. 그래서 폴리실리콘의 부가가치가 큰 것이다

02. 육지에서 부는 바람, 바다에서 부는 바람
:: 풍력

　바람의 힘으로 터빈을 돌려 전기를 생산하는 것이 풍력발전이다. 풍력발전은 신재생에너지 가운데 수력을 제외하면 가장 많이 보급된 에너지다. 2008년에 덴마크는 19%, 스페인과 포르투갈은 11%, 독일은 7%의 전기를 풍력에서 얻었다. 또 풍력은 신재생에너지 가운데 가격이 가장 싸다. 일부 지역에서는 풍력발전을 통해 생산한 전기의 가격이 석탄발전소 전기의 가격과 비슷한 수준으로 떨어지고 있다. 풍력발전기 1대의 발전 용량도 점차 늘어 독일의 RE파워 시스템은 7MW짜리 풍력발전기를 개발 중이다.

국가별 풍력발전용량

순위	국가	2006년 발전량(MW)	2007년 발전량(MW)	2008년 발전량(MW)
1	미국	11,603	16,818	25,170
2	독일	20,622	22,247	23,903
3	스페인	11,615	15,145	16,740
4	중국	2,604	6,050	12,210
5	인도	6,270	8,000	9,587
6	이탈리아	2,123	2,726	3,736
7	프랑스	1,567	2,454	3,404
8	영국	1,963	2,389	3,288
9	덴마크	3,140	3,129	3,160
10	포르투갈	1,716	2,150	2,862

* 자료 : 국제에너지기구
* 2008년 한국은 발전량 278MW로 27위, 일본은 1,880MW로 13위

50

최근에는 육지에서 마땅한 풍력발전 부지를 찾지 못해 해상 풍력발전으로 넘어가는 추세를 보이고 있다.

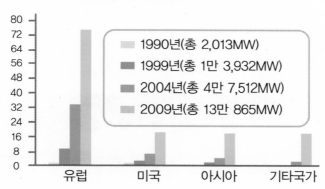

세계 풍력에너지 개발량 변화 (단위 : 1,000MW)

1990년(총 2,013MW)
1999년(총 1만 3,932MW)
2004년(총 4만 7,512MW)
2009년(총 13만 865MW)

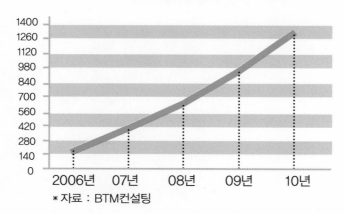

세계 풍력시장 전망 (단위 : 억 달러)

＊ 자료 : BTM컨설팅

베스타스 : 글로벌 No.1 풍력 기업을 가다

 '대기업 본사는 당연히 수도에 있어야 한다'는 우리식 관념을 비웃 듯 세계 최고의 풍력 기업으로 불리는 베스타스(Vestas)는 덴마크 유 틀란트 반도 북서쪽의 라네르스에 자리 잡고 있었다. 이곳에서 만난 커뮤니케이션 담당 이사 릴리 크리스텐센은 각국이 경제침체 극복을 위해 펼치는 경기부양책과 온실가스 저감을 위한 신재생에너지 육성

베스타스의 생산라인에서 풍력발전기가 제작되고 있다

책이 맞물려 베스타스에 새로운 시장을 제공할 것으로 자신했다.

2008년 시작된 경제위기에도 베스타스의 풍력터빈은 없어서 못 판다. 당장 주문해도 최소 1~2년은 기다려야 한다. 2007년까지 베스타스가 전 세계에 설치한 풍력터빈만 해도 3만 5,000여 기. 풍력터빈 3대 중 1대는 이 회사 제품이다. 한국에 설치된 풍력터빈의 90%가량이 베스타스 제품이다. 매출 규모도 2002년 13억 9,500만 유로(당시 환율 기준 1조 7,535억 원)에서 2007년 48억 6,100만 유로(6조 7,130억 원)로 5년 만에 3배로 급상승했다. 하지만 이러한 성공은 그들 자신들조차 예상치 못한 것이었다. 처음 풍력터빈을 개발했던 회사 엔지니어들이 "이런 제품을 시장에 내놨다간 망신만 당할 게 분명하니 개발 사실 자체를 영원히 비밀로 하자."고 CEO에게 간청했다는 일화는 지금도 전설처럼 회자된다.

'클린 에너지'라는 세계적 조류를 타고 베스타스의 성장은 당분간 이어질 전망이다. 2007년 4,502MW를 기록한 풍력터빈 판매량이 2010년에는 2배가 넘는 1만MW까지 늘어날 것이라는 게 베스타스의 예상이다. 현재 주요 판매 기종인 3MW 터빈으로 환산할 때 약 3,300여 대에 달한다.

우리나라의 경우 호황기에는 지속적인 인수·합병을 통해 기업의 외형을 꾸준히 키워가는 게 일반적이지만 베스타스는 2004년 덴마크 풍력 기업 NEG 마이콘 사 인수 뒤로 어떠한 사업 확장도 고려하고 있지 않다. 다른 풍력터빈 제조 기업들이 흔히 하는 풍력단지 개발같은 사업다각화도 일절 생각하지 않는다. 우리 기준에서 지나칠 정도로 보수적으로 보이는 '돌다리' 경영의 바탕에는 1986년 미국에서 무리하게 사업을 확장하다 파산했던 뼈아픈 경험이 자리 잡고 있다.

커뮤니케이션 담당 부사장 피터 웬젤 크루저는 "정말로 잘 아는 분야에서 영원히 세계 1등을 지키겠다는 게 우리의 경영철학"이라고 말했다. 얼마 전 미국의 경제전문 포브스지가 '한 세기를 넘길 생명력을 갖춘 100대 기업' 중 하나로 베스타스를 꼽은 것도 이러한 경영방침 덕분이다.

■ 베스타스의 경쟁력
· 세계 최초로 풍력터빈 개발, 해상풍력단지 건설 등 다양한 노하우
· 세계 풍력터빈 시장 시장 점유율 1위 (2007년 약 23%)
· 30년 앞을 내다본 꾸준한 연구개발로 세계 최고 기술력 보유
· 풍력산업 육성을 위한 덴마크 정부의 꾸준한 지원도 한몫
· 2~3년 내 신개념 풍력터빈 출시 등 향후 풍력시장 선도 가능성

현재 세계 풍력 업계를 지배하는 메이저 터빈 업체들은 대부분 5MW, 7MW, 10MW 등 초대형 풍력터빈 개발에 사활을 걸고 있다. 출력 규모를 키워야만 전력 생산의 경제성을 확보해 가격경쟁에서 우위에 서게 된다는 판단 때문이다. 하지만 베스타스의 생각은 다르다. 출력이 작은 소규모 터빈이라도 바람에 대한 발전효율을 극대화하고 고장률을 낮춰 관리비용을 낮추면 전력 판매 수익 창출에 훨씬 유리하다고 크리스텐센은 설명했다.

"설치비용이 늘어나는 것은 당연한 일이죠. 현재 베스타스의 연구 방향은 터빈 내에 최첨단 프로세서를 장착해 터빈 스스로 최적의 발전 효율을 찾아 방향을 바꾸거나 고장난 부위를 스스로 찾아 고치는 인공지능을 갖춘 신개념 '스마트 터빈(smart turbine)' 의 개발입니다."

 베스타스의 피터 웬젤 크루즈 홍보담당 부사장 인터뷰

"베스타스를 비롯한 전 세계 신재생에너지 기업들의 목표는 단연 중국입니다. 중국 시장을 누가 차지하느냐에 따라 풍력 시장의 승자가 판가름 날 것입니다."

베스타스 홍보담당 부사장 피터

웬젤 크루즈는 풍력 산업의 미래를 묻는 인터뷰에서 '중국'이란 단어를 무려 30차례 넘게 사용했다. 풍력 시장의 미래가 중국에 있다는 점을 잘 알고 있기 때문이었다.

질문 베스타스의 시장 점유율이 조금씩 줄어들고 있는데.
피터 웬젤 크루즈 단기간의 점유율에 연연할 필요는 없다. 기술경쟁력 면에서 세계 최고임을 자신하기 때문이다. 향후 중국 시장을 차지하는 기업이 세계 시장을 석권할 것이라 본다. 중국은 수년 내 세계 최대 풍력터빈 시장으로 성장할 것이다. 유럽과 미국을 합친 것보다 더 큰 시장이 열리게 된다(현재 베스타스는 중국에만 7개의 공장을 운영하고 있다).

질문 베스타스를 위협하는 세계 업체들은 어디인가?
피터 웬젤 크루즈 미국의 GE와 독일의 지멘스 등이 점유율을 빠르게 늘리고 있다. 이들은 경쟁자이기는 하지만 동시에 시장을 확대하는 데 필요한 동지이기도 하다. 서로 배타적일 필요는 없다.

질문 풍력터빈 시장에서도 중국 업체들의 저가 공세가 거세지 않은가?
피터 웬젤 크루즈 현재 중국 업체들 기술 수준은 우리의 1980년대 정도라서 걱정할 정도는 아니다. 하지만 10년 뒤에도 우리가 지금과 같은 경쟁력을 유지할 수 있을지는 장담하기 어렵다. 우리가 중국 시장에 직접 진출한 이유 중 하나는 생산원가를 낮춰 중국 현지 기업들과 경쟁하기 위한 것이다.

질문 선진 기술 습득이 빠른 한국 업체들의 도전도 만만치 않을텐데.
피터 웬젤 크루즈 우리는 세계 최초로 풍력터빈을 개발한 업체다. 우리도 (한국처럼) 연구직들은 야근을 밥 먹듯 한다. 기술 측면만 놓고 본다면 최소한 30년 간은 우리를 따라오지 못할 것이다.

질문 태양광이나 조력 등 다른 신재생에너지 업종으로 진출할 계획은 없는가?
피터 웬젤 크루즈 없다. 풍력터빈은 우리가 가장 잘 아는 분야다. 세계 1위를 하려면 잘 아는 분야만 해야 한다고 생각한다.

질문 신재생에너지 중에서 풍력이 가장 경쟁력이 있다고 생각하는가?
피터 웬젤 크루즈 물론이다. 무엇보다 발전단가가 싸다. 태양광발전의 20%도 안 된다. 특히 발전 과정에서 물을 소비하지 않아 환경보호에도 크게 도움이 된다. 약점으로 지적되던 소음 문제도 많이 개선됐다.

덴마크 호른스레우 해상풍력단지

"사무실이 모두 컨테이너로 돼 있어 불편하실 수도 있겠습니다만 현재 이곳은 밀려드는 관광객과 취재진을 맞이하기 위해 대대적인 확장 공사를 진행 중입니다. 조만간 이곳은 해상풍력단지가 한눈에 들어오는 전망대를 갖춘 레저공간으로 탈바꿈하게 됩니다."

덴마크 유틀란트 반도 서쪽의 작은 해안도시 에스비에르에 위치한 호른스레우 해상풍력단지 관리사무소. 이곳에서 일하는 커뮤니케이션 담당고문 안 라흐벡은 사무실 이곳저곳을 다니며 풍력단지 소개에 여념이 없었다.

이곳은 전 세계에서 쏟아져 들어오는 취재 요청만 하루 100여 건에 달할 만큼 해상풍력단지의 '메카'로 관심이 모아지는 곳이다. 기자가 먼저 보고 싶었던 것은 2MW 풍력발전기 80대가 좌우 560m 간격으로 20km² 면적에 나열된 호른스레우의 장대한 경관이었다. 하지만 이날은 날씨가 흐린 데다 파도까지 높아 헬리콥터와 선박 어느 편으로도 호른스레우 방문이 금지된 상태였다. 적잖이 실망한 기자의 마음을 눈치라도 챈 듯 라흐벡은 웃으며 사무실 메인컴퓨터의 대형 모니터로 안내했다. 각각의 풍력터빈에 설치된 비디오카메라가 보내온 호른스레우 영상을 확대해 구석구석을 살펴보는 것으로 아쉬움을 다소나마 달랠 수 있었다.

호른스레우는 2002년 스웨덴 국영기업 바텐팔이 2억 7,000만 유로(3,100억 원)를 들여 조성한 세계 최대 규모(160MW)의 해상풍력 단지다. 현재 덴마크 내 15만 가구 정도가 쓸 수 있는 연간 600GWh 의 전력을 생산하고 있다. 2010년 완공 예정인 호른스레우2(덴마크 동에너지사 보유)가 가동을 시작하면 400MW 규모로 커져 덴마크 전 체 전력 수요의 2%를 담당하게 된다.

호른스레우 해상 풍력단지 전경

사실 해상풍력단지는 육상단지에 비해 건설비용이 2배 이상 들어가는 데다 헬리콥터 운영 등 관리비도 만만치 않다. 그럼에도 전 세계는 호른스레우를 능가하는 초대형 해상풍력단지 건설을 앞다퉈 추진하고 있다. 육지에는 풍력터빈을 설치할 장소가 마땅치 않기 때문이다. 육상단지의 경우 산림을 훼손하고 미관을 해치는 데다 '윙~윙~' 거리는 소음으로 인해 지역 주민들로부터 민원의 주범이 되기 일쑤다. 반면 해상풍력단지의 경우 육지에 비해 바람이 2배가량 강해 몇 년 간의 전력생산으로 건설비를 충분히 상쇄할 수 있다.

특히 덴마크는 세계 최초로 풍력터빈을 개발한 국가답게 바람을 보는 시각도 남다르다. 1980년대 말부터 해상풍력에 관심을 갖기 시작해 현재 8곳의 해상풍력발전단지에서 423MW 규모의 풍력발전기를 가동 중이다. 40만 가구가 사용할 수 있는 연간 약 1,500GWh의 전력을 생산하고 있으며, 전체 전력의 20.8%를 풍력으로 충당하고 있다. 앞으로도 덴마크는 해상풍력단지를 계속 늘려 2030년까지 현재 해상풍력 용량의 10배에 달하는 4,000MW로 늘린다는 계획이다. 2050년까지 필요 전력의 100%를 신재생에너지로 충당하려는 '석유 제로 프로젝트'의 해법을 해상풍력에서 찾고 있는 것이다.

"원래 호른스레우가 위치한 덴마크 서해안 지역은 1,000여 척의 어선이 조업하던 황금어장이었습니다. 때문에 풍력단지 건설 당시만 해도 '풍력터빈이 어류 생태계를 크게 훼손시킬 것'이라는 환경단체들의 비판이 상당했죠. 하지만 실제 풍력단지가 들어선 뒤로 오히려 이

지역 물고기의 개체수가 크게 늘어났다는 것을 확인했습니다. 바닷물 속에 잠겨 있는 풍력터빈 지지대가 이들에게 좋은 산란처 역할을 해 준 덕분이죠."

이 같은 현상은 비단 호른스레우에서만 나타나는 일은 아니다. 수도 코펜하겐 인근에 위치한 미델구룬덴 해상풍력단지(40MW)를 관리하는 덴마크 에너지환경협회 측도 "개발 뒤 오히려 어획량이 늘었는가 하면 터빈의 지지대가 새들의 휴식처 역할을 하고 있다."고 설명했다.

"유니슨의 역사가 한국 풍력의 역사"

"보시다시피 항구가 공장 바로 옆에 있어서 풍력터빈을 만들자마자 배에 실어 곧바로 부산항이나 외국으로 나갈 수 있어요. 전 세계 어느 터빈 공장도 이렇게 좋은 조건을 갖춘 곳은 없어요. 다들 그런 공장터를 어디서 구했느냐며 놀라곤 하죠."

남해안과 접해 있는 경남 사천시 사남면 사천공단. 멀리서도 볼 수 있게 우뚝 솟은 750kW 풍력터빈이 이곳이 유니슨 사천공장임을 한눈에 알게 해주었다. 발전사업본부 장주한 부장은 "유니슨의 역사가 한국 풍력발전의 역사"라며 한국을 세계적 풍력대국으로 만들고 싶다는 유니슨의 목표를 설명하기 시작했다.

유니슨을 잘 모르는 사람도 이들이 만든 국내 최초의 상업용 풍력발전단지인 영덕 풍력발전단지(39.6MW, 2005년 준공)와 대관령 강원 풍력발전단지(98MW, 2006년 완공)는 TV 등을 통해 본 적이 있을 것이다. 유니슨은 풍력발전단지를 개발해 온 선도업체로 풍력단지 개발과 운용에서 국내 최고의 노하우를 보유한 것으로 평가된다.

원래 유니슨은 교량 설계 제품, 플랜트 설비 제품 등을 생산하던 기업이었다. 그러다 1990년대 교토의정서 체제가 논의되면서 선진국들이 태양광, 풍력터빈 사업 등에 힘을 쏟는 모습에 자극받아 신재생에너지기업으로 변신했다. 사업 초기에는 필요한 제품과 운영 시스템 모두를 수입에 의존했다. 그러다 자신들의 브랜드로 세계 풍력터빈 시장에 직접 나서기로 결심하면서 2002년부터 본격적인 제품개발에 착수했다. 이를 위해 총 2,040억 원을 투자해 경남 사천에 연간 최대 200기 정도를 생산할 수 있는 발전기 조립공장을 건설했다. 중소기업인 유니슨으로서는 회사의 명운을 건 모험이었다.

다행히도 이러한 유니슨의 도전은 조금씩 결실을 맺고 있다. 2004년에는 최초의 국산 풍력터빈(750kW급) 개발에 성공했다. 2007년에는 2MW급 터빈을 개발해 2009년 중 출시를 목표로 국제 인증절차를 진행 중이다. 2008년에는 고리 원자력 발전소 내에 750kW급 풍력터빈을 설치했다. 순수 국내기술로 만들어져 설치된 첫 번째 사례라고 유니슨은 강조한다. 여기에 스위스 TWL과 제품 공급계약을 체결해 사상 첫 해외수주 성과를 거두기도 했다.

유니슨의 생산라인

　베스타스(덴마크), GE윈드(미국), 에너콘(독일) 등 세계 시장을 이
끄는 메이커들과의 직접 비교가 아직 이르긴 하지만 적어도 자신들이
개발한 750kW, 2MW 터빈에서만큼은 기술 격차가 없다는 게 유니
슨의 주장이다. 특히 가격과 애프터서비스 등에서는 이들보다 경쟁력
이 있다고 자신한다. 김두훈 유니슨 사장은 "유니슨의 750kW 풍력
터빈은 기어박스 없이도 구동할 수 있어 유지보수가 간편하고 에너지
효율이 높다는 게 장점"이라고 설명했다. 유니슨은 이러한 점을 부각
시켜 아프리카, 아시아 등 아직까지 메이저 업체들이 진출하지 않은
미개척 지역을 적극 공략해 간다는 계획이다.

　베스타스나 유니슨 모두 풍력터빈과 관련 없는 중소기업으로 출발해 각각 덴마크와 한국을 대표하는 신재생에너지 기업이 됐다는 공통점이 있다. 하지만 둘의 경영 방식은 정반대다. 베스타스가 가격 경쟁력 확보를 위해 상당수 부품 소재를 전 세계 업체들로부터 조달해 쓰지만 유니슨은 터빈 제작에 필요한 부품 모두를 직접 만들어 쓴다. 유니슨 사천공장 최장호 전무는 "유니슨은 일괄생산방식을 채택하고 있어 주문 즉시 신속하게 생산에 돌입할 수 있는 강점이 있다."고 설명했다.

또 베스타스가 풍력터빈 말고는 일절 다른 사업에 눈을 돌리지 않고 있지만 유니슨은 외형 확장을 추구해 바이오가스, 태양광 패널, 수소연료전지 등 다양한 사업에 진출하고 있다. 시장이 과연 누구의 손을 들어줄지는 시간이 말해 줄 것이다.

베스타스와 유니슨 비교

베스타스	구분	유니슨
1898년	설립	1984년
덴마크 라네르스	본사	경남 사천
덴마크 링쾨빙 등 세계 전역	공장	경남 사천시(풍력 관련)
1970년대 부터	풍력터빈 제조	2000년대부터
850KW부터 3MW급까지 7종	주요 판매기종	750KW(2MW 연내 시판 예정)
2만 1,000여 명(2008년 말)	직원수	378명(2008년 말)
1998년(코펜하겐 증시)	증시 상장	1993년(코스닥)
6조 7,130억 원(2007년)	매출	607억 원(2007년)

전남 해안 풍력단지 : 잠재적 세계 1위 풍력단지

"2008년 12월부터 인공위성과 지상 계측기로 측정한 전남 완도군 노화읍 어룡도 일대의 풍향자원 분석 자료입니다. 보시다시피 중국 대륙 쪽에서 불어오는 평균 초속 6.9m 정도의 북북서풍이 꾸준히 이어지고 있는데, 겨울 내내 이 정도 바람만 불어 준다면 쉴 새 없이 풍력터빈을 돌릴 수 있습니다. 좀 더 시간을 갖고 지켜봐야겠지만 완도 해상풍력발전단지는 경제성이 충분할 것으로 판단됩니다."

바다를 지배하던 '해상왕' 장보고의 숨결이 그대로 느껴지는 전남 완도군 완도읍에 위치한 완도군청. 포스코건설 신재생에너지 담당 이준식 차장이 온갖 그래프와 표들로 가득한 보고서를 보여주며 현재 추진 중인 완도 해상풍력단지의 경제성을 설명했다. 그러자 그를 조심스럽게 바라보던 군청 신재생에너지 팀원들의 얼굴이 금세 환해졌다. 사업 규모 5,000억 원에 달하는 완도군 초유의 사업인 해상풍력단지 조성이 현실화되고 있음을 체감한 까닭이다.

완도군을 비롯해 고흥군, 영광군, 신안군, 여수시 등 전라남도 5개 지자체는 2008년 9월 포스코건설과 국내 최초로 해상풍력발전단지 조성(600MW 이상)을 위한 투자협약(MOU)을 체결했다. 통상 100MW급 해상풍력단지 건설에 4,000~5,000억 원가량이 들어가는 점을 감안할 때 사업 규모만 2조 5,000억 원에 달하는 초대형 프로젝트다. 600MW는 우리나라를 기준으로 20만 가구 혹은 80만 명 정도가 연간 사용할 수 있는 발전 규모로 대략 경기도 용인시 정도가 쓸 수 있는 전력을 생산한다고 보면 된다.

현재 포스코건설은 여수시 여자만 죽도, 고흥군 득량도, 영광군 백수읍 해안, 완도군 어룡도, 신안군 임자도 등에 60m 높이의 정밀 계측기를 설치해 풍력자원을 조사하고 있다. 오는 4월까지 계측한 뒤 경제성이 있다고 판단되는 지역부터 해양지질조사 등을 벌여 각각 100MW(3MW 풍력터빈 33기, 혹은 5MW 터빈 20기 설치 예정) 규모의 풍력단지를 조성할 계획이다. 예정대로 모두 지어진다면 우리는 덴마크 호른스레우(현재 160MW, 확장공사 완공 시 400MW)보다 더 큰 세계적 규모의 해상풍력단지를 보유하게 된다.

현재 전남의 바람에 눈독을 들이는 기업은 포스코건설뿐만이 아니다. 금호건설도 유니슨, 이노메탈이지로봇 등과 함께 지난해 10월 여수시와 풍력단지 조성을 위한 투자협약을 체결했다. 한국중부발전 역시 260MW급 육상 및 해상풍력단지 조성을 추진할 계획이다. 전남이 해상풍력단지로 각광받는 이유는 대륙에서 불어오는 우수한 바람자원을 보유한 데다 수심이 얕아 풍력단지 건설비용을 줄일 수 있기 때문이다. 문채주 목포대 신재생에너지기술연구센터장은 "전남 서남해안의 바닷바람은 국내에서는 최상의 자원에 속한다."고 평가했다.

"섬 전체에 억새들이 날리는 것 좀 보세요. 오늘은 바람이 정말 좋네요. 겨울철 내내 이 정도 바람만 불어 주면 여기 풍력단지는 그야말로 '따봉' 이죠."

포스코건설 이준식 차장이 국내 최초의 해상풍력단지 건설 예정지역인 전남 완도군 어룡도에서 계측기를 보며 이 일대 풍력자원을 설명하고 있다

전남 순천시 여자만에서 1시간 넘게 배를 타고 들어간 무인도 죽도. 계측기에 에너지를 제공할 태양광 패널을 설치하기 위해 이 차장과 함께 섬을 찾은 계측기 제조업체 '대한에너지'의 박근식 사장은 풍속을 확인하며 함박웃음을 지었다. 평소 바람이 무척 약한 지역이었지만 이날 계측기에 나타난 풍속은 초속 13.9m. 연평균 풍속이 초속 6~6.5m 정도면 풍력단지의 경제성이 확보되는 만큼 이 정도 바람이라면 가히 '대박' 수준이다.

포스코건설은 앞서 언급한 후보 지역 중 영광과 신안, 완도 등 3곳이 경제성이 있다고 보고 있다. 특히 신안군 임자도 해상의 경우 풍속이 초속 9.81m, 영광 백수해안도로 인근은 초속 8.61m에 달해 풍력단지가 지어지면 전력 판매로 상당한 수익을 낼 수 있을 것으로 기대하고 있다. 전라남도 역시 해상풍력단지 조성을 시작으로 '국내 신재생에너지의 40% 이상을 공급한다.'는 야심을 키워가고 있다. 정병재 전라남도 경제과학국장은 "해상풍력단지는 일자리 창출뿐 아니라 관련 산업 육성과 기업유치, 세수 창출, 관광자원 등 다방면으로 활용이 가능하다."고 설명했다.

한국의 풍력 업체들

풍력발전기를 만드는 업체로는 유니슨과 함께 효성을 꼽을 수 있다. 효성은 자체기술로 750kW짜리 풍력터빈을 개발했으며, 3MW급 해상용 풍력터빈을 개발, 해외 시장에 진출한다는 계획을 갖고 있다. 효성은 1990년대 중반부터 풍력발전기 개발을 추진해 풍력발전기의 주요 구성기기인 증속기, 발전기, 제어기 등과 관련한 최고수준의 기술력을 갖고 있다고 주장하고 있다. 2010년까지 세계 10대 풍력 발전 설비업체로 부상한다는 목표를 갖고 있다. 또 현대중공업과 삼성중공업 등도 조선 사업에서 쌓은 노하우를 풍력에 접목시키는 방안을 모색 중이며, 두산중공업도 2006년부터 3MW급 해상 풍력 발전 시스템 기술을 개발 중이다.

한국의 풍력발전기 업체들은 아직 세계 정상의 수준에 미치지 못하고 있다. 그러나 풍력 관련 부품 분야에서는 세계적인 경쟁력을 가진 업체들이 많다. 대부분이 선박 제조 부품을 생산하다가 풍력발전기 부품 사업으로 뛰어든 경우다.

대표적인 업체가 풍력발전기 종합 부품 제조사인 평산이다. 부산 강서구 지사과학단지에 자리 잡은 이 회사는 타워플랜지 분야에서 세계 1위를 차지하고 있다. 시장점유율이 무려 32%에 이른다. 타워플랜지는 풍력발전기의 몸통을 서로 연결하는 이음새 부분을 말한다. 풍력발전기 타워(몸통)의 길이가 100m 가까이 되기 때문에 10m마다 이음새를 둬야 한다.

평산은 또 다른 풍력발전 핵심부품인 샤프트(풍력 발전기의 날개와 연결된 동력 전달축)와 베어링(풍력 날개가 바람에 따라 회전을 조절할 수 있도록 돕는 부품), 기어박스(풍력 날개가 일으킨 기계 에너지를 증폭시키는 장치) 분야에서도 점점 매출을 늘려가고 있다.

평산의 2008년 매출액은 5,800억 원이며, 영업이익은 15%이다. 2009년에는 8,700억 원의 매출을 예상한다. 평산은 GE윈드, 베스타스, 가메사, 지멘스, 수즐론, 에너콘 등 글로벌 풍력 업체에 납품한다. 2008년 독일의 기어박스 생산업체 야케(JAKE)를 인수했으며, 2,000억 원을 투입, 중국 다롄에 베어링 생산 공장을 건설했다.

단조 업체인 태웅도 풍력발전기 부품 분야의 세계 최강자 가운데 하나다. 2008년 풍력발전 단조품 시장에서 약 20%의 시장점유율을 차지했다. 부산 강서구 송정동에 자리 잡은 태웅은 링 단조를 통한 타워 플랜지 생산 위주에서 메인샤프트까지 공급 영역을 확대하고 있다. 베스타스, GE윈드 등 글로벌 풍력발전 업체와 장기공급 계약을 체결하고 있다. 역시 부산에 자리 잡은 현진소재도 풍력발전기 메인샤프트와 타워 플랜지를 제조한다. 현진소재의 전신은 첨단 금속소재 생산 업체였던 현진공업이다. 2008년 매출 3,990억 원을 기록했다. 현진소재의 자회사인 용현 MB도 풍력발전기용 단조부품을 제조한다. 철강 전문기업인 동국산업의 자회사인 동국S&C는 세계 최대의 풍력타워 제조업체다. 매년 2~3년치의 주문을 미리 확보하고 있다.

03. 지구의 99%는 섭씨 1,000도가 넘는다
:: 지열

아이슬란드의 화산 지역에서 솟아오르는 수증기

지열 에너지란 지구가 품고 있는 열에너지를 말한다. 지구는 중심으로 갈수록 뜨거워진다. 평균적으로 100m를 파 내려가면 3도 정도씩 올라간다. 중심부의 온도는 섭씨 4,000도에 이른다고 한다. 이런 열이 화산이나 온수, 가스 등의 형태로 지구표면을 통해 분출된다.

지열은 다양한 방법으로 활용할 수 있다. 이미 우리나라에서도 히트펌프를 이용한 지열 냉난방 시설이 늘어나고 있다. 땅속 수십 미터 사이의 온도가 10~20도 정도로 유지되는 것을 이용해 여름에는 냉방, 겨울에는 난방을 돕는 것이다. 또 지열은 발전에도 이용된다. 지하 수천 미터를 파 내려간 뒤 분출되는 수증기와 열수를 발전과 지역

난방에 이용하는 것이다. 지열의 가장 큰 장점은 24시간 이용이 가능한 클린 에너지라는 점이다. 이 때문에 지열은 태양광이나 풍력과 달리 기저부하(基底負荷, Base-load)가 될 수 있다. 지열발전은 화산지역에서 절대적으로 유리하다. 조금만 파 내려가도 뜨거운 수증기와 물이 분출되기 때문이다. 그 대표적인 나라가 아이슬란드다. 또 필리핀과 인도네시아, 코스타리카와 미국 등 환태평양 조산지대에 위치한 아시아, 북중미 국가들도 지열 개발에 유리한 조건을 갖고 있다.

최근에는 땅을 깊이 파 내려가는 기술이 발달하면서 화산 지역이 아닌 곳에서도 지열발전이 이뤄진다. 대표적인 나라가 독일이다. 특히 지열 선진국인 아이슬란드는 최근 들어 마그마까지 접근하는 기술을 개발 중이다. 이 같은 기술이 상용화되면 화산의 유무를 떠나 모든 국가에서 지열발전이 가능할 수도 있다.

아이슬란드의 화산 지역에서 지하수가 분출되는 모습

아이슬란드의 다양한 지열 이용법

"지구의 99%는 온도가 섭씨 1,000도를 넘습니다. 이런 에너지를 이용하지 않는다면 낭비하는 것입니다."

아이슬란드의 전력회사 히타베이타 수드르네스야(HS)의 지질 전문가인 구드먼드 오마르 프리드라이프슨 박사는 서울에서 온 기자에게 지열 에너지 이용의 당위성부터 강조했다.

2009년 1월 20일 레이캬비크 시내의 국가에너지기구(NEA)에서 만난 프리드라이프슨 박사는 기자를 스포츠유틸리티차량(SUV)에 태우고 서쪽으로 달리기 시작했다. 바다를 끼고 45분쯤 달리자 검은 화산암으로 뒤덮인 레이캬네스 반도가 나왔다. 이곳에 아이슬란드의 지열 산업을 상징하는 스바르트셍기발전소와 관련 업체들이 몰려 있다.

HS 소유인 스바르트셍기발전소는 1976년 아이슬란드에서는 처음으로 지열을 전력 생산과 난방에 모두 이용하는 시스템으로 건설됐다. 발전 용량은 45MW이며 곧 30MW가 추가될 예정이다. 초당 240ℓ 씩 솟아오르는 섭씨 200도 이상(압력이 오르면 물의 온도도 100도보다 올라간다)의 뜨거운 지하수 수증기가 터빈을 돌려 발전한다. 또 뜨거운 물은 그대로 지역난방에 이용된다. 프리드라이프슨 박사는 "지질, 혹은 기술 때문에 지열을 전력 생산에 이용할 수 없는 나라도 있겠지만, 지열은 발전 말고도 다양한 분야에서 활용될 수 있다."고 강조했다.

스바르트셍기 지열발전소의 내부 모습

　스바르트셍기발전소 바로 옆에 아이슬란드의 대표적인 관광명소인 '블루 라군' 스파가 자리 잡고 있다. 우윳빛 청색(Milky Blue)을 띤 스파의 풀장에는 스바르트셍기발전에 이용되고 남은 지하 온천수가 흘러들어온다. 발전소 내부를 시찰하면서 맡았던 것처럼 유황 냄새가 났다. 이 물이 아토피 등의 피부 질환 치료에 효과가 좋다는 사실이 알려지면서 아이슬란드 현지인은 물론 관광객들의 필수 방문 코스가 되고 있다. 블루 라군은 스파뿐만 아니라 이 물을 이용해 화장품까지 생산하고 있다.

아이슬란드의 대표적 명소인 블루 라군의 스파에서 온천을 즐기는 관광객들. 위쪽으로 보이는 스바르트셍기 지열발전소에서 사용하고 흘려보낸 지하 온천수를 이용한다

블루 라군의 밤 풍경

블루 라군 옆에는 해조류를 바이오연료로 전환하는 연구소가 자리 잡고 있다. 해조류 배양에 필요한 물의 온도 등을 조절하는 데 지열이 이용된다고 한다. 또 발전소에서 나오는 지하온수에 포함된 다양한 성분도 역시 분석 대상이다.

스바르트셍기발전소에서 차를 타고 북쪽의 해안도로를 달리면 낮에도 환하게 불이 켜진 그린 하우스를 여러 개 발견할 수 있다. 겨울이 긴 아이슬란드는 주로 그린 하우스에서 작물을 재배한다. 토마토와 파프리카 등 채소뿐만 아니라 밀, 보리 등 곡식까지 재배한다. 북극권에 가까운 아이슬란드가 유럽에서 바나나 생산 1위국이라는 사실이 놀랍다.

바이오 업체 ORF가 보리를 재배하는 그린 하우스를 방문해 봤다.

ORF의 그린 하우스 내부 모습

얼핏 보기에는 여느 보리와 다른 점이 없어 보였지만, 유전자 변형을 통해 약품과 화장품에 쓰인다고 관리인은 설명했다. 이 그린 하우스 역시 스바르트셍기발전소에서 제공하는 전기와 난방으로 가동된다. 그린 하우스를 짓는 대신 지열 파이프를 땅속에 묻어 토지 농사에 이용하는 농민도 있다고 프리드라이프슨 박사는 전했다.

ORF의 그린 하우스 외부 모습

아이슬란드의 해안에서 그린 하우스와 마찬가지로 쉽게 발견할 수 있는 것이 양어장이다. 1cm 이하의 치어를 배양해 칠레와 아르헨티나에 수출한다. 또 지열을 이용해 말린 생선은 아프리카의 나이지리아 등지로 팔려나간다.

인구 20만 명의 레이캬비크 시에는 올림픽 수영장 규모의 커다란 수영장이 5곳이나 된다. 실내 수영장도 하나 있지만 나머지는 실외

지열 양식장

수영장이다. 한 겨울철에도 문을 여는 수영장들은 모두 지열발전에 이용되고 남은 온수를 이용한다. 또 아이슬란드에 체류할 동안 방문한 발전소와 공공건물의 주차장, 주요 도로는 아무리 눈이 내려도 늘 말끔했다. 주차장과 도로 아래 온수 파이프가 묻혀 있기 때문이다. 공공건물뿐만 아니라 유명한 레스토랑 '펄'도 은백색 눈으로 덮인 세상 속에서 유난히 눈에 띄는 시커먼 아스팔트 주차장을 자랑하고 있었다.

레이캬비크 시에 눈이 내린 아침에도 레이캬비크에너지의 주차장은 말끔하다

아이슬란드의 지열 개발 시스템

아이슬란드는 21세기형 '에너지 대국'이다. 국가 전체 에너지 사용량의 81%를 신재생에너지로 충당한다. 전 세계에서 가장 비율이 높다. 아이슬란드의 주요 에너지원은 지열로 66%를 차지한다. 난방의 88%, 전기 생산의 30%를 지열이 담당한다. 나머지 난방과 전기는 대부분 수력발전에서 나온다.

아이슬란드의 지열 이용 현황(2007년도)

지열 이용	GW	%
난방	5,300	50
전력생산	3,600	34
수영장	400	4
양어장	400	4
도로 및 주차장 제설	400	4
그린 하우스	200	2
산업	200	2
합계	10,500	100

아이슬란드의 산업·에너지·환경·외교 부처와 국가에너지기구(NEA), 레이캬비크에너지, 아이슬란드대학 등 주요 기관은 지열 개발 및 수출을 위해 단단한 네트워크를 구축하고 있다. 이 가운데서도 NEA가 아이슬란드의 지열자원 평가, 개발 및 대외협력 등을 실무적으로 담당하는 중심 조직이다.

NEA의 지열 전문가인 요나스 케틸슨 박사는 아이슬란드의 지열자원이 기본적으로는 지질 환경에서 나온다고 말했다. 아이슬란드는 유라시아대륙의 판(板)과 아메리카 대륙의 판이 만나는 지점에 위치한다. 따라서 지각이 불안정하고, 화산 활동이 활발해 지열자원이 풍부하다.

요나스 케틸슨 박사

그러나 아이슬란드의 발달된 지열 기술은 단순히 자연적인 조건 때문이 아니라 부단한 연구, 개발에서 나온 것이라고 케틸슨 박사는 강조했다. 케틸슨 박사는 그런 사례로 현재 레이캬네스 지역에서 진행 중인 심저개발(IDDP, Iceland Deep Drilling Project) 프로젝트를 꼽았다. 이 프로젝트는 마그마와 가까운 지하 5,000m까지 파고들어 섭씨 400~600도에 이르는 초임계수를 이용하는 것이다. 고온, 고압의 초임계수는 에너지 효율성이 커서 기존 지열발전소의 10배에 이르는 전력을 생산할 수 있다고 케틸슨 박사는 설명했다. 이 프로젝트가 성공하면 아이슬란드는 '유럽의 쿠웨이트'가 될 수도 있다고 에너지 전문가들은 평가하고 있다.

아이슬란드는 여전히 에너지의 19%를 원유로 충당한다. 자동차와 선박 연료로 가솔린과 디젤을 쓴다. 아이슬란드는 이를 '클린 에너지'로 바꾸는 작업도 진행 중이라고 NEA의 대체연료 담당자인 아구스타 로프트도티르 박사는 말했다. 자동차는 전기차로 대체하고, 선박에는 바이오연료를 사용한다는 구상이다. 오수르 샤르페딘슨 에너지 및 관광 장관은 미쓰비시가 개발한 전기자동차 MiEV를 시범 승차하는 이벤트를 갖기도 했다.

풍부한 에너지는 낭비의 요인이 되기도 한다. 2009년 1월 방문한 아이슬란드는 한겨울이었고, 금융위기 때문에 경제사정이 어려운 시기였다. 그러나 레이캬비크 주택가에서는 창문을 활짝 열어둔 집들을 쉽게 발견할 수 있었다. 아이슬란드의 120~160㎡ 주택의 한 달 난방비는 약 3,000크로나 정도다. 레이캬비크의 이탈리안 레스토랑에서 스파게티와 맥주 한 병을 시키면 3,000크로나가 나온다. 이에 따라 아이슬란드 정부는 잉여 에너지를 활용하는 방법을 찾는 데도 적극적이다. 알코아를 비롯해 전력 사용이 많은 알루미늄 회사들이 아이슬란드에서 공장을 가동 중이다. 이와 함께 구글 등 미국의 IT, 데이터 저장, 헬스케어, 심지어는 석유 업체들도 아이슬란드의 클린 에너지를 서버 등에 사용하겠다며 아이슬란드를 찾고 있다.

지열에서 나온 전기를 이용하는 레이캬네스의 알루미늄 제련장

운터하칭 지열발전소 : "화산 지역이 아니어도 가능하다"

"독일은 화산 지대가 아닙니다. 그래서 지열발전은 불가능하다고
했습니다. 그러나 운터하칭이 해냈습니다."

독일 남부의 중심도시 뮌헨에서 아우토반(고속도로)을 타고 남쪽으
로 12km쯤 달리면 운터하칭(Unterhaching)이라는 인구 2만 명의
작은 도시가 나온다. 넓다란 농지로 둘러싸인 지역이다. 아우토반을
빠져나와 운터하칭으로 들어가는 입구에 지열발전소가 자리 잡고 있
었다. 3층 건물 정도의 작은 크기인 데다가 발전소로 보기에는 너무
깔끔해서 무심코 지나쳐버린 뒤 차를 되돌려야 했다.

운터하칭 지열 발전소의 외부 모습

발전소의 책임자는 운터하칭 시장을 두 번이나 지낸 어윈 크나펙
소장이다. 크나펙 소장은 서울에서 온 기자에게 "운터하칭 시는 1990
년부터 기후 변화를 막기 위한 노력을 기울여 왔다."고 강조하는 것

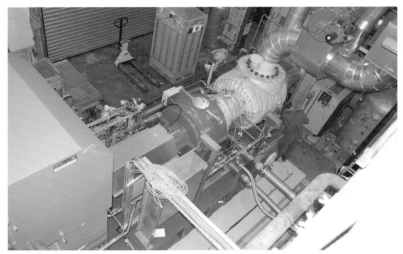

운터하칭 지열발전소의 내부 모습

으로 말문을 열었다. 이를 위해 태양광과 태양열발전기를 설치하고, 공공기관과 주택의 에너지 효율을 높이는 데도 노력을 기울였다는 것이다. 그러나 안정적으로 전력과 난방을 동시에 공급할 수 있는 친환경 에너지는 지열뿐이라고 운터하칭 시는 결론을 내렸다고 한다. 이

운터하칭 크나펙 소장

같은 결정에 대부분의 에너지 전문가들은 반대했다. 지열 개발은 아이슬란드나 동남아시아, 중남미 지역의 화산 지대에나 적합한 기술이라는 주장이었다.

그러나 운터하칭 시는 2004

년 지열발전소 건설을 결정했다. 시가 100% 출자한 운터하칭 지열이라는 회사도 설립했다. 시의 이 같은 결정에는 그 해 발표된 독일 정부의 신재생에너지 발전 차액 제도(기존 에너지 가격보다 비싼 부분을 정부가 지원해 주는 제도)가 큰 영향을 끼쳤다.

운터하칭은 알프스 산맥의 끝자락이 이어지는 지역이다. 다행히 사암(砂岩) 지역이어서 땅을 파고들어가기 쉬웠고, 시험 시추 결과 3,000m를 파 내려가면 122도의 물이 초당 150씩 생산되는 것으로 나타났다. 크나펙 소장은 "일반적으로 땅을 100m 파 내려가면 온도가 3도씩 올라가지만 운터하칭 지역은 5.5도씩 올라간다."고 말했다.

그러나 그것만으로는 불충분했다. 일상적인 기압에서 물이 100도를 넘으면 끓으면서 수증기를 발생시키지만 발전기의 터빈을 힘차게 돌리려면 더 높은 온도, 더 높은 압력이 필요하다. 그래서 채택한 것이 러시아의 과학자 알렉산더 칼리나가 발명한 칼리나 순환 방식이었다. 칼리나 방식은 물에 암모니아를 섞는다. 암모니아의 비등점은 70도 정도여서 100도보다 낮은 온도에서도 수증기를 만든다.

운터하칭 지열 발전소는 2개의 시추공을 뚫었다. 하나는 지하의 뜨거운 물을 끌어 올리는 생산정, 또 하나는 발전과 난방에 사용해 온도가 낮아진 물을 지하로 되돌리는 주입정이다. 생산정은 발전소 옆에, 주입정은 4km 떨어진 곳에 있다. 두 시추공은 거리가 멀지만 지하의 같은 대수층에 속해 있다. 대수층이 다른 곳에서 물을 빼거나 더하면 지하수 체계에 영향을 미칠 수 있기 때문이다. 주입정으로 들어간 물이 지하 대수층에서 다시 뜨거워진 뒤 생산정으로 올라온다.

운터하칭 지열발전소에서 생산된 전기를 주민들은 kW당 0.15유로를 지불하고 사용한다. 실제 지열 생산 비용은 그보다 비싸지만 정부 보조금 때문에 기존의 전기와 비슷한 가격으로 쓸 수 있다. 난방은 3,300가구에 공급된다. 한 가구당 겨울철 난방비가 200유로 정도로 석유 보일러를 쓰는 것보다 싼 편이라고 크나펙 소장은 말했다. 또 지열발전으로 연간 3~4만t의 이산화탄소를 감축한 것으로 평가된다. 운터하칭 프로젝트에 투입된 자금은 8,000만 유로(약 1,500억 원). 운터하칭 시와 정부 보조금 및 지급보증, 은행 여신으로 충당됐다. 크나펙 소장은 지열발전이 아직까지는 민간사업만으로는 수익을 내기 어렵다고 말했다.

운터하칭 시는 현재의 발전소에서 자동차로 30분쯤 떨어진 곳에 제2 지열 발전소를 건설 중이다. 나즈막한 야산과 농지가 만나는 지점에 자리 잡은 공사장은 한창 작업 중인데도 별다른 소음을 내지 않았다. 작업은 시추공 바로 옆 컨테이너 속에 있는 컴퓨터 시스템이 통

운터하칭의 제2지열발전소 건설 현장. 마스터 장비가 시추공 속으로 길이 20m의 티타늄 파이프를 매설하고 있다

제한다.

에너지 개발업체 GFZ의 시추담당 엔지니어인 베른하르드 프리베델 현장소장은 "도심에서도 시추가 가능한 최첨단 공법(InnovaRig)을 사용 중"이라고 말했다.

이 공법의 주요한 특징 가운데 하나는 2개의 시추공이 8m 밖에 떨어져 있지 않다는 점. 프리베델 소장은 2개의 시추공이 지하 160m 지점부터 서로 반대 방향으로 휘어지도록 파 들어간다고 설명했다. 그러면 지하 3,864km에서 두 시추공의 거리가 2.5km까지 떨어진다는 것이다. 이 공법으로 4km에 이르는 시추공 사이의 파이프 라인이 필요없어지고, 관리도 쉽다고 프리베델 소장은 말했다.

운터하칭 제2지열발전소의 베른하르드 프리베델 현장소장이 공정을 설명하고 있다

시추공은 하루 100~120m씩 파고 내려간다. 땅을 파내는 드릴은 보통 철로 만들지만 지하 깊은 지역에서는 텅스텐이나 다결정 다이아몬드 등으로 강화한 드릴을 쓴다. 또 파이프는 스테인리스 스틸이나 티타늄으로 제작하며, 10년마다 한 번씩 교체한다. 시추공에 파이프를 꽂으면 시간당 500m씩 내려간다. 3,000m를 내려가는 데 6시간이 걸린다. 시추공을 뚫으면서 하루에 5t이 넘는 돌과 흙, 물이 올라온다. 파낸 흙이나 물은 재활용하지 않는다. 혹시

방사능 등 인체에 해로운 물질이 포함돼 있을지도 모른다는 우려 때문이다.

프리베델 소장은 운터하칭 지열발전소의 성공으로 현재 남부 독일에서 15개 정도의 지열발전소가 추진 중이고 5개의 발전소가 추가로 구상되고 있다고 전했다.

제주도 지열발전소 건설 프로젝트

한국에서도 지열발전소가 추진되고 있다. 중견 건설업체인 휴스콘건설이 스위스의 Geothermal Explorer LTD(GE)와 공동으로 '화산섬' 제주도에 지열발전소를 건설하는 프로젝트를 추진 중이다. GE의 지열 전문가인 마르커스 해링 박사가 2008년 6월 제주도청 관계자들을 상대로 프로젝트에 대한 설명을 마쳤다. 발전소 건설 부지는 몇 군데가 검토되고 있지만, 서귀포 서쪽에 들어서는 혁신도시 주변이 될 가능성이 크다.

휴스콘건설은 현재 인·허가 절차를 밟고 있으며, 제주도에서도 긍정적으로 받아들이고 있다고 밝혔다. 이에 따라 2009년 안에 시험용 시추공을 뚫을 수 있을 것으로 희망하고 있다. 휴스콘건설의 지열 프로젝트를 책임지고 있는 이상돈 상무는 "사업타당성 검토에서부터 지열발전소 최종 건립까지 3~5년 정도가 걸리고, 800~1,200억 원의 자금이 필요할 것"이라고 예상했다.

화산섬이라고는 하지만, 제주도는 아이슬란드처럼 낮은 지하층에 지열 에너지가 널려 있는 지역이 아니다. 또 독일의 운터하칭처럼 3,000m를 내려가면 발전에 사용할 수 있는 고온의 대수층이 깔려 있는가도 확신할 수 없다. 이에 따라 휴스콘건설이 선택한 공법이 GE가 보유한 EGS(Enhanced Geothermal System)이다. 이 공법은 지하 4,000~5,000m 아래 깔려 있는 뜨거운 암반층(Hot Dry Rock) 안에 인공적으로 공간을 만든 뒤 물을 투입하고, 뜨거워진 물을 다시 끌어올려 발전에 이용하는 것이다. 물의 온도는 섭씨 160~210도에 이르게 된다. 현재 스위스와 프랑스, 오스트레일리아 등지에서 이 기술을 이용한 지열 발전 프로젝트가 진행 중이다.

현재 추진 중인 제주도 지열발전소의 용량이 어느 정도 될지는 시험 시추 결과가 나온 뒤 정확히 알 수 있다. 프로젝트 관계자는 "최소한 2~3MW를 예상하고 있지만, 시추 결과에 따라 최고 10MW도 가능하다고 본다."면서 "이번 프로젝트를 성공시킨 뒤 추가로 발전소를 건설하면 제주도에서 최소한 30~50MW의 지열발전이 가능할 것"이라고 말했다.

제주도가 이 프로젝트에 관심을 갖는 것은 제주 혁신도시의 주요 전력 공급원으로 삼을 수 있기 때문이라고 제주도청 주복원 지식경제국장은 설명했다. 제주도는 '탄소 없는 섬(Carbon Free Island)' 정책에 따라 태양광과 풍력 등 신재생에너지를 적극 개발하고 있다. 그러나 태양광과 풍력은 낮과 밤에 따라, 날씨에 따라 발전량이 달라진다. 따라서 혁신도시에 안정적인 전력을 공급하려면 24시간 일정량의 발전이 가능한 지열발전소가 필요하다는 것이다.

그러나 제주도 지열발전에는 몇 가지 해결해야 할 문제들이 남아있다. 우선 현행법에는 지열 개발에 대한 근거나 규정이 없다. 현행법에 따르면 지하굴착은 지하수 개발 정도만 가능하다. 또 지열은 정부의 신재생에너지 지원 대상에서 빠져 있다. 정부의 발전 차액 지원 대상은 태양광과 풍력뿐이다. 독일 운터하칭 지열발전소의 사례에서 보듯이 정부의 발전 차액 등 지원이 없으면 지열 프로젝트가 출범하기 쉽지 않다.

이에 대해 주복원 지식경제국장은 "도에서 특별 조례라도 만들어서 지원하는 방안을 검토 중"이라고 말했다. 주 국장은 "예산 지원은 어렵지만, 행정적 지원은 적극적으로 할 계획"이라고 말했다. 주 국장은 이와 함께 제주도에서 지열발전소가 성공하면 우리나라 전역으로 확대할 수 있다고 본다."고 말했다.

법적, 제도적인 문제와 함께 투자 유치 문제도 남아 있다. 2008년 하반기부터 시작된 세계적인 금융 및 경제위기 때문에 자금 조달이 쉽지 않은 상황이기 때문이다. 휴스콘건설은 초기 자금은 국내에서, 중·장기 자금은 해외에서 조달한다는 계획이다. 이상돈 상무는 "오히려 국내에서는 신재생에너지에 대한 관심 때문에 투자 문의가 들어온다."면서 "우선 공공기금을 상대로 투자 유치 협상을 벌이고 있다."

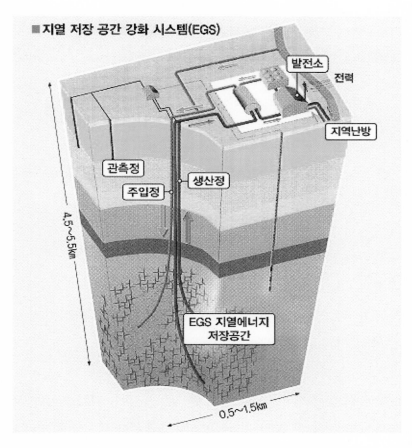

■지열 저장 공간 강화 시스템(EGS)

발전소
전력
지역난방

관측정
주입정
생산정

4.5~5.5km

EGS 지열에너지
저장공간

0.5~1.5km

고 말했다. 이 상무는 공공기금 분야에서 일한 경험이 있는 펀드 매니저 출신이다. 이 상무는 그러나 최근의 환율 상승 때문에 해외 자본을 조달하는 데는 어려움을 겪고 있다고 말했다. 이 상무는 "한국에서 처음으로 지열발전소를 건설하는 것이어서 수익률 예측이 쉽지 않다."면서 "전기요금과 정부 정책, 탄소배출권 등 고려해야 할 요소들이 많다."고 말했다.

운터하칭 발전소와 제주도 지열 프로젝트 비교

운터하칭	비교 항목	제주도
3,350m	깊이	4,000m
3.36MWe*	발전용량	4MWe 예상
70MWth*	난방열 용량	10MWth 예상
3~4만t	연간 이산화탄소 절감	14,200t 예상
생산정 1, 주입정 1	시추공 수	생산정 2, 주입정 1
칼리나 사이클	테크놀로지	EGS
2007년 5월	완공	2010년 이후

* MWe(Mega Watt electric) : 전기 용량 단위
* MWth(Mega Watt thermal) : 열용량 단위

한국의 지열 업체

한국에는 아직까지 지열을 통해 전기를 생산하는 기업은 없다. 제주도 지열발전소 프로젝트가 현실화되면 휴스콘이 첫 지열 발전 업체가 될 것으로 보인다.

그러나 지열로 전기를 생산하지는 않지만, 지열을 냉난방에 이용하는 시스템은 다른 나라 못지않게 발달해 있다. 대형 건설사들이 아파트를 짓거나, 신도시 프로젝트를 시행할 때 지중열을 이용한 냉난방 시스템을 적용하는 사례가 늘어나고 있다(Chapter 4 그린 빌딩 참조).

지열을 이용한 냉난방 시스템에는 히트펌프가 설치돼야 한다. 히트

펌프를 처음으로 국산화한 기업은 공간코리아다. 이 회사는 에너지관리공단으로부터 지열원 히트펌프 분야 신재생에너지 설비인증을 획득했다.

04. 바다를 헤엄치는 거대한 뱀
:: 해양에너지

해양은 3종류의 에너지를 제공한다. 파도의 움직임이 만드는 파력, 조수간만의 차이가 발생시키는 조력, 그리고 바닷물의 흐름인 조류이다. 지식경제부에 따르면 우리나라의 해양에너지원은 파력 6,500MW, 조력 6,500MW, 조류 1,000MW 등 총 14GW에 이르는 것으로 추정된다. 조력발전과 조류발전은 모두 바닷물 속에서 터빈을 돌려 전기를 얻는다. 다만 조류발전은 바닷물 속에 터빈만 설치하는 반면, 조력발전은 바다를 제방으로 막은 뒤 제방 아래 터빈을 설치한다. 파력발전은 파도의 상하 및 좌우 운동을 전기에너지로 변화시키는 것이다.

세계 각국의 파력에너지 이용 트렌드

포르투갈의 북부 해안도시 아구사두라에서 배를 타고 북쪽으로 5km쯤 항해하면 거대한 붉은 뱀 세 마리가 바닷물에 반쯤 잠긴 채 헤엄치는 듯한 광경을 보게 된다. 길이 150m, 지름 3.5m인 이 뱀들은 사실은 세계 최초로 건설된 아구사두라 파력 발전소의 발전기들이다.

포르투갈 아구사두라 파력 발전기

해양은 태양과 지열, 바람 다음으로 많은 에너지를 지구에 선사하고 있다. 미국 스탠퍼드대학 건축환경공학과의 마크 제이콥슨 교수가 발표한 논문에 따르면 전 세계의 해양에너지는 연간 30.6PWh(Peta Watt Hour, Peta는 10의 15승)에 이른다. 해양에너지 가운데서도 파도가 발생하는 힘을 이용하는 파력이 연간 23.6PWh로 가장 크다.

과학자들은 현재의 기술을 갖고 해양에서 실제로 얻을 수 있는 에너지는 9만TWh(Tera Watt Hour, Tera는 10의 12승) 정도가 될 것으로 추정하고 있다. 현재 전 세계에서 생산하는 전력은 1.8TWh 정도다.

해양에너지는 하루 24시간 전기를 생산한다. 태양광이나 풍력에는 없는 강점을 갖고 있는 것이다.

아구사두라 파력발전소는 포르투갈의 대표적 에너지회사인 에너시스가 820만 유로(약 147억 원)를 투입해 건설했다. 사용되는 발전기는 영국의 '펠라미스 웨이브 파워'가 제작한 P1-A '바다뱀(Sea Snake)' 모델. 파도가 칠 때마다 발전기 안의 유압 펌프가 움직이면서 전기를 발생한다. P1-A 한 대의 발전용량은 750kW로, 아구사두라 파력발전소의 총 용량은 2.25MW이다.

2006년 10월부터 가동된 아구사두라 파력발전소는 현재 2,000여 가구에 전기를 공급하고 있다. 아구사두라 발전소에서 생산하는 전기의 비용은 기존의 전기요금에 비해 비싸기 때문에 정부로부터 1kWh당 0.23유로의 보조금을 받고 있다. 에너시스는 이 프로젝트가 성공적이라고 평가하고 발전용량을 20MW급으로 늘리는 작업에 착수했다. 포르투갈 정부는 펠라미스를 조만간 대량으로 상용화해 35만 가구에 전력을 공급하는 것을 목표로 정했다.

이와 함께 영국도 북서쪽 도시 콘월의 연안 15km 밖에 역시 P1-A 발전기를 이용한 5MW급 파력발전소를 건설하기로 결정했다. 현재 금융 및 행정 절차가 진행 중이다.

파력발전은 포르투갈과 영국 등 전통적인 해양국가에서 발전돼 왔으나, 최근에는 테크놀로지가 발달한 미국 등지에서도 새로운 에너지원으로 각광받고 있다. 미국 뉴저지 주의 오션파워테크놀로지(OPT)는 1990년대부터 개발해 온 파력발전 시스템인 '파워부오이(PowerBuoy)'를 이용해 캘리포니아와 오리건 주의 해안 4개 지점에서 270MW급 발전소 건설을 추진 중이다. 이 프로젝트에는 방위산업체인 록히드마틴도 참여하고 있다.

프랑스 국립과학개발연구원(CNRS)도 '파력발전개발연구팀'을 구성해 펠라미스와 비슷한 발전기를 제작하고 있다. 2010년까지 실험을 마치고 상용화한다는 계획이다.

미국의 대표적인 해양에너지 개발업체 가운데 하나인 버던트파워(Verdant Power)의 창업자인 트레이 테일러는 2011~2012년에 전 세계적으로 대규모의 해양에너지 개발이 본격화할 것이라고 예상했다.

미국 팔로알토에 자리 잡은 전력연구소(EPRI)의 해양에너지 전문가인 로저 베다르드는 "유럽에서는 2015년, 미국에서는 2025년까지 수십 메가와트 규모의 해양에너지발전소가 폭넓게 사용될 것"이라고 전망했다. 베다르드는 그러나 버락 오바마 대통령의 신재생에너지 확장 정책이 조기에 이행되면 미국의 해양에너지 이용이 크게 앞당겨질 수도 있다고 말했다.

국토의 삼면이 바다인 한국 연안도 해양에너지가 풍부한 편이다. 한국의 첫 파력발전소는 2011년쯤 제주도에 건설될 가능성이 크다. 국토해양부는 2009년 500kW급 파력 발전 구조물에 대한 기본설계를 마치고 90억 원을 투입, 제작에 들어가 시험운영을 마친 뒤 2011

년부터 상용화에 들어간다는 계획을 갖고 있다. 이 발전소가 제주도 서쪽 끝인 차귀도 해역에 들어서면, 170여 가구에 전기를 공급할 수 있다. 이와 함께 정부는 울릉도, 영일만 등 동해에도 파력 발전소를 건설한다는 장기계획도 세워놓고 있다.

랑스 조력발전소

"지난 40년 동안 바다가 제공하는 에너지를 이용해 이산화탄소 배출 없이 전기를 생산해 왔습니다."

프랑스 전력공사(EDF) 관계자는 세계 최대의 조력발전소인 랑스 조력발전소에 대해 갖고 있는 자부심을 이와 같이 표현했다. 화석연료를 대체하는 신재생에너지 개발 붐이 세계적으로 확산되는 가운데 조력발전소에 대한 관심도 커지고 있다.

발전 용량 240MW, 연간 발전량 60만MWh인 랑스 발전소를 현장에서 취재하기 위해 2009년 3월 26일 오전 9시 파리를 출발했다. 자동차를 몰고 고속도로 A13, A14를 지나 3시간 30분 정도 달리면 오른편으로 세계적 관광지인 몽셸 미셸 수도원이 웅장한 자태를 드러낸다. 이곳에서 프랑스 북서쪽 끝을 향해 30분 정도 더 가면 조그만 항구 도시인 생 말로가 나타난다. 요새처럼 보이는 이 도시를 흐르는 랑스 강 하류가 대서양과 만나는 어귀에 랑스 조력발전소가 자리 잡고 있다.

랑스 조력발전소는 얼핏 보면 그저 강과 바다를 막은 332.5m의 제방(댐)처럼 보인다. 그러나 저수지 바닥에서 쉼 없이 돌아가는 10MW급 터빈 24개가 하루도 쉬지 않고 전기를 생산한다는 게 EDF 관계자의 설명이다. 이는 인구 23만 명의 도시인이 소비하는 전력량과 맞먹는다.

프랑스가 자랑하는 랑스 조력발전소의 탄생 과정은 녹록치 않았다. 프랑스 정부는 1921년 조력발전을 추진하기로 하고, 밀물과 썰물의 차이가 13.5m인 랑스 강 하구를 가장 유력한 지역으로 선정했다. 1925년 시공 계획을 세웠으나 재정 문제로 오랫동안 방치됐다. 그러다가 1961년 생 말로 재건 계획을 맡았던 건축가 루이 아르체가 랑스 조력발전소 시공을 지휘하게 됐다. 이후 6년의 공사를 거쳐 1966년 11월 발전소가 완공됐다. 그 결과 1억 8,400만㎥의 물을 저장할 수 있는 저수지가 완성됐다. 총 공사비용은 당시 화폐 기준으로 6억 2,000만 유로(물가 상승 등을 감안하면 2007년 기준으로 7억 4,000만 유로, 약 9,100억 원)다. EDF 관계자는 랑스 조력발전소 건립비용은 그동안의 전력 생산을 통해 이미 충당됐다고 말했다.

랑스 조력발전소가 생산하는 1kW당 전력 요금은 0.12유로로 핵발전소에서 생산하는 가격의 절반 정도다. 또 이 발전소에서 나오는 전력량은 인근 브르타뉴 지역 전력생산량의 45%를 차지하고 있다. 발전소 건설 이전에 전력 자급률 5%이던 브르타뉴 지역에는 효자 노릇을 톡톡히 한 셈이다.

뿐만 아니라 랑스발전소의 건설로 주변지역은 관광지로도 자리매김했다. 해마다 세계 곳곳에서 30만 명이 이곳을 찾고 있다. 이 가운데 7만 명은 관광객이며 초 · 중 · 고등학생들도 많다. 또 제방이 둘러싼 랑스 강 하류 어귀는 요트와 카약 등 대표적 해양 레저단지로 자리 잡았다.

그러나 발전소 건설에 대한 시각이 긍정적이지만은 않았다. 랑스 강의 생태계 문제가 제기됐다. 제방 건설 기간 동안 바닷물과 민물이 교차하던 강 하구에 진흙층이 형성되면서 이곳에 서식하던 양미리, 가자미 등의 어종이 사라졌다. 제방의 갑문을 통과할 수 있는 작고 날렵한 어종이 늘어나면서 어종 다양성에 대한 우려의 목소리가 높았다.

그러나 시간이 흐르면서 썰물 때에도 빠져나가지 않은 물이 담수를 형성하면서 새로운 생태계를 구축했다는 게 발전소 관계자의 설명이다. 그 결과 1980년대 초반에는 갑각류 47종과 어류 70종이 발견됐다고 한다.

랑스 조력발전소
위치 : 프랑스 생 말로   비용 : 9,100억 원
연도 : 1966년   전력요금 : 228원 / KW
발전용량 : 240MW   긍정적 효과 : 지역경제 활성화, 해양생태계 회복
                          부작용 : 바닷물에 의한 터빈 부식 등이 과제

프랑스 생 말로의 랑스 조력발전소 전경. 제방 아래 설치된 24기의 터빈이 13.5m 에 이르는 조수간만의 차이를 이용해 연간 60만kWh의 전력을 생산한다

울돌목 조력발전소
위치 : 전라남도 진도군   비용 : 180억 원
연도 : 2008년(현재 시험운행 중)   전력요금 : 150원 / KW(동서발전 측 예상)
발전용량 : 1MW(향후 50MW 확장 예정)   긍정적 효과 : 관광자원화 기대, 지역이미지 개선
                          부작용 : 발전소와 선박 간 충돌 우려

지난해 5월 27일 조류발전소 건설을 위한 철골 구조물이 울돌목 해상에 설치되는 모습. 빠른 물살로 어려움을 겪던 시공사 현대건설은 이날 치밀한 준비 끝에 세 번째 시도만에 성공할 수 있었다

울돌목 조류발전소

임진왜란이 막바지로 치닫던 1597년. 백의종군 뒤 삼도수군통제사에 복귀한 이순신 장군은 남은 배 12척으로 적함 133척을 격침시킨다. 세계 해전사에서도 '기적'으로 평가하는 명량해전의 현장이 바로 전남 해남군과 진도군 사이에 위치한 울돌목이다. 충무공의 승리는 절대적으로 불리한 전투력을 만회할 수 있었던 울돌목의 빠른 물살 덕분이었다. 전 세계에서 다섯 손가락 안에 들 정도로 빠르다는 이곳의 유속은 최대 13노트(초속 6.5m 정도)나 된다. 눈으로 직접 보니 이곳의 물살은 마치 홍수가 난 것처럼 거세고 빠르게 흘러갔다.

절체절명의 위기에서 조선을 구한 울돌목이 기후 변화 위기에서도 다시 한 번 한국을 지켜낼 수 있을지 관심이 모아지고 있다. 2008년 12월 바닷물의 흐름을 이용해 전기를 만드는 '조류발전소'가 국내 최초로 이곳에 설치됐다. 발전소는 2009년 5월 15일 공식 준공, 가동에 들어갔다. 500kW짜리 터빈 2기로 430가구 정도가 쓸 수 있는 1MW 규모다. 발전소 건설에는 125억 원이 투입됐다.

조류발전은 자연적인 물의 흐름을 이용한다는 점에서 댐을 지어 가둔 바닷물로 전기를 생산하는 조력발전과 구분된다. 따라서 저수지를 확보하기 위해 댐을 막을 필요도 없고, 선박 운항과 어류 이동 등도 비교적 자유로워 생태계에 악영향이 가장 적은 에너지 시스템으로 알려져 있다.

울돌목 시험조류발전소 명상진 소장은 "에너지 소비량의 97%를 해외에 의존하는 우리나라에서는 해양에너지 자원개발이 필수"며 "조류발전이야말로 환경과 에너지가 공존할 수 있는 가장 적합한 친환경 에너지 생산방식"이라고 설명했다.

울돌목 조류발전소는 가로 16m, 세로 36m, 높이 48m에 달하는 1,000t 규모의 철구조물이다. 그동안 거센 조류 때문에 두 번이나 설치에 실패하는 등 우여곡절을 겪었다. 물살이 빠르기도 했지만 세계적으로도 조류발전소를 상용화한 사례가 없다 보니 겪게 된 성장통이었다.

2006년 설치 당시에는 울돌목에 도착한 대형 바지선이 표류해 싣고 오던 철구조물이 진도대교(높이 25m)에 부딪치는 사고가 발생했다. 지난해에도 구조물이 떠내려가 엉뚱한 장소에 처박히기도 했다. 세 번째 도전에서는 갖가지 첨단 공법을 총동원했다. 조류에 흔들리는 것을 막기 위해 바지선에 13t짜리 닻 6개를 매달아 고정시킨 뒤 와이어로 바지선을 끌어 울돌목까지 옮겼다. 설치공사 동안 철구조물이 조류에 흔들리는 것을 막기 위해 900t에 달하는 콘크리트 블록 수십 개를 구조물에 얹어두기도 했다. 결국 이러한 노력 끝에 마침내 지난해 5월 27일 설치에 성공해 현재 발전 효율을 검증하고 있다.

동서발전은 시험발전소 운영 결과를 바탕으로 2013년까지 약 50MW의 상용 조류발전소를 건설할 예정이다. 매년 200억 원의 원유수입 대체효과와 연간 7만 7,000t의 이산화탄소 감축효과를 얻게 될 것으로 기대하고 있다. 여기에 진도 주변 해역인 장죽수도와 맹골 수도에도 각각 10~20MW, 20~30MW 규모의 조류발전소 건설도 추진하고 있어 조류발전 분야 세계 최고 기업으로 도약하겠다는 포부도 갖고 있다. 국토해양부 관계자는 "조류발전은 태양광·풍력 발전 등에 비해 에너지 밀도가 높아 대규모 상용 발전이 가능하다는 장점이 있다."고 설명했다.

한국의 해양에너지 개발 기업

해양에너지 개발은 막대한 예산과 긴 시간이 소요된다. 따라서 해양에너지 개발은 전 세계에서 갖가지 대형 프로젝트 공사를 맡아 온 대규모 건설사 위주로 진행된다. 해양에너지 프로젝트에 따라서는 몇 개의 건설사가 힘을 모아 추진하기도 한다.

경기도 안산시 대부동의 시화호 조력발전소는 대우건설이 맡았다. 시화간척지와 시화테크노밸리를 잇는 12km의 방조제 가운데에 건설되는 시화호 조력발전소는 발전용량이 254MW다. 세계 최대 조력발전소라는 프랑스 랑스 조력발전소의 발전용량 240MW보다 크다. 2010년에 완공되면 시화호 일대 주민 50만 명이 조수간만의 차이를 이용해 만든 전기를 사용하게 된다. 시화호 조력발전소는 2004년 12월에 착공했으며, 총 3,551억 원의 공사비가 들었다. 연간 약 86만 배럴(약

287억 원 정도)의 유류수입 대체 효과가 있고, 해수의 지속적인 순환으로 시화호의 수질 개선에도 크게 기여할 것으로 예상된다.

대우건설은 또 강화도 조력발전소 건설도 추진 중이다. 강화도 조력발전소는 발전용량 812MW급으로 시화호 조력발전소보다 3배 이상 규모가 크다. 예상되는 사업비는 2조 1,371억 원으로 추산된다. 이 발전소는 강화군 교동도, 석모도 등 4개 섬을 총 7,795.2m 길이의 방조제로 연결하고, 방조제에 25.4MW 수차발전기 32기를 설치해 만들 예정이다. 2009년 착공해 2015년부터 상업운전을 시작하는 것이 목표다.

충남 서산시 대산읍 오지리 가로림만에서는 8m에 이르는 밀물과 썰물의 낙차를 이용한 조력발전소 건설이 추진되고 있다. 한국 서부발전을 주축으로 포스코건설과 대우건설, 롯데건설 등이 공동으로 참여한다. 가로림만 조력발전소는 오지리와 충남 태안군 이원면 내리를 잇는 2km의 왕복 4차로의 대교를 겸해서 건설된다. 인근에는 대규모 관광단지도 조성된다.

05. 배기가스에서 콩기름 냄새가

:: 바이오에너지

바이오에너지는 동물과 식물 등 생물 자원을 통해 얻는 에너지다.

크게 바이오연료과 바이오매스로 나뉜다. 바이오연료는 휘발유를 대체하는 바이오에탄올과 디젤을 대체하는 바이오디젤로 나뉜다. 바이오에탄올은 옥수수와 사탕수수, 보리 등 곡물로 추출하며 휘발유에 섞어 사용하거나 100% 바이오에탄올로도 사용한다. 바이오디젤은 유채, 해바라기 등을 통해 추출하며 경유에 5~30%를 섞어 연료로 사용한다.

바이오연료를 만드는 데 곡물이 이용되면서 해당 농산물의 가격이 오르고 식량부족 현상이 나타나면서 잡초 등 먹지 못하는 생물을 이용한 바이오연료 개발 쪽으로 방향이 바뀌고 있다. 또 해조류 등을 이용한 바이오연료 개발도 시작됐다.

바이오매스는 나무와 나무 부산물, 지푸라기, 수수대, 각종 농산물, 가축의 부산물처럼 연료나 산업 생산에 이용할 수 있는 살아있거나 죽은 생물체를 지칭한다. 아주 쉽게 설명하면 벽난로에서 나무를 때우는 것도 바이오매스를 이용한 난방법이다. 최근에는 쓰레기도 중요한 바이오매스의 자원이 되고 있다.

스웨덴의 스칸디나비안 바이오가스

"스웨덴은 1990년대 초부터 차량용 바이오가스를 생산해 온 '바이오가스 대국'입니다. 2006년부터는 바이오가스 사용량이 천연가스를 앞서기 시작했고, 바이오가스의 대량생산으로 가격을 낮출 수 있는 '규모의 경제' 도 세계 최초로 달성했습니다. 그럼에도 바이오가스를 포함한 신재생에너지를 합쳐도 석유를 대체하는 데는 턱없이 모자라요. 아직도 우리가 할 일이 많다는 뜻이죠."

스웨덴의 옛 수도 웁살라에 위치한 스칸디나비안 바이오가스(SBF)의 본사에서 만난 한국 프로젝트 담당자 숀 콜린은 바이오가스의 가능성과 미래를 낙관했다. 전 세계 생활쓰레기에서 얻어낼 수 있는 바이오가스 가채량이 세계 천연가스 매장량(140조㎡)의 25배나 되는 것으로 추정되는 만큼 발전 가능성이 무한하다고 보기 때문이다. 그는 자신의 회사가 세계 바이오가스 산업의 중심에 서고 싶다는 야심 또한 솔직하게 내비쳤다.

스칸디나비안 바이오가스사는 지난 2005년 스웨덴 바이오가스 업계 최고 전문가들이 모여 만든 벤처기업이다. 특히 SBF의 공동 창업자인 스웨덴 링코핑대학 조르겐 엘러트슨(환경학) 교수는 바이오가스 생산성 극대화 분야에서 최고 권위자로 평가받는다.

쓰레기, 농업부산물 등 썩는 물질이라면 무엇이든지 자신들의 손을 거쳐 바이오에탄올, 바이오디젤, 바이오가스 등 모든 종류의 바이오 연료로 만든다는 게 이들의 설명이다. 특히 초음파, 저온처리 등 자신들만의 특허 기술을 활용, 기존 바이오가스 제조 시설의 생산성을 3~5배(개도국의 경우 10배) 가량 높일 수 있어 최고의 경쟁력을 갖고 있다고 자신한다.

본사 직원이 30여 명에 불과한데도 현재 미국, 핀란드, 폴란드 등 전 세계 15개 지역에서 1억 5,000만 유로(약 2,800억 원) 규모의 바이오가스 프로젝트를 운영할 수 있는 것도 이러한 기술력이 바탕에 깔려 있다.

바이오가스의 주성분인 메탄(CH4)은 지구온난화에 심각한 영향을 미치는 온실가스다. 때문에 바이오가스를 사용하면 그만큼 온실가스 배출을 줄이게 돼 온실가스 배출권(CER)을 얻을 수 있다. 바이오가스 사업을 하면서 덤으로 온실가스 배출권도 팔 수 있어 투자자로서는 '꿩 먹고 알 먹는' 셈이다. 때문에 SBF는 주로 스웨덴 정부 등 환경 문제에 관심이 많은 지자체들로부터 자금을 투자받아 바이오가스 관련 프로젝트를 진행한다.

이미 우리나라에도 1,800만 달러(약 270억 원)를 들여 울산 용연하수처리장에 '음식물 처리 및 하수 슬러지 자원화 시설'을 설치하고 있다. 2009년 9월부터 본격 가동에 들어간다. 하루 180t가량의 음식물 쓰레기로 바이오가스(1만 3,800Nm³)를 생산해 이 중 일부는 정제 과정을 거쳐 시내버스 연료로도 사용하게 된다. 연간 4,800t 정도의 온실가스 배출권도 확보할 것으로 기대하고 있다. 울산에서도 자신들의 기술을 총동원해 생산량을 예상치의 2배 이상 늘릴 수 있다고 자신한다.

스칸디나비안 바이오가스사는 아시아 국가 중 특히 한국에 관심이 많다. 음식물 쓰레기 분리수거가 잘되고 있어 바이오가스 생산에 유리한 환경을 갖고 있어서다. 여기에 런던협약에 따라 하수슬러지 가축 분뇨는 2012년부터, 음식물 폐수는 2013년부터 해양배출이 금지된다. 폐기물 처리를 위해 각 지자체들이 앞 다퉈 바이오가스 생산시설을 만들 수밖에 없는 상황도 SBF로서는 호재다. 숀 콜린은 "현재 한국의 몇몇 지자체들과 바이오가스 프로젝트를 협의 중"이라면서 "한국 시장에서 반드시 성공해 중국 등 아시아 지역 진출의 발판으로 삼을 계획"이라고 설명했다.

스웨덴의 스칸디나비안 바이오가스사가 울산 용연하수처리장에 건설한 바이오가스 생산시설

핀란드의 포르사 바이오매스발전소

2008년 12월 1일 오후 3시. 핀란드 헬싱키 인근의 작은 도시 포르사의 바이오매스발전소에 도착했다. 핀란드의 대표적인 에너지 기업 가운데 하나인 바포(VAPO)에서 건설, 운영 중인 발전소다.

차에서 내리자마자 숨이 턱 막혔다. 쓰레기통과 분뇨통을 한꺼번에 엎질러 놓은 듯한 악취가 진동했다. 포르사발전소의 미카 파슐라 소장은 "발전소에서 쓰는 바이오연료들이 발효되면서 발생하는 암모니아 성분 때문"이라면서 "흐린 날씨여서 냄새가 더 심하다."고 설명했다.

파슐라 소장은 발전소 4층의 회의실로 안내했다. 그곳에 이 발전소에서 사용하는 각종 연료들이 비닐봉투에 담겨 가지런히 놓여 있었다. 벌목이나 가지치기 도중에 나온 나무 조각, 목재 제조과정에서 나온 나무 부스러기, 공사장 등에서 해체된 나무 조각, 톱밥 등 10여 종류의 나무 부산물들이었다. "핀란드는 나무와 돌, 물이라는 3가지 자원이 풍부한 나라이므로 나무를 에너지원으로 이용한다."고 파슐라 소장은 설명했다.

그러나 각종 부산물로 나온 나무를 태우면 발전에 필요한 고온에 도달하기가 쉽지 않다. 또 보일러도 쉽게 부식된다고 한다. 그래서 함께 태우는 것이 바로 토탄(Peat)이라고 파슐라 소장은 설명했다. 토탄은 나무가 수명을 다한 뒤 흙 속에 퇴적된 물질이다. 토탄을 그대로 두면 석탄이 된다. 핀란드 국토의 3분의 1이 무려 3m에 이르는 토탄

층을 형성하고 있다.

토탄에 대해 한참 설명하던 파슐라 소장은 발전소 바로 옆의 연료 저장소로 안내했다. 수만 평은 되어 보이는 야적장에 각종 목재 연료들이 쌓여 있었다. 토탄 저장소에는 지붕이 덮여 있었다. 얼핏 토탄 더미에서 김이 솟아오르는 것 같기도 했다. 토탄은 얼른 보기에 짙은 갈색의 비옥한 흙덩어리처럼 보였다. 만져 보니 촉감도 나무보다는 흙에 가까웠다.

포르사 바이오매스발전소의 보일러 내부. 나무와 토탄이 함께 타고 남은 재가 보인다

"이게 정말 탑니까?"

의아스럽다는 표정으로 묻자 파슐라 소장은 토탄을 한 움큼 쥐더니 공중으로 집어던졌다. "지금 던진 토탄 가운데 5%는 이미 공중에서 기화됐습니다. 만일 불을 가까이 했다면 폭발했을 겁니다." 토탄 저장소에는 성냥이나 라이터도 반입할 수 없다고 한다.

포르사 바이오매스발전소의 미카 파슐라 소장이 토탄 더미를 들고 연소 과정을 설명하고 있다

파슐라 소장은 토탄이 엄밀히 말해 청정 바이오연료는 아니라고 말했다. 연소 과정에서 석탄과 큰 차이가 없는 양의 이산화탄소가 배출되기 때문이다. 그러나 핀란드 정부는 현재 토탄을 태양광이나 풍력 같은 재생에너지로 인정받기 위해 유럽연합 및 국제사회에서 다양한 외교적 노력을 기울이고 있다. 우선 토탄을 쓰게 되면 나무를 벨 필요가 없어지기 때문이라는 주장이다. 또 석탄이 생성되려면 수백만 년이 걸리지만, 토탄은 300년 정도면 된다는 논리를 펴고 있다. 토탄은 핀란드 말고도 스웨덴과 에스토니아, 러시아, 아일랜드, 스코틀랜드 등에 매장량이 많다.

포르사발전소가 토탄을 쓰지 않고 순수하게 나무 연료만 사용했다면 온실가스 배출권으로 별도의 수익을 얻을 수도 있었다고 파슐라 소장은 말했다. 그러나 그는 "이 나라에서 가장 풍부한 에너지원을 포기할 수는 없는 것 아니냐."고 반문했다. 또 소비자들에게 더 값싼 전력과 난방을 서비스한다는 명분도 내세웠다. 다만 바포사는 탄소배출권의 가격이나 탄소 관련 세금 등을 고려해 사용하는 토탄의 양을 조절하고 있다고 한다. 포르사발전소는 66MW급이며 인근 1만 3,000가구 주민 3만 명에게 전기와 난방을 공급한다.

펜타곤 옆의 콩기름 주유소

미국 버지니아 주 알링턴의 사우스 조이스 스트리트. 이곳에 콩으로 만든 연료인 '소이 바이오디젤(Soy Biodiesel)'을 판매하는 주유소 '쿼터스 케이 시트고(Quarters K Citgo)'가 자리 잡고 있다. 미 국방부 청사인 펜타곤 부근에 위치한 이 주유소는 미 해군에서 군수용으로 개발한 소이디젤의 제공처이다. 쿼터스 케이 시트고에서는 다른 주유소처럼 휘발유나 디젤도 팔지만 주유소 한편에 소이디젤과 압축천연가스(CNG), 에탄올 등 대체에너지를 넣을 수 있는 주유기가 따로 마련돼 있다. 또 소이디젤 주유기 뒤편에는 컨테이너 크기만한 소이디젤 저장소가 있다. 이 주유소를 방문하자 미 국방부 직원인 킴 리드가 대형버스를 몰고 주유기 앞으로 다가왔다. 리드는 "펜타곤에

서 운행하는 버스의 90%는 소이디젤을 사용한다."고 소개했다. 리드
는 디젤 엔진을 갖춘 차량은 특별한 추가장치 없이 소이디젤을 사용
할 수 있다면서 "그렇기 때문에 운행 중에 연료가 떨어지면 아무 주유
소에서나 그냥 디젤을 넣어도 된다."고 말했다.

미 국방부 직원인 킴 리드가 펜타곤 옆의 주유소에서 버스에 소이디젤을 주유하고 있다

　리드가 주유하는 동안 소이디젤의 색깔과 냄새를 확인했다. 색깔은
일반 디젤이 무색에 가까운 데 비해 소이디젤은 약간 노란색을 띠었
다. 또 냄새도 일반 디젤과 비슷했지만 콩이 들어간 탓인지 감자튀김
처럼 고소한 냄새가 나는 것 같았다. 리드는 주유 중인 소이디젤이
"일반 디젤 80%에 소이디젤 20%가 들어간 혼합물(B-20이라고 지
칭)"이라고 설명했다. 소이디젤을 100% 사용할 경우 시동을 걸 때나
기압이 낮은 고지대, 영하 10도 이하의 추운 날씨 등에서 운행에 일부

장애가 올 수 있다고 한다. 또 연료 필터를 교체하는 등 일부 부가장치가 필요하다. 이 때문에 대부분의 이용자는 소이디젤을 일반 디젤과 혼합해 사용한다는 것이다. 리드가 주유하는 동안 대형 밴이 한 대 더 들어왔다. 역시 국방부에서 일한다는 헨리가 CNG 주유를 시작했다. 헨리는 "국방부 소속 차량은 엔진에 따라 소이디젤을 넣기도 하고, CNG를 넣기도 한다."면서 "소이디젤이나 CNG를 사용해도 '파워'에는 전혀 문제가 없다."고 말했다. 그는 "그러나 차량을 운행하다 보면 배기가스가 훨씬 덜 독하다는 느낌이 확실하게 든다."고 덧붙였다. 이 주유소는 원래 해군에서 국방부 차량을 위해 운영하는 장소이지만 일반인들도 누구나 와서 소이디젤을 넣을 수 있다. 버지니아 주 레스턴에서 영업 중인 리무진 버스 사업체도 이 주유소의 단골손님이라고 한다. 소이디젤의 가격은 일반 휘발유와 비교하면 다소 비싼 편이다. 이 주유소를 운영하는 해군 산하기관 네이비 익스체인지의 크리스틴 스터키 홍보담당관은 "동부의 경우 콩을 기차로 운송해 와서 소이디젤을 만들기 때문에 가격이 약간 비싸다."고 밝혔다. 그러나 일반 업체가 소이디젤을 사용할 경우 지난 1992년 제정된 에너지법에 따라 정부로부터 세금을 환급받을 수 있어 결과적으로는 이익이라고 한다.

또 콩기름이 들어갔기 때문에 점도가 높아 엔진 손상이 줄어드는 것도 소이디젤의 장점이다. 민간에서는 소이디젤의 사용이 대기오염을 줄이려는 환경주의자들의 운동으로부터 시작됐지만 최근에는 '석유 이후' 대체에너지를 개발하려는 사업가들도 적극 가담하고 있다. 이에 따라 미국 내 소이디젤 생산량은 지난 1999년의 50만 갤런에서 2007년 3억 갤런 이상으로 크게 늘었다고 한다. 미 전역에 소이디젤을 생산하는 공장도 55개나 세워졌다.

일반 디젤 대비 바이오디젤 방출가스량

이산화탄소	48% 감소
불연 탄화수소	67% 감소
분진	47% 감소
질소 산화물	10% 감소
황산염	100% 감소

한국의 바이오에너지 개발

바이오에너지의 출발은 옥수수나 콩같은 농작물을 이용한 바이오연료 생산이었다. 따라서 국토가 좁고, 산지가 많은 우리나라와는 기본적으로 맞지 않는 산업이었다. 굳이 바이오연료를 개발하려는 기업은 영토가 넓은 외국에 농장을 사거나 임대해서 작물을 재배하는 방식을 택해왔다. 삼성물산은 인도네시아 수마트라 섬에 있는 2만 4,000ha 규모의 팜 농장을 인수해 팜유를 이용한 바이오디젤 사업을 벌이고 있다. 삼성물산은 브라질의 사탕수수와 동남아시아의 해조류를 원료로 하는 바이오에탄올 사업도 추진하고 있다. 휘발유 대체연료인 '세녹스'를 개발한 포레너지도 인도네시아에서 250만ha 크기의 농장을 운영 중인 바이오엔탄올 사업자 티아라에너지와 합작법인을 설립했다. 또 MH에탄올은 캄보디아에서 자동차 연료용 바이오에탄올 생산을 시작했다. 이 회사는 소주원료를 생산하는 무학주정에서 출발했다.

바이오에너지 기술이 진화하면서 농작물이 아닌 잡초(2세대)나 바닷속 해조류(3세대) 등을 이용하는 단계에 오자 한국의 기업과 연구소, 지방 정부 등도 바이오 테크놀로지(BT)와 에너지 테크놀로지(ET)를 결합하는 차원에서 바이오에너지에 대한 연구와 개발을 진행 중이다. 이와 함께 가축분뇨와 쓰레기를 이용한 에너지 개발 투자와 연구도 활성화되고 있다.

태양광 등 신재생에너지, 전기차 등 클린 테크놀로지 분야에서 두각을 나타내고 있는 카이스트는 폐목재와 볏짚에서 바이오부탄올을 싼 값에 생산할 수 있는 균주를 개발하는 등 바이오에너지 분야에서도 다양한 연구를 진행 중이다.

우리나라 신재생에너지의 '메카'로 자리매김하겠다는 의지를 갖고 있는 제주도는 제주퓨렉스와 유채꽃을 이용한 바이오디젤을 개발 중이다. 제주퓨렉스는 제주시 아라동 제주첨단과학기술단지에 생산시설을 갖추고 있다.

06. 현재 혹은 미래 : : 수소

수소연료전지차

친환경 자동차 '최후의 버전'이 될 것이라는 수소연료전지 전기차가 서울에서도 운행되기 시작했다. 서울시는 2009년 3월 30일부터 현대기아차가 제작한 2대의 수소연료전지차를 업무용으로 시범운행 중이다. 비가 오는 4월 20일 서울시의 주선으로 시청 주변에서 수소연료전지차를 직접 시승해 봤다.

일단 외관은 휘발유자동차와 똑같았다. 스포츠유틸리티차량(SUV)인 '투싼(Tucson)'을 수소연료전지차로 개조한 것이다. 홍보용 차량이기 때문에 차체에는 FCEV(Fuel Cell Electric Vehicle, 연료전지 전기자동차)'라는 표시와 현대, 서울시, 에너지관리공단 등 관련 부처 및 업체의 로고와 이름이 덕지덕지 붙어 있었다.

수소연료전지차의 본넷을 열자 엔진에 해당하는 100kW급 '연료전지 스택(발전 장치)'과 모터 제어기가 보였다. 수소연료전지차는 수소를 직접 태우는 것이 아니라 수소를 전기로 만들어 구동한다. 수소는 2개의 탱크에 담겨 운전석과 뒷좌석의 바닥에 설치돼 있다. 눈으로 확인할 수는 없었지만, 차량이 충돌할 때 안전을 확보하기 위해 수소 누출감지 센서도 장착되어 있다고 한다.

　운전석에 앉아 둘러보니 계기판과 트랜스미션 등 운전 장치도 기존의 차와 거의 똑같았다. 시동을 걸고 차를 움직이기 시작했다. 엔진이 없기 때문에 매우 조용할 것이라는 예상과 달리 소음이 들렸다. 수소가 전기를 만들기 위해 공기를 빨아들이는 과정에서 나는 소음이라고 한다.

　비가 오는 날이었지만, 주행감과 가속감은 괜찮았다. 현재 기술로는 영하 10도까지 운행이 가능하다고 한다. 혹한 지역에서는 사용에 한계가 있을 수 밖에 없다. 고속도로까지 나갈 기회는 없었지만, 고속주행 때 오히려 주행감이 좋다는 주장도 있다. 최고속도는 시속 152km이다. 3.6kg의 압축수소를 한 번 충전해서 달릴 수 있는 거리는 330km라고 한다. 현재 서울시는 연세대 안의 수소충전소에서 연료를 주입하고 있다.

수소연료전지차의 장점 가운데 하나는 배출 가스가 없다는 것. 수소와 공기 중 산소의 화학반응으로 발생하는 전기로 모터를 돌리는 방식이기 때문에 가스가 없이 물만 배출한다. 그 물도 식수로 사용할 수 있을 만큼 깨끗하다고 현대기아차 관계자들은 주장한다.

서울시의 권민 신재생에너지팀장은 "자동차는 서울시 에너지 이용의 30%, 온실가스 배출의 40%를 차지한다."면서 "공기의 질을 개선하기 위해 수소연료전지차와 함께 전기자동차, 압축천연가스(CNG) 버스 등도 시가 선도적으로 도입할 계획"이라고 말했다.

수소연료전지차에 대해 클린 테크놀로지 전문가들은 상반된 평가를 내리고 있다. 수소연료전지차가 '그린카'의 최고단계라는 주장이 있는가 하면, 너무 먼 미래 혹은 '어리석은 짓'이라는 혹평도 있다. 아직까지는 수소를 만드는 데 다른 에너지와 비용이 많이 들고, 수소충전소를 건설해야 하며, 폭발에 대한 우려를 잠재워야 하는 등의 문제점을 안고 있다.

수소연료자동차

독일의 BMW는 2007년 액화 수소를 연료로 사용할 수 있는 BMW Hydrogen 7 모델을 선보였다. BMW의 가장 비싼 모델인 12실린더, 260마력의 고급 세단 760Li 을 기반으로 한 것이다.

BMW Hydrogen 7은 연료 주입구가 2개다. 하나는 수소, 하나는 휘발유용이다. 이 자동차는 수소를 연료로 달리다가 수소가 떨어지면 휘발유로 달릴 수 있다. 또 아무 때나 수소와 휘발유를 번갈아가면서 사용할 수 있다. 휘발유를 함께 사용하는 것은 아직 수소 충전소가 많지 않기 때문이다. 연료 탱크 2대를 가득 충전하면 400마일까지 달린다. 수소만으로는 125마일을 달릴 수 있다. BMW는 수소자동차를 100대 생산했으며, 그 가운데 25대는 미국으로 보냈다고 밝혔다. 주로 수소 충전소가 가까운 지역에 사는 '선별된 인사'들이 달마다 임대료를 내는 형식으로 이용하고 있다. BMW 760Li의 가격은 11만 8,900달러이지만 수소 자동차에는 가격이 매겨지지 않았다.

BMW Hydrogen 7

각국의 수소 정책

수소는 앞에서 소개한 2종류의 자동차처럼 2가지 방법으로 활용할 수 있다. 우선 BMW Hydrogen 7처럼 수소 자체를 연료로 이용할 수 있다. 수소는 화석연료에 비해서도 연료효율이 2~3배나 높은데다가, 연소 과정에서 대기오염물질을 전혀 방출하지 않는 친환경 에너지다.

또 현대기아의 투싼 수소연료전지차처럼 수소는 연료전지 형태로도 이용할 수 있다. 수소연료전지는 수소와 산소의 화학적 반응에 의해 전기를 생산하는 발전 장치다. 부산물로는 물만 나온다.

이와 함께 수소는 에너지 저장 시설로도 이용될 수 있다. 심야시간대 등 전기가 남을 때 수소를 만들어 놓으면 전력 사용이 많은 시간대에 수소를 이용해 다시 전기를 생산하거나, 다른 목적의 에너지로도 사용할 수 있는 것이다.

수소는 효율이 높고, 친환경적이고, 쓰임새가 많은 데다가 물만 있으면 만들 수 있는 무한 에너지의 성격도 갖고 있지만, 현재가 아니라 '중기적인' 미래의 에너지다. 아직까지 수소를 만드는 데에는 너무 많은 시설과 다른 에너지가 필요하기 때문이다. 현재까지는 물을 전기분해하는 것이 가장 일반적인 수소 생성법이다. 물을 전기분해하기 위해서 원자력이나 다른 에너지가 필요하다. 앞으로는 신재생에너지가 전기분해를 통한 수소 생산에 이용될 전망이다. 선진국들은 '수소경제'의 실현을 앞당기기 위한 노력을 가속화하고 있다. 수소는 자동차와 선박, 비행기의 연료뿐만 아니라 전기와 난방도 해결할 수 있다.

　미국은 수소연료전지 및 수소자동차 개발에 2003년부터 5년 간 17억 달러를 투자했다. 2010년까지 수소 충전소 200개를 건설하고, 2025년까지 수송용 에너지의 7%를 수소로 충당한다는 계획을 갖고 있다. 투자은행 골드만삭스는 2010년까지 수소 시장이 950억 달러에 이를 것으로 전망했다. 일본도 2020년까지 세계적 규모의 수소 에너지 개발 협력망을 구성한다는 WE-NET(World Energy Network) 프로젝트에 24억 달러를 투자하고 있다. 일본은 수소연료전지를 '잃어버린 10년'을 되돌려 줄 새로운 성장 동력으로 인식, 자동차 및 가정용 연료전지 상용화에 주력하고 있다. 한국 정부도 2040년까지 에너지 가운데 수소의 비중을 15%로 확대하는 내용의 계획을 지난 2005년 9월에 세웠다. 현대기아차는 2011년쯤 수소연료전지를 상용화한다는 목표를 갖고 있다.

《자료 : 미국 에너지성(2006)》

수소생산방법 및 이용처

07. 최고의 클린 에너지는 풍력 : : 신재생에너지 비교 평가

마크 제이콥슨 교수의 신재생에너지 평가

"최고의 신재생에너지는 풍력. 최고의 그 린카는 전기차"

전 세계적으로 화석연료를 대체하기 위한 신재생에너지 개발 열풍이 불고 있다. 새로운 에너지원을 개발하거나 기존의 에너지 기술을 업그레이드하는 분야가 줄잡아서 10여 개가 넘는다. 그렇다면 최고의 신재생에너지는 무엇일까? 스탠퍼드 대학 토목환경공학과 마크 제이콥슨 교수가 이 같은 물음에 해답을 제시했다.

이 대학의 대기 및 환경연구소 소장을 맡고 있는 제이콥슨 교수는 2009년 초 발간한 '지구온난화, 대기오염, 에너지 안보 해결 방안'이란 주제의 논문에서 신재생에너지들의 순위를 매겼다. 제이콥슨 교수는 각 에너지원의 잠재적 크기와 가용성을 분석했다. 또 각 에너지원이 지구온난화, 대기오염, 안보에 미치는 영향은 물론 발전 과정에서 필요한 물의 양, 배출되는 열의 양, 부지의 크기, 수질오염도 등도 함께 조사했다. 이와 함께 생태계 보호, 핵 확산, 영양실조 초래 등 모두

13개의 요인을 반영해 순위를 정했다.

　제이콥슨 교수는 연구 결과 전력생산용으로 가장 바람직한 신재생에너지는 풍력, 집광형 태양열, 지열, 태양광, 조력, 파력, 수력, 원자력, 청정 석탄, 바이오연료의 순서였다고 밝혔다. 풍력은 우선 발전기 생산과 작동 과정에서 발생하는 이산화탄소 등 온실가스 배출량이 신재생에너지 가운데 가장 적었다. 발전기 한 대의 평균 수명인 30년 동안 8.5~11.3t의 이산화탄소만 배출한다. 물 사용량이나 수질오염, 생태계 보호라는 측면에서도 가장 높은 점수를 받았다. 에너지원도 풍부하다. 풍력발전기를 돌릴 수 있는 세기의 바람은 육지만 해도 세계 총에너지 수요의 5배, 총 발전 수요의 20배가 넘는다.

　집광형 태양열(Concentrated Solar Power)도 풍력 다음으로 온실가스 배출량이 적다. 주로 거울 등 공해가 없이 생산되는 원자재를 사용하기 때문이다. 생태계에 미치는 영향도 작다. 집광형 태양열의 에너지원의 잠재적 크기는 태양광 다음이다. 부지를 너무 많이 차지하고, 태양열 발전이 가능한 지역이 한정돼 있다는 단점이 있다.

　지열 에너지는 잠재력이 태양광, 태양열 다음이다. 풍력보다 크다. 그러나 현재의 지하 시추 기술로는 아직 이용하는 데 한계가 있는 것으로 제이콥슨 교수는 판단했다. 지열발전소는 건설 과정에서 온실가스 발생이 상대적으로 많은 편이다. 또 발전과 난방을 위해 지하에서 끌어올린 뜨거운 물속에 탄소 등의 오염물질이 녹아 있을 수 있다.

　태양광은 지구에서 현존하는 가장 큰 에너지원이다. 육지에 내리쬐는 햇빛의 1%만 활용해도 전 세계의 에너지 수요를 충당하고도 남는다. 그러나 태양전지는 생산 과정에서 많은 물질과 에너지가 필요하다. 특히 박막태양전지는 카드뮴과 같은 독성물질을 사용하기 때문에 환경 측면에서 점수가 많이 깎였다. 또 날씨에 따라 발전량의 편차가 큰 것도 큰 약점이다. 태양광발전소는 가동 후 1~3.5년이 돼야 건설 당시 발생한 온실가스를 상쇄할 수 있다.

조력과 파력도 잠재력이 크다. 80만km에 이르는 전 세계 해안의 2%는 발전에 충분한 힘을 가진 파도가 밀려온다. 이를 활용한다면 489GW 용량의 전기를 생산할 수 있다. 조력과 파력을 이용한 발전소가 적기 때문에 이로 인해 배출하는 온실가스의 양에 대한 정확한 통계는 없다. 그러나 제이콥슨 교수는 조력과 파력발전소는 가동 후 3~5개월 안에 건설 과정에서 발생시킨 온실가스의 양을 상쇄할 수 있다고 밝혔다.

수력은 노르웨이 총 발전량의 98.9%, 베네수엘라 총 발전량의 83.7%를 차지한다. 또 중국과 캐나다, 브라질, 미국, 러시아 등도 적극적으로 이용하고 있다. 그러나 나라마다 에너지원에 차이가 크다. 현재 세계적으로 이용 가능한 수력의 5%가 발전에 사용되고 있다. 수력발전소는 댐을 건설하는 과정에서 엄청난 토목공사가 필요하기 때문에 환경에 영향을 미치고 이산화탄소 배출량이 크다는 단점이 있다. 특히 수몰되는 지역의 나무를 베지 않을 경우 공해 요인이 크다고 제이콥슨 교수는 지적했다.

2008년 4월 현재 세계 31개 국가에서 439기의 원자력발전소가 전기를 생산하고 있다. 프랑스는 발전량의 79%가 원자력에서 나온다. 현재와 같은 수준을 유지하면 우라늄 매장량을 감안할 때 원자력발전은 90~300년 동안 계속될 수 있다. 재처리 기술의 발달로 우라늄과 플루토늄의 핵무기 전환이 더욱 용이해지고 있다는 것이 원자력발전의 중요한 문제점 가운데 하나다. 또 원자력발전은 이미 알려진 대로 건설은 물론 작동 과정에서 방사능물질이 발생한다.

이산화탄소 포집 및 저장(CCS) 기술을 이용한 석탄발전은 잠재적인 에너지 총량의 크기가 작다. 또 석탄에너지를 현재와 같이 사용하면 200년 뒤 고갈될 것으로 예상된다. 석탄발전소는 건설과 작동 과정에 온실가스를 배출하고, 특히 이산화탄소를 포집하는 과정에서도 많은 에너지가 소요된다. 석탄을 그대로 땔 때보다 CCS를 이용하면 이산화탄소 배출량을 85~90% 줄일 수 있다. 그럼에도 불구하고 CCS 발전은 모든 신재생에너지 발전 가운데 온실가스 배출량이 가장 크다는 단점이 있다. 이와 함께 포집해서 지하에 매장한 이산화탄소의 유출 가능성이 있다.

제이콥슨 교수는 바이오 연료를 자동차 연료로 간주, 전기차 및 수소연료전지차와 비교했다. 그 결과 전기차가 가장 친환경적인 자동차로 나타났으며 수소연료전지차가 그 다음이었다. 따라서 가장 이상적인 에너지 조합은 풍력으로 생산된 전기로 달리는 전기차라고 제이콥슨 교수는 주장했다. 하이브리드는 분석에서 제외됐다. 바이오연료는 옥수수로 만든 에탄올이든, (곡물이 아닌) 섬유소로 만든 에탄올이든 생산 과정에서 너무 많은 물과 에너지, 부지 등이 소요되고 환경도 파괴된다고 제이콥슨 교수는 지적했다. 그는 에탄올을 다른 신재생에너지들과 비교해도 종합순위는 꼴찌라고 밝혔다.

제이콥슨 교수는 논문의 결론을 통해 풍력과 태양열, 지열, 조력, 태양광, 파력, 수력은 유익한 에너지로 효율 향상을 통해 세계의 에너지 수요를 충분히 충족시킬 수 있다고 결론을 내렸다. 그러나 원자력과 석탄 CCS는 장점보다 단점이 많다고 지적하고, 바이오연료는 아무런 장점이 없이 부정적인 효과만 가져온다고 평가했다.

제이콥슨 교수의 신재생에너지 비교

신재생에너지	에너지 총량(PWh/yr)*	기술적 개발 가능량(PWh/yr)	현재 발전량(TWh/yr)**
태양광	14,900	3,000	11.4
태양열	9,250 ~ 11,800	1.05 ~ 7.8	0.4
풍력	630	410	173
지열	1,390	0.57 ~1.21	57.6
수력	16.5	16.5	2,840
파력	23.6	4.4	0.0014
조력	7	0.18	0.565
원자력	4.1~122(90~300년 뒤 고갈)	4.1 ~122	2,630
석탄 CCS	11 (200년 뒤 고갈)	110	

* 자료 : '지구온난화, 대기오염, 에너지 안보 해결 방안'
* TWh(Peta Watt Hour) Peta는 10의 15승
* PWh(Tera Watt Hour) Tera는 10의 12승으로 1백만 X 1백만에 해당
* 현재 세계가 생산하는 전력은 1만 8,000TW

"나라에 따라 자연환경이 다른 만큼 주어진 환경을 최대한 이용하는 것이 무엇보다 중요합니다."

카본트러스트의 에너지 전문가 데이비드 빈센트 박사는 2008년 11월 24일 인터뷰에서 국가마다 각각 차별화된 신재생에너지 개발 전략을 세워야 한다고 강조했다. 카본트러스트는 영국 정부가 설립한 에너지 및 기후 변화 관련 비즈니스의 연구, 개발, 투자 및 컨설팅 업체이다. 빈센트 박사는 카본트러스트의 프로젝트 담당 이사이다.

빈센트 박사는 "아직 에너지 인프라스트럭처가 갖춰지지 않은 아프리카 국가라면 태양광발전이 가장 적합하다."고 말했다. 송전선을 새로 설치할 필요가 없이 전력이 필요한 곳에 태양광 패널을 설치하면 되기 때문이라는 것이다. 빈센트 박사는 "따라서 아프리카 국가의 태양광 프로젝트는 대규모보다는 소규모로 진행하는 것이 좋다."고 말했다. 빈센트 박사는 또 "해안이 길고, 파도가 일정한 칠레의 경우라면 파력을 효율적으로 이용할 수 있다."면서 "연구결과에 따르면 개발이 가능한 칠레의 해안 지역에서만 적어도 40GW의 전력을 생산할수 있다."고 전했다. 화산 지대인 아이슬란드가 지열로 전력과 난방을 해결하고, 바닷바람이 센 덴마크가 풍력 기술을 발전시키고, 물이 많은 노르웨이가 수력으로 발전량의 대부분을 충당하는 것 등이 모두 주어진 환경을 제대로 이용한 결과라고 빈센트 박사는 강조했다.

빈센트 박사는 영국 정부의 신재생에너지 전략을 묻자 "향후 5~10년은 풍력, 특히 해상풍력발전소 건설 쪽에 역점을 두고 있다."고 말했다. 섬나라인 영국은 해안선이 길고, 바람도 세기 때문이라는 것이다. 또 영국은 영토가 큰 국가가 아니어서 육지에서는 대형 풍력발전소를 건설할 만한 부지를 확보하기 쉽지 않다는 것이다.

그는 현재 카본트러스트에서 3세대 태양전지라는 유기태양전지와 해조류를 이용한 바이오연료 등의 프로젝트가 진행되고 있다고 귀띔했다.

빈센트 박사는 이어 "아직도 대부분의 신재생에너지는 화석연료에 비해 비싸다."면서 "우선은 모든 신재생에너지 분야에서 테크놀로지 개발을 통해 가격경쟁력을 갖추는 것이 무엇보다 중요하다."고 역설했다. 빈센트 박사는 신재생에너지와 달리 세계의 모든 나라가 공통된 전략을 가져야 하는 에너지 분야도 있다고 말했다. 바로 에너지 효율 향상이다. 빈센트 박사는 대부분의 국가가 절약만으로도 에너지 소비를 최소한 20% 줄일 수 있다고 강조했다. 이와 함께 신축하는 빌딩을 에너지 절약형으로 건설하고, IT기술을 응용한 지능형 전력망(Smart Grid)을 갖추는 것도 중요하다고 빈센트 박사는 제안했다.

빈센트 박사는 한국의 신재생에너지 전략에 대해서는 "한국 정부가

스스로 더 잘 알아서 할 것"이라며 말을 아꼈다.

CHAPTER

3

브릿지 에너지

석유, 석탄, 가스 등 화석연료는 연소 과정에서 이산화탄소와 같은 온실가스를 배출하기 때문에 지구온난화의 주범으로 지목받고 있다. 그나마 석유자원도 전문가마다 차이는 있지만 수십 년 안에 고갈될 수 있다는 주장이 나오고 있다.

최근 들어 태양광, 풍력과 같은 재생에너지들이 부상하고 있지만, 화석연료를 대체하기는 아직 이르다. 수소나 핵융합 같은 신에너지도 아직은 갈 길이 멀다. 적어도 2050년까지는 석유 등 화석연료가 글로벌 에너지 사용의 절반을 넘을 것이라는 분석이 압도적이다. 따라서 석유와 신재생에너지 사이의 간극을 메워줄 다리(Bridge) 역할을 하는 에너지가 필요하다. 현실적으로 가능한 것은 원자력뿐이다. 또 매장량이 풍부한 석탄도 환경친화적으로 개발할 수 있다면 여전히 주요한 에너지원이 될 수 있을 것이다.

01. 석유는 고갈되고, 신재생에너지는 너무 멀고

:: 원자력

고리 원자력발전소 건설현장

'원자력, 내일을 위한 오늘의 선택이다.'

2009년 3월 12일 오전 10시 한국수력원자력의 신고리 1·2호기 건설사무소에 도착하자 원자력 에너지의 의미를 부각시키는 현수막이 가장 먼저 눈에 들어왔다. 부산시 기장군 장안읍 효암리와 울산시 울주군 서생면 신암리에 걸쳐 자리 잡은 고리 원전단지에서는 고리 1·2·3·4호기가 가동 중이고, 신고리 1·2·3·4호기가 건설 중이다. 신고리 원전 건설부지만 106만 평에 이르는 세계에서 가장 큰 원전단지 가운데 하나다.

건설사무소에서 작업모 등을 착용한 뒤 박시용 공사기술과장이 운전하는 '안전 차량'에 몸을 싣고 신고리 1·2호기 건설현장으로 들어섰다. 건설현장은 수많은 중장비와 임시사무실, 그리고 분주하게 오가는 건설인력들로 활기가 넘쳤다. 거대한 살수차가 공사장 곳곳에 물을 뿌리며 먼지와 열기를 가라앉히고 있었다.

건설현장에는 한수원 직원 200명과 시공사의 엔지니어 400명, 그리고 건설근로자가 무려 2,800명이나 투입되고 있다. 현대건설과 SK건설, 대림산업 등 3개 시공사가 계약을 체결한 하청·용역업체만도 60여 개에 이른다. 이희선 공사관리부장은 "원전 건설에 참여했다는 것은 최고의 기술력과 안전관리 능력을 인정받은 것"이라면서 "이런 기업들은 다른 어떤 산업 분야에 진출해도 환영받는다."고 말했다. 원전 건설이 에너지뿐만 아니라 산업 전반에 미치는 영향력을 현장에서 짐작할 수 있었다.

신고리 1·2호기 건설현장 전경. 콘크리트가 덮여 있는 오른쪽 돔이 1호기, 강철로 만든 라이너 플레이트만 덮여 있는 왼쪽 돔이 2호기이다. 2호기 왼쪽 위편으로 보이는 작은 야산 부근에 신고리 3·4호기가 들어선다

　공사현장에 들어서자 곧바로 2가지를 느낄 수 있었다. 하나는 안전에 대한 '지나치다 싶을' 정도의 강조. 공사장 곳곳에는 '원자력의 생명은 안전' '안전, 안전, 안전' '천천히, 안전이 최우선' 등 안전과 관련한 포스터들로 '도배'가 되어 있었다. 또 하나는 외국인 노동자가 없다는 사실이다. 박 과장은 "원자력발전소가 국가 보안시설인데다가 극도의 정밀성과 안전성을 요구하는 작업이 많아서 숙련도가 뛰어난 국내 인력만으로 건설한다."고 설명했다.

　신고리 1·2호기는 가장 중요한 공정인 원자로 설치를 마치고 돔을 완성시키는 단계였다. 원자로와 증기발생기가 설치되는 돔은 지상

63m, 지하 18m, 직경 44m의 크기다. 돔은 강철로 만든 6mm 두께의 라이너 플레이트로 둘러싼 뒤 다시 1m 20cm짜리 두께의 콘크리트로 덮는다. 라이너 플레이트를 덮은 콘크리트 사이에는 다시 57.3mm 굵기의 철근이 수직으로 96개, 수평으로 165개가 연결돼 있다. 철근이 당겨 주는 장력은 800t에 이른다. 박 과장은 설사 원자로 폭발사고가 일어나도 돔 밖으로는 영향이 미치지 않는다고 설명했다.

신고리 1·2호기의 발전 용량은 한 기당 1,000MW씩 2,000MW. 오는 2010년 1호기, 2011년 2호기가 각각 완공되면 인구 120만 명인 울산광역시 전체가 쓰는 총 전기량을 충당하고도 남을 만큼의 전력을 생산한다.

신고리 1·2호기가 건설되는 현장 북쪽으로는 신고리 3·4호기가 들어설 부지를 다지는 공사가 진행 중이었다. 용량이 1,400MW로 향상된 신고리 3·4호기는 오는 2011년 10월과 2012년 10월에 각각 완공된다.

2009년 2월 23일 신고리 2호기에 두산중공업에서 제작한 원자로가 설치되는 모습

고리 원전 공사현장에는 여전히 시위대가 온다. 그러나 그동안 단골손님이었던 환경단체들은 거의 없다. 그 대신 보상과 관련한 시위대가 대부분이라고 한다. 박 과장은 "이미 주변 지역에서부터 원전에 대한 시각이 달라지고 있다."고 말했다.

1,400가지 신호를 통제하는 고리 3·4호기 발전소의 주제어실 모습. 발전, 안전, 터빈, 원자로, 전기 담당 간부들이 24시간 근무체제를 유지한다

신고리 원전 건설현장에 이어 현재 가동 중인 고리 3·4호기의 주제어실(MCR)을 방문했다. 주제어실에서는 원자로 제어 및 보호, 증기발생, 안전, 급수, 터빈, 발전 등의 설비를 한 눈에 볼 수 있는 1,400개의 계기판이 3개의 벽면에 가득 들어차 있었다. 만약 원자로에 이상이 발생하면 주제어실은 물론 대전의 원자력기술원으로도 곧바로 신호가 전송된다. 또 이 신호는 고리 및 원자력기술원 안전 관계자들의 휴대폰으로도 곧바로 전달된다. IT 강국인 한국이 개발한 원

자력 안전 프로그램 가운데 하나다. 주제어실에서는 발전, 안전, 터빈, 원자로, 전기 담당 간부들이 5명씩 팀을 이뤄 5조 3교대로 24시간 근무체제를 유지하고 있다.

주제어실의 계기판에는 수동 장치도 많다. 터치스크린 등 신기술을 도입하는 데 매우 보수적이다. 아무리 획기적인 기술도 오류나 오동작 발생 가능성이 전혀 없다는 사실이 과학적으로 증명되지 않으면, 원전에서는 채택하지 않는다고 이영배 발전팀장은 설명했다.

이 팀장은 CC-TV를 통해 사용후연료봉이 보관돼 있는 수조를 보여줬다. 사용후연료봉이 157다발씩 묶여 중성자 운동을 억제하는 붕산수가 담긴 수조에 보관돼 있다. 사용후연료봉이 늘어나 저장 공간이 부족해지면서 수조 내의 다발간 거리도 좁아지고 있다. 사용후연료봉 등 고준위 방사능폐기물 처리장 건설은 원전 발전을 계속하기 위해 해결해야 할 중요한 과제 가운데 하나다. 현재 가동 중인 원전들의 사용후연료봉은 발전소 내부의 수조에 저장하고 있지만 2016년이면 저장 공간이 포화상태에 이르게 된다. 따라서 저장고를 새로 짓든지, 아니면 사용후연료봉을 재처리하든지 하는 방안이 마련돼야 한다.

한수원 관계자는 "재처리할 경우 핵무기 원료인 플루토늄이 추출된다는 우려가 있지만, 최근에는 플루토늄이 추출되지 않는 방식으로 재처리하는 기술이 개발됐다."고 말했다. 이에 따라 한수원에서는 오는 2014년 시효가 끝나는 한미원자력협정의 개정 방향도 주목하고 있다.

정부는 2009년 발표한 '2030년 에너지 정책'을 통해 원자력을 가장 중요한 에너지원으로 지목했다. 발전 비중을 현재의 35%에서 2030년에는 59%까지 늘린다는 계획이다. 이와 함께 정부는 한국의 원전기술의 경쟁력이 세계 최고 수준이기 때문에 수출에도 큰 관심을 두고 있다.

한수원이 건설 중인 원자력발전소

원자력 발전소	발전용량	준공년도
신고리 1호기	1,000MW	2010년 12월
신고리 2호기	1,000MW	2011년 12월
신월성 1호기	1,000MW	2011년 10월
신월성 2호기	1,000MW	2012년 10월
신고리 3호기	1,400MW	2013년 9월
신고리 4호기	1,400MW	2014년 9월
신울진 1호기	1,400MW	2015년 12월
신울진 2호기	1,400MW	2016년 12월

*2009년 5월 현재 국내에서 가동 중인 원자력 발전소는 20기

한국 원자력의 경쟁력

한국 원자력발전의 '메카'인 고리 원전단지에는 2008년부터 외국인 방문객들이 줄을 잇고 있다. 1년간 23개국에서 300여 명이 방문했다고 신고리 1·2호기 건설사무소의 이종찬 부소장이 전했다. 원유가격이 급속히 올라간 데다, 화석연료의 이산화탄소 배출이 지구온난

화를 초래한다는 우려가 확산되면서 원자력발전에 대한 국제사회의 관심이 커졌기 때문이라는 것이다.

외국인 방문객은 중국과 베트남, 인도네시아 등 아시아 지역과 터키, 이집트, 요르단 등 중동 지역에서 많이 왔다. 방문자는 에너지 분야 장관이나 왕족 등 국가 지도층이 대부분이다. 특히 미국에서도 원자력규제위원회(NRC)와 전력공급회사협회 관계자들이 다수 방문했다. 미국은 세계 최대의 원자력 발전국이다. 또 프랑스와 함께 거의 독점적으로 원전 플랜트를 수출하는 나라다.

고리 원자력발전소 단지를 찾은 중동지역 국가의 고위인사들이 한수원 관계자들로부터 한국형 원전 건설 및 운영에 대한 설명을 듣고 있다

그렇다면 미국의 원자력 전문가들까지 찾게 만드는 한국 원자력의 경쟁력은 무엇일까?

한수원의 김종신 사장은 지난 30년 동안 꾸준하게 원자력 발전을 지속해 온 것이 차별화된 경쟁력의 원천이었다고 설명했다. 김 사장은 원전 운영과 건설 기술 면에서 우리나라가 세계에서 가장 앞서 있다고 강조했다. 현재 가동 중인 한국 원전 20기 전체의 이용률은 93.3%로 세계에서 가장 높다. 사실상 고장이 거의 없이 가동한다는 의미다. 세계 평균이 70%대이고, 일본도 80%에 지나지 않는다.

또 한국의 원전 건설 기간은 50~52개월. 다른 나라는 대부분 60개월이 넘게 걸린다. 공기를 하루 단축하면 20~30억 원의 건설비 절감 효과를 얻는다는 사실을 감안하면 엄청난 경쟁력이라고 김 사장은 강조했다. 김 사장은 "원전 건설에서 가장 힘든 것이 공기 단축"이라면서 "현장에서 해결해야 할 부분이 많기 때문에 계획만으로 되는 것이 아니다."라고 강조했다.

지난 1979년 미국 펜실베니아 주 TMI 원전의 방사능 누출, 1986년

김종신 한수원 사장

소련 체르노빌 원전의 원자로 폭발 사고 이후 미국을 포함한 세계 대부분의 국가가 원전 건설을 중단했다. 그러나 한국은 고리 1호기 완공 이후 원자력발전 비중을 계속 늘려왔다. 원자력발전을 계속해 온 나라는 한국과 프랑스, 일본, 중국 정도다. 이 때문에 미국도 원전을 다시 지으

려면 엔지니어의 절반은 우리나라에서 데려가야 할지도 모른다고 김 사장은 말했다.

이처럼 국제사회가 한국의 원자력발전소 건설과 운영 노하우를 높이 평가하지만, 좀처럼 원전 플랜트 수출로는 연결되지 않았다. 부품이나 기술 수출이 부분적으로 이뤄져왔을 뿐이다. 한수원 관계자는 "외국인들이 구경은 한국에서 하고, 구매는 미국과 프랑스에서 한다."고 말하기도 했다.

그러나 2009년 들어 정부와 한국전력, 한수원 등은 한국형 원자로 플랜트 및 관련 기술을 수출 상품화하는 데 노력을 기울이고 있다. 한수원은 오는 2030년까지 전 세계에서 300기의 원전이 건설될 것으로 예측하고 있다. 요르단과 터키, 루마니아 등지에서 갖가지 형태의 원자력 수출 협상이 이뤄지고 있다.

그러나 원전 수출은 단순한 에너지 수출이 아니라 핵 개발을 둘러싼 국제정치적인 요소가 가미돼 있다. 현재 원전 플랜트 수출을 독점하는 미국과 프랑스는 유엔이 인정한 핵무기 보유국이다. 일본의 도시바가 최근 미국의 웨스팅하우스를 인수한 것도 수출의 길을 열려는 의미를 가진 것으로 분석되기도 한다. 이와 관련, 김 사장은 웨스팅하우스나 프랑스의 아레바(AREVA) 같은 기업들과 전략적 동반자 관계 등을 맺어 플랜트 수출의 길을 넓히는 방안도 추진 중이라고 설명했다.

김 사장은 지난 37년간 원자력 분야에서만 일해 왔다. 김 사장은 "고리원전 현장에서 10년 넘게 근무하면서 자녀도 낳고 키웠다."면서

"원전에 대해 한 번도 불안을 느낀 적이 없다."고 거듭 강조했다. 원전이 안전하다는 사실은 지역주민들이 더 잘 안다고 김 사장은 덧붙였다.

한국의 원자력 발전 사업 구조

사업자	한국수력원자력
종합설계	한국전력기술
주기기(원전)공급	두산중공업
원전연료(우라늄)공급	한전원자력연료
시공	현대건설, 대림산업, SK건설 등
수출	한국전력

프랑스의 원자력 전략

"우리의 에너지 전략은 제3세대 원자로인 EPR 등 원자력 개발입니다."

니콜라 사르코지 프랑스 대통령이 2009년 초 프랑스 북서부 도시 플라망빌을 방문해 강조한 내용이다. 기후 변화 대책이라는 당면 과제에 대응, 프랑스는 지속가능하고 이산화탄소 배출 없는 에너지 개발의 주요 전략으로 원자력 개발에 박차를 가하고 있다. 사르코지 대통령이 방문한 플라망빌에서는 프랑스가 야심차게 추진하고 있는 제3세대 원자로인 EPR 원전센터 공사가 한창이다. 2007년 착공한 이 원전센터가 계획대로 2012년 가동되면 발전용량 1,600MW의 원자로가 탄생한다. EPR는 2세대 원자로에 견줘 설치 비용이 10% 정도

적고 폐기물 배출량도 15~30% 줄어든다.

세계 2위의 원전 강국인 프랑스가 이처럼 EPR 개발에 박차를 가하고 있는 것은 2020년이 되면 초기에 지은 원자로들의 수명이 다하기 때문. 프랑스가 처음 건설한 페센앵 원전이 30년이 지났고 현재 가동 중인 발전소의 반수 이상이 노후화되어 있다. 통계에 따르면 현재 가동 중인 58기의 원자로 가운데 21기가 2021년이면 역사 속으로 사라진다.

이에 대비해 프랑스는 2005년 에너지기본법을 제정해 새 에너지 개발에 착수했다. 그 결실이 제3세대 원자로인 EPR 착공이다. 이를 통해 대규모의 설비용량 감소를 막고 2035년 이후로 예정된 제4세대 원자로 상용화까지의 공백을 메운다는 게 프랑스의 전략이다. 이미 착공한 플라망빌 원전센터에 이어 센마르팀의 팡리에 제2의 EPR 원전센터 건설을 추진하고 있다. 세계 최대의 원전 기술 솔루션회사인 아레바의 국제마케팅 담당 부국장 장노엘 푸아리에는 "체르노빌 원전사태 이후 유럽에서 유일하게 원자력 개발을 중단하지 않은 나라가 프랑스"라면서 "지속적인 원전 건설 노하우를 최대로 살려 EPR 개발을 시작했다."고 설명했다. 이어 "원자력 개발 정책은 2007년 사르코지 대통령 취임 이후 강화되고 있다."면서 "이는 기후변화 대책이라는 세계적 요청과 고유가 상황에 직면해서 프랑스가 선택할 수 있는 가장 적절한 방법"이라고 덧붙였다.

프랑스의 원자력 개발 과정은 한국에도 시사하는 바가 크다. 부존

자원이 부족한 편인 프랑스는 1970년대 석유파동을 겪은 뒤 본격적으로 원자력 개발에 착수했다. 1971년 원자력연구소(CEA)를 설립한 뒤 현재 프랑스 전역 19개 발전단지의 58기 원자로에서 연간 425TWh 의 전력을 생산하고 있다. 이는 미국에 이어 2번째 규모다. 아레바의 파트리시아 마리 커뮤니케이션 국장은 "프랑스가 생산하는 전력 가운데 원자력 비중이 77.2%인데 잉여 전력은 이탈리아, 영국, 독일 등에 수출하고 있다."고 말했다. 이어 "30년 동안 꾸준히 원자력을 개발한 결과 에너지 자립도가 1973년 23%에서 2007년 50%를 웃돌기 시작했다."고 덧붙였다.

　프랑스 원자력 정책의 특징 가운데 하나는 정부 기관의 철저한 분업화다. 환경 · 기후 변화 · 국토개발부의 에너지 및 기후변화 총국에서 원자력 정책을 총괄하며, 그 아래 여러 기관이 원자력 개발에 참여하고 있다. 원전 안전과 정책 조정은 프랑스원자력안전청(ASN), 원전 수출은 방사선 방호 및 원자력 안전연구소(ISRN), 원자력 에너지 안보 및 정보 등의 기술관리는 원자력연구소 등이 각각 전담하고 있다. 또 발전소 운영은 프랑스전기공사(EDF)가 맡고 있고, 원전 기술 솔루션은 아레바가, 터빈발전기와 주요 설비 공사는 알스톰이 담당한다.

　방사성 폐기물 처리장 선정 과정에서의 철저한 준비도 주요 특징이다. 대표적인 사례가 슈레인 처분장 건립 결정 과정. 프랑스 정부는 1994년 폐쇄할 라망시 처분장에 대한 대책을 1984년부터 모색했다. 제2 폐기장 후보지로 슈레인이 결정되자 주민 85%가 반대했다. 그러

프랑스의 원자력발전소에서 시설을 설치하는 모습

나 정부 정책에 공감한 시장이 직접 나서 언론 브리핑 102회, 개인접
촉 428회, 정보교환미팅 118회, 원자력 시설견학 6회 등 꾸준한 설득
을 통해 결국 1992년에 폐기물 처리장을 세웠다.

버락 오바마의 원자력 정책

버락 오바마 대통령이 당선되자 세계는 미국 정부의 원자력 정책에
도 관심을 보이고 있다. 오바마 대통령은 대선 선거운동 과정부터 석
유와 가스, 전력 생산, 에너지효율, 대체연료 및 자동차 등의 분야로
나눠 각종 에너지 관련 공약을 제시해 왔다. 주로 부각됐던 것은 오바

마의 신재생에너지 분야 투자 확대 약속이었다. 그러나 간과해서 안 되는 것은 오바마 대통령이 전력 생산의 주요 수단으로 원자력과 석탄의 이용을 명확하게 제시했다는 사실이다. 원자력과 석탄은 환경론자들로부터 "청정 에너지가 아니다."는 이유로 배척돼 왔다. 그러나 수소 같은 신에너지, 태양광·풍력·지열·조력·파력과 같은 재생에너지가 대규모로 상용화되기 어려운 현실에서 원자력과 석탄의 이용은 오바마 당선인으로서도 불가피한 선택이었다고 볼 수 있다.

특히 원자력발전은 온실가스를 배출하지 않기 때문에 기후 변화 대응책으로도 볼 수 있다. 이와 관련, 오바마 대통령은 선거운동 과정에서 "원자력은 탄소를 배출하지 않는 발전의 70%를 차지한다."면서 "원자력발전을 제외하면 기후변화를 막는다는 목표를 달성할 수 없다."고 강조했다. 그러나 오바마는 "그렇다고 해서 원자력이 만병통치약은 아니다."면서 "원자력에 대한 의존을 현재보다 늘려서는 안 된다."고 선을 긋기도 했다.

미국의 에너지·환경 전문 법률회사인 반 네스 펠드만의 분석에 따르면 오바마 대통령의 원자력발전과 관련한 공약은 핵 연료와 폐기물 안전, 폐기물 저장, 확산 등 3가지가 핵심이다.

오바마 대통령은 우선 미국 내에서 핵 물질의 안전을 유지하는 것을 최우선 과제로 삼겠다고 밝혔다. 다른 나라와 마찬가지로 미국에서도 원자력 에너지와 그 폐기물의 안전에 대한 우려는 늘 존재한다. 따라서 원자력 에너지의 이용을 약속한다면 반드시 안전에 대한 공약도 뒤따라야 한다. 오바마 대통령은 또 핵폐기물 저장소와 관련, 그동안 논의되어 온 네바다 주의 유카 산이 적당한 장소가 아니라고 밝히면서 좀 더 안전한 장소를 물색하기 위해 객관적이고 과학적인 조사를 계속하겠다고 말했다. 조지 부시 행정부가 지난 2002년 이곳을 핵폐기물 저장 장소로 지정했으나, 민주당은 "안전한 장소가 아니다." 며 반대해 왔다.

미국에서 핵은 에너지뿐만 아니라 안보의 문제이다. 미국은 북한이나 이란 등 적대국으로 핵 물질이나 기술이 확산되는 것을 중대한 안보 위협으로 간주한다. 따라서 오바마가 확산 문제를 원자력 분야의 핵심 과제로 강조하는 것이 당연하다고 볼 수 있다. 미국 내에서 확산을 막는 장치가 완벽하게 갖춰져야만 다른 나라에서의 확산 문제를 거론할 수 있는 명분과 기술이 확보된다.

미국의 대표적인 신재생에너지 관련 미디어 〈Renewable Energy World〉의 스티븐 레이시 편집인은 오바마의 원자력 정책에 대해 대체로 만족을 표시했다. 레이시는 원자력이 화석연료와 신재생에너지 간의 간극을 메우는 다리 역할을 하게 될 것이라고 평가했다.

레이시 편집인은 또 "오바마의 에너지 참모들을 만나 보니 원전을 새로 짓는 것이 아니라 현재의 원전들을 유지한다는 방침"이라고 소개하면서 "그만하면 수긍할 만한 수준"이라고 말했다. 미국원자력에너지연구소에 따르면 현재 미국 내에는 104개의 원자력발전소가 있으며 미국 총 전력 생산의 19%를 담당한다.

그렇다면 오바마의 이 같은 '불가원 불가근' 식 원자력 정책이 나온 배경은 무엇일까? 오바마의 지역구가 일리노이 주라는 사실을 감안하면 이해가 쉬워진다. 일리노이 주에는 11개의 원자력발전소가 있다. 미국의 50개 주 가운데 가장 많다. 일리노이 주민이 날마다 사용하는 전력의 50% 이상을 원자력이 제공한다. 따라서 오바마는 원전의 필요성을 인정한다.

한편으로, 일리노이 주민들은 각 주의 원자력발전소에서 나온 핵폐기물이 철도를 통해 폐기물 저장소로 옮겨진다는 사실을 잘 알고 있다. 핵폐기물을 실은 열차들이 대부분 미 중부의 교통 중심지인 시카고를 거쳐 가기 때문이다. 이 때문에 오바마와 일리노이 주민들은 핵폐기물이 어디로 가고, 어떻게 저장되고, 특히 운송 과정에 사고의 위험성은 없는지에 특별한 관심을 갖는 것이다.

●●●● "원전 수출은 삼성전자 이상의 캐시 카우"

"원자력 플랜트를 수출하기 위해서는 사전에 수입 예상 국가들과 '스킨십'을 갖는 과정이 필요합니다."

2009년 4월 28일 몽골의 소드놈 앵크바트 원자력청장과 '원자력의 평화적 이용협력에 대한 양해각서'를 체결한 허증수 기후변화·에너지대책포럼 대표(경북대 교수)는 "전 세계적으로 올해부터 2050

년까지 300기 이상의 원전이 건설될 예정"이라면서 "이 가운데 한국이 30기 이상을 가져와야 한다."고 말했다. 허 대표는 "원전 1기의 건설비용은 평균 4~5조 원, 순익은 평균 1조 원"이라면서 "삼성 전자나 포스코 이상의 캐시 카우가 될 수 있는 유일한 분야"라고 강조했다. 매사추세츠공과대학(MIT)에서 전자재료학으로 박사학위를 받은 허 대표는 대통령직인수위원회에서 기후변화·에너지대책 팀장을 맡은 바 있으며, KT 사외이사로도 선임됐다.

질문 양해각서 체결의 의미는 무엇인가?

허증수 원전 플랜트 수출은 단순한 세일즈가 아니라 국가 브랜드를 파는 것이다. 원자로 건설 및 운영 능력뿐만 아니라 수출국의 장기적인 정치 안정, 금융 및 리스크 감당 능력, 그리고 원전 분야 지도자들 간의 신뢰관계가 중요하다. 이번 양해각서 체결은 바로 신뢰관계 구축 과정이라고 볼 수 있다. 다시 말하면 소프트웨어 교류를 먼저 하고 나중에 하드웨어 장사를 하자는 것이다.

질문 양해각서를 정부가 아닌 포럼에서 체결한 이유는?

허증수 정부 간에는 공식적인 협상을 해야 한다. 마음을 터놓고 원전 분야에 대한 교류를 하는 것은 오히려 민간 기구가 낫다. 몽골 원자력청도 그런 점을 알기 때문에 우리 정부나 한국수력원자력 등이 아닌 우리 포럼과 양해각서를 체결한 것이다. 또 원전은 10년이 넘게 걸리는 장기 프로젝트다. 이번 정부에서 원전 수출 노력을 해도 그 열매는 차기나 차차기 정부에서 향유할 것이다.

질문 국제정치 등의 변수 때문에 원전 플랜트 수출이 실제로 가능할까?
허증수 현재 원전 수출은 핵무기 보유가 공식적으로 인정된 P5(유엔 안전보장이사회 상임이사회) 국가와 일본 정도가 가능하다. 실제로는 프랑스의 아레바와 미국의 웨스팅하우스를 인수한 일본의 도시바뿐이라고 할 수 있다. 그러나 이들이 원전 건설의 수요를 모두 감당할 수가 없다. 우리에게도 올 수밖에 없는 구도다.

질문 한국 원전의 경쟁력은 무엇인가?
허증수 우리나라는 소득 1,000달러 시대에 원전 건설을 시작해 세계 6위의 원자력 국가가 됐다. 앞으로 원전을 건설하려는 국가는 대부분이 몽골을 비롯한 제3세계 국가다. 이들은 바로 한국의 그같은 경험을 전수받기 원하는 것이다. 이들에게 원자력 에너지는 경제성장을 위한 가장 중요한 수단이다.

질문 최근 요르단과 터키 등에 대한 원전 플랜트 수출 협상이 성공을 거두지 못했는데.

허증수 신뢰구축 등의 사전 단계를 거치지 않았기 때문이라고 본다. 또 원전을 공기업(한수원)이 맡고 있는 것도 문제다. 구조적 한계를 해결하기 위해 민영화해야 한다고 본다.

02. 미워도 다시 한 번 :: 청정 석탄

사솔의 석탄 · 가스 액화 기술

필요는 발명을 낳는다. 인류가 기술에 눈뜨기 시작한 이래 수많은 기술이 개발됐고, 그 중 일부는 우리의 삶을 완전히 바꿔 놓았다. 대부분의 기술 개발은 '발전'에 치중하게 마련이다. 그러나 때로는 외부적인 상황변화에 의해 어쩔 수 없는 선택을 하는 경우가 생긴다. 1950년대 이후 급격히 확산되기 시작한 '석유의 시대'를 마주한 남아프리카공화국의 사례가 그랬다. 당시 남아공을 지배하는 통치 논리였던 '아파르트헤이트(인종차별 정책)' 때문이었다. 인종차별을 유일하게 법적으로 규정하고 있던 남아공에 대해 전 세계는 금수조치를 취했다. 석유도 마찬가지였다.

살 길을 모색하던 남아공 정부는 나라 안에 엄청난 양이 매장돼 있

남아공 세쿤다의 사솔 공장 전경

는 석탄에서 석유를 만드는 기술(CTL, Coal To Liquid)을 찾아냈다. 1910년대 독일에서 개발된 기술이었지만 필요가 없어 사장된 기술이었다. CTL은 1950년대 중반 상용화돼 1994년 아파르트헤이트가 공식적으로 철폐되기까지 40년 넘게 남아공 경제를 지탱해 왔고 지금도 절대적인 위치를 차지하고 있다.

남아공 최대의 도시 요하네스버그에서 북쪽으로 자동차로 2시간, 130km가량 떨어진 '세쿤다'에는 세계 최대이자 유일의 CTL 및 GTL(가스액화기술) 상용 업체가 자리 잡고 있다. 세쿤다는 이곳과 카타르에 CTL·GTL 공장을 갖고 있는 사솔(SASOL)을 위한 도시다. 도시가 가까이 다가오자 광활한 옥수수밭 저편으로 거대한 냉각탑이 무리를 지어 나타나기 시작했다. 10여 개의 냉각탑에서는 끊임없이 수증기가 솟아 나오고 있었다.

"CTL과 GTL은 단순히 석유를 만들어 내는 공정이 아닙니다. 화학적으로 만들어 내는 만큼 별도의 정제 과정이 필요 없는 질 좋은 석유가 만들어지고, 이어지는 공정으로 수많은 화학제품과 원료를 만들어 낼 수 있습니다." 프레젠테이션을 맡은 앤소니 스튜어트 투자팀장은 사솔의 상용화 기술이 '일석이조' 라는 사실을 강조했다. 화학공정과 정유공정을 동시에 진행한다는 얘기다.

CTL · GTL에 대한 전 세계적인 관심이 높아지면서 최근 사솔 공장에는 방문자가 부쩍 늘었다. 특히 석탄 매장량이 많은 중국 등 아시아권 국가에서는 정부와 기업 관계자들의 문의가 끊이지 않고 있다. 스튜어트 팀장은 "남아공 이외에 다른 나라에서는 아무런 관심이 없던 기술이었지만 지구온난화가 이슈화되면서 '청정 석탄 기술' 로 불리는 CTL · GTL 기술이 주목받고 있다."면서 "석유 시대의 개막 이후 잊혀진 석탄의 시대가 다시 열리기 시작했다."고 밝혔다.

사솔이 남아공 경제 분야에서 차지하는 비중은 상상 이상이다. 사솔은 2007년 기준으로 6조 원의 매출을 올렸고 이 중 4조 5,000억 원을 수출한 남아공 최대의 기업이다. 사솔의 공장을 합쳐 하루에 생산되는 석유는 15만 배럴 수준이다.

공장 지역으로 들어서기 위해서 허가받은 차량에 올라 고속도로 톨게이트를 연상시키는 통로로 들어섰다. 공장견학을 맡은 지미 보더 기술분석팀장은 "기술 유출을 막기 위해 모든 곳에 사각 없이 감시카메라가 설치돼 있다."면서 "직원들 역시 자기가 맡은 부분 이외의 공장 사정에 대해서는 알 수 없도록 철저한 유출방지 시스템을 구축하고 있다."고 설명했다. 실제로 사솔은 해외투자에 있어서도 기술 라이선스 방식만 고집한다. 유일하게 해외에 설립된 카타르 공장 역시 기술 부문은 사솔에서 파견된 인원들이 도맡고 있다. 공식적으로 허락받은 취재진을 포함한 어느 외부인도 공장 지역 내에서 사진 촬영은 불가능하다.

일부 국가의 경우 막대한 금액을 제시하면서 기술이전을 요구하고 있지만 원천기술에 대한 사솔의 원칙은 확고하다. 한 번 주기 시작하면 주도권을 뺏길 수 있다는 얘기다. 스튜어트 팀장은 "한국 일부 기업과도 합작 투자 방식의 협상이 진행되고 있다."고 귀띔했다.

사솔 세쿤다 공장에서는 주변지역에서 생산되는 저급의 석탄을 잘게 부순 후 산소와 수증기를 넣어 기체 상태인 가스로 만든다. 이 가스를 석유로 만드는 간접액화 방식이 사솔 공정의 핵심이다. 사솔은 이 기술을 완성하면서 중간 단계인 가스를 석유로 만드는 'GTL' 기술도 자연스럽게 갖게 됐다. 무엇보다 이 공정을 통해 나온 부산물은 다른 석유화학기업들이 수많은 정유공정을 통해서만 얻을 수 있는 물질들이다. 이를 통해 양초, 페인트, 신발 소재, 니트로글리세린, 왁스 등 수많은 화학제품들을 공장에서 생산할 수 있다. 정유기업과 석유화학기업을 완벽하게 합친 구조다.

2008년 12월 한국화학연구원과 한국에너지기술연구원 공동연구팀은 국내 최초의 GTL 플랜트를 만드는 데 성공했다. 이명박 정부가 녹색 성장 정책을 제시한 이후 국내 연구진이 처음으로 얻어낸 신기술이었다.

CTL·GTL 기술은 지금까지 국내에서 철저히 소외돼 왔다. 에너지 자립을 위해 미래형 에너지에 투자하다 보니 이미 개발된 기술을 재검토하고 연구하는 노력에 소홀했기 때문이었다. 특히 국내에 상당량 남아 있는 석탄에 대한 연구는 한동안 전혀 이뤄지지 않았고 사실상 국내 유일의 에너지원인 천연가스는 지역난방과 운송에너지로 그대로 사용하는 데 만족해 왔다.

화학연-에너지연구원 공동연구 팀은 천연가스를 통해 디젤유 등 액체연료를 만들면 황과 매연이 발생하지 않는다는 점에 주목했다. 현재 채취되는 천연가스는 액화천연가스(LNG) 파이프라인으로 이송이 불가능한 한계가스와 태워서 없애야 하는 동반가스가 전체 매장량의 절반 이상을 차지하고 있다. 그러나 GTL 기술을 이용하면 한계가스를 가스전에서 액체상태 연료로 바꾼 뒤 필요한 곳으로 이송해 활용하는 것도 가능하다.

CTL·GTL 기술이 완벽한 녹색 기술이 되기 위해서는 아직까지 보완해야 할 점이 있다. 석탄을 사용하는 만큼 공정에서 나오는 이산화탄소와 수증기 등 온실가스가 문제다. 에너지연구원 관계자는 "이산화탄소 포집 저장 기술과 결합한다면 신재생에너지와 핵융합 등 미래형 에너지가 완성될 때까지 연결자 역할을 하는 브릿지 에너지가 될 수 있다."면서 "여러 연구단이 협력하면서 운용기술까지 빠른 시간에 습득하는 노력이 필요하다."고 밝혔다.

바텐팔의 저공해 석탄발전소

2008년 11월 29일 오전 9시. 독일의 수도 베를린에서 아우토반을 따라 남쪽으로 달리기 시작했다. 목적지는 슈프렘브레크. 이곳에 독일 북부의 대표적인 석탄발전소인 슈바르체 품페(검은 펌프라는 뜻) 발전소가 자리 잡고 있다. 2시간 남짓 아우토반을 달리는 동안 차창 밖의 풍경 속에서 가장 눈에 많이 띈 것은 농토와 목초지에서 유유히 돌아가고 있는 풍력발전기의 모습들이었다. 제법 규모가 있는 마을을 지날 때는 발전용 태양광 패널이나 온수용 태양열 시스템을 설치한 주택들도 심심치 않게 눈에 띄었다. 그러나 신재생에너지의 선도국인 독일에서조차 현재로서는 가장 중요한 에너지원이 석탄이다. 다만 독일은 이산화탄소 배출이 많은 이른바 '더러운(Dirty) 에너지'인 석탄을 최대한 환경친화적으로 만드는 기술 개발에도 전력을 기울이고 있다. 이날 방문한 슈바르체 품페는 석탄 연소 과정에서 나오는 이산화탄소를 포집한 뒤 이를 땅 속에 저장하는 CCS(Carbon Capture and Storage) 기술을 연구하는 세계 최초의 시설을 갖추고 있는 발전소다.

발전소에 도착하자 토요일인데도 불구하고 대외협력 책임자인 커스틴 실링 씨가 반갑게 맞아줬다. 슈바르체 품페는 스웨덴에 본부를 둔 북유럽 최대 에너지 기업 바텐팔이 지난 1997년 건설한 1,600MW급 (800MW × 2) 발전소다. 이 발전소는 건설된 직후부터 이산화탄소와 산화질소, 이산화황 등의 배출을 줄이기 위한 기술개발에 주력해 왔으며,

156

그 과정에서 CCS 연구소 및 시험용 발전소를 건설했다고 실링 씨는 설명했다. 슈바르체 품페의 CCS용 시험발전소는 30MW 규모다. 2006년 5월부터 7,000만 유로의 사업비를 들여 건설했으며, 지난해 9월 9일부터 시험가동에 들어갔다. 바텐팔에 소속된 에너지 전문가들뿐만 아니라 국내외 대학과 연구소 등의 박사와 석사급 인력들이 함께 연구하는 산학협력체 형식이다. 이 발전소는 석탄을 공기 중에서 태우지 않는다. 공기 중에서 질소를 제거한 산소만 석탄 보일러에 불어넣어 함께 태운다.

바텐팔발전소에서 연소되는 석탄. 공기 중에서 질소를 제거한 산소만 함께 태워 초고온 상태가 되기 때문에 이산화탄소 말고는 불순물이 없다

그러면 공기와 함께 연소할 때보다 온도가 극단적으로 올라가면서 이산화탄소를 제외한 나머지 불순문들을 대부분 태워 버린다. 이렇게 해서 남은 약 98% 순도의 이산화탄소를 응축해 액체로 만든 뒤 지하 3,500m 속에 파묻는 것이다. 액화된 이산화탄소가 저장되는 지하 공간은 쉽게 말해 석유나 천연가스가 추출되는 지질층이다. 실링 씨는 슈바르체 품페 석탄발전소는 구석구석까지 보여줬지만, CCS 시설의 공개를 요청하자 "외부인의 출입이 엄격하게 금지돼 있다."고 답변했다. 실링 씨는 그러나 "CCS 시설에 들어갈 수는 없지만, 하늘에서 보여줄 수는

바텐팔발전소의 CCS 시설 전경

있다."며 기자를 엘리베이터에 태웠다. 엘리베이터는 발전소의 맨 꼭대기, 정확히 지상 161m 높이의 전망대에 섰다. CCS시설은 슈바르체 품페 발전소의 바로 옆에 붙어 있어 전경을 한 눈에 들여다볼 수 있었다. 발전용 석탄 보일러 옆에 산소 추출장치, 이산화탄소 농축 장치 및 탱크 등이 보였다. 이산화탄소 (임시)저장고는 발전소 지하에 있다고 한다.

바텐팔은 이 발전소의 기술을 토대로 2012~2015년에 300~500MW급의 CCS 시범 발전소를 건설하고, 이어 2015~2020년에 1,000MW급의 상업용 CCS발전소를 건설한다는 목표를 갖고 있다. 현재 CCS 기술은 독일 말고도 미국과 캐나다, 일본, 스웨덴, 호주, 브라질 등에서 개발되고 있다. 실링 씨는 "현재 인류가 갖고 있는 기술로 보면 석탄이 가장 경제적인 에너지원"이라면서 "버락 오바마 미국 대통령도 청정 석탄 개발에 관심을 보였기 때문에 CCS에 대한 세계 각국의 관심과 투자는 더욱 늘어날 것"이라고 말했다.

그린 비즈니스

01. 예쁘고 비싼 럭셔리 장난감 : : 전기자동차

테슬라 : 글로벌 NO.1 전기차 업체를 가다

2009년 3월 26일 오전 11시. 미국 캘리포니아 주 로스앤젤레스 남쪽의 호돈(Hawthorne) 시에 자리 잡은 '스페이스 X' 로켓 공장으로 미국과 세계 각국의 기자들이 모여들기 시작했다. 미국의 대표적인 전기자동차 업체인 테슬라 모터스(Tesla Motors)의 세단형 전기차인 '모델 S' 발표행사가 이곳에서 열린 것이다.

낮 12시, 엘런 머스크 CEO와 프란츠 본 홀즈하우젠 수석 디자이너가 행사장에 등장했다. 머스크와 홀즈하우젠은 "세계 최초의 양산형 전기차를 공개한다."면서 2대의 모델 S에 덮여 있던 천을 끌어내렸다. 우윳빛 흰색과 메탈릭 회색의 세단이 처음으로 공개되자 사방에서 카메라 플래시가 터졌다.

세계 각국의 기자들이 모델 S가 공개되기를 기다리고 있다

모델 S가 공개된 직후 프란츠 본 홀즈하우젠 수석 디자이너가 성능과 디자인에 대해 설명하고 있다

　모델 S는 45분 급속충전을 통해 무려 300마일(약 480km)을 달린다. 시동을 걸고 출발 후 5.6초 만에 시속 60마일(96km)에 도달할 수 있다. 리튬이온 배터리 팩으로 가동되는 100% 전기차다. 집이나 사무실 등의 주차장에서 110V나 220V 전원만 있으면 충전이 가능하다. 한 번 충전하는 데 드는 전기료는 4달러 정도. 휘발유와 경유 가격이 배럴당 1달러 밑으로 떨어져도(현재 3달러 안팎) 기존의 자동차들은 모델 S의 경제성을 당할 수 없다고 한다. 배터리 수명은 7~10년이다.

　모델 S의 성능과 디자인에 대해 1차 설명을 마친 머스크와 홀즈하우젠은 회색 차량에 함께 탑승한 뒤 천천히 스페이스 X 공장 밖으로 몰고 나갔다. 테슬라는 이날 행사를 위해 스페이스 X 앞의 잭 노스롭 애비뉴 전체를 하루 동안 '전세' 냈다.

　머스크는 차 한 대 없는 왕복 6차선 도로에서 급가속을 시작했다. '부우웅~' 하는 소리 대신 '쉬이익~' 하는 소리를 내며 모델 S가 질주했다. 변속기가 없기 때문인지 순식간에 속도가 올랐다. 300m가량을 내달린 머스크는 갑자기 차를 돌려 기자들 쪽으로 다시 달리기 시작했다. 모든 과정에서 차의 움직임은 매우 매끄럽고, 자연스러워 보였다. 구경하던 기자들 속에서 "매우 훌륭하다."는 감탄사가 튀어나오기도 했다.

앨런 머스크 최고경영자와 프란츠 본 홀즈하우젠 수석 디자이너가 새로 출시한 세단 모델 S를 시운전하고 있다

지난 2003년 설립된 테슬라는 '골프 카트의 연장'이라는 전기차에 대한 고정관념을 완전히 바꿔버린 회사다. 테슬라는 고가, 고성능에 '럭셔리한' 디자인의 전기차를 생산, 판매한다. 이른바 '하이 엔드(High-end)' 시장을 겨냥한 것이다. 테슬라의 대표적인 모델인 로드스터(Roadster) 스포츠카는 4초 이내에 시속 100km의 속도에 도달하며 최고 속도는 시속 200km가 넘는다. 영국의 로터스 스포츠카를 기반으로 한 디자인은 포르셰 등 어떤 스포츠카 브랜드와 비교해도 손색이 없다. 로드스터는 시사주간지 타임 2006년 12월호의 커버스토리로 등장했으며, 그 해 그린카 관련 주요 상을 휩쓸기도 했다.

모델 S 발표 행사장에 함께 전시된 로드스터에 직접 탑승해 봤다. 다른 스포츠카들과 마찬가지로 차체가 낮아 엉덩이가 땅에 닿는 느낌이 들었다. 계기판과 각종 기기들이 전반적으로 잘 만들어진 전자제품을 다루는 느낌이 들었다.

테슬라의 대표적인 모델인 로드스터를 탑승해 보고 있는 필자

테슬라에서 일하는 사람들을 환경론자나 미래론자, 또는 이상주의자들로 본다면 크나큰 오해다. 오히려 이들은 철저하게 현실적으로 비즈니스를 꾸려 나가고 있다. 홀즈하우젠 수석 디자이너에게 "전기차라면 가솔린차와는 차별화된, 완전히 다른 형태의 획기적인 디자인이 필요한 것 아닌가?"라는 질문을 던졌다. 홀즈하우젠은 이에 대해 "우리 고객이 원하는 것은 그런 식의 콘셉트 카가 아니다."면서 "한편으로는 환경을 보호하면서도 디자인과 성능, 편리성 측면에서 전혀 소홀함이 없는 자동차를 만드는 것이 테슬라의 목표"라고 강조했다. 홀즈하우젠은 테슬라로 오기 전에 폭스바겐과 GM, 마즈다에서 승용

차를 디자인했다.

또 JB 스트로벨 최고기술책임자에게 한국 등에서 개발되고 있는 이른바 'In Wheel Motor(바퀴 안에 모터를 장착)' 기술을 채택할 의향이 있느냐고 묻자 "그런 기술이 있는 것은 알고 있지만 아직 테슬라에 적용할 생각은 없다."면서 "우리는 미래가 아니라 현재의 자동차 시장에서 입증된 기술만을 사용한다."고 말했다. 또 테슬라의 전기차들을 스마트 그리드(지능형 전력망)와 연결해 에너지 저장 시설로 사용할 수 있느냐는 질문에 "배터리를 자주 충전했다, 방전했다 하면 수명이 단축된다."면서 "그렇게 쓰기에는 테슬라의 배터리 가격이 너무 비싸다."고 말했다.

테슬라의 고객은 아직까지 돈 많은 소수에 국한돼 있다. 로드스터 한 대 가격은 10만 9,000달러(약 1억 4,000만 원). 소량생산 체제이므로 테슬라가 판매한 로드스터는 아직 300대에 불과하다. 물론 주문자 명단에 1,000명 이상이 이름을 올렸지만, 지금까지 공급이 수요를 따르지 못했다. 로드스터보다는 대중성을 강조한 모델 S의 출고가격은 5만 7,400달러. 연방정부로부터 무려 7,500달러의 세금감면을 받기 때문에 4만 900달러면 구입할 수 있다. 테슬라는 이 가격이면 연료비 절감 등을 감안할 때 가솔린차 3만 5,000달러와 마찬가지라고 설명하고 있다.

모델 S는 2011년부터 연간 2만 대를 목표로 양산에 들어간다. 테슬라는 버락 오바마 대통령의 경기부양책 예산 가운데서 4억 5,000만 달러를 저리로 융자받아 캘리포니아 주 남부에 모델 S 생산라인을 건설할 계획이다.

 "미래를 바꾸려고 사업한다"

'모델 S'의 출범식이 끝난 뒤 엘런 머스크 테슬라 모터스 CEO와 만나 인터뷰를 가졌다. 남아프리카공화국에서 태어난 머스크는 인터넷 상거래의 소액결제 서비스인 페이팔(PayPal)을 창업, 세계적인 명성을 얻은 기업인이다. 머스크는 현재 로켓 개발업체인 스페이스 X의 최고경영자, 가정용 태양광 서비스 회사인 솔라 시티의 회장도 함께 맡고 있다.

질문 한국 시장에도 관심이 있나?

엘런 머스크 물론이다. 내년쯤이면 한국에서도 주문을 받을 수 있지 않을까 생각한다. 먼저 로드스터를 선보이고, 몇 년 뒤에는 모델 S도 들어갔으면 한다(한국에서 아직까지는 전기차가 도로를 달릴 수 없다

165

고 말하자 테슬라 관계자들은 모두 놀랐다).

질문 한국에 첨단 기술을 가진 배터리 회사들도 있다. 이들과 협력할 의향은?

엘런 머스크 몇몇 배터리 제조 업체들과 대화를 하고 있다(JB 스트로벨 최고기술책임자는 삼성과 LG화학이라고 말했다). 한국의 배터리 업체들은 테슬라의 잠재적인 공급선이라고 할 수도 있다.

질문 한국의 업체들은 근거리, 저속 전기차를 주로 생산한다. 그쪽에도 커다란 비즈니스 기회가 있다고 보는가?

엘런 머스크 그런 저성능(Low-end) 전기차들은 고속도로 주행이 어렵다는 단점이 있다. 그저 커뮤니티 안에서 천천히 달리는 정도로만 사용할 수 있다. 말하자면 골프 카트에 가깝다. 그렇게 해서는 대중의 교통수단이 될 수 없다. 소비자들이 원하는 것은 고속도로를 달리고, 자녀들을 학교에 데려다 주고, 짐도 실어 나르는 '진짜 차'이다.

질문 메이저 자동차 회사들이 전기차 시장에 들어온다면 협력할 것인가, 경쟁할 것인가?

엘런 머스크 우선 메이저 업체들이 빨리 들어왔으면 좋겠다. 자동차 산업 전체가 전기차 쪽으로 가고 있다는 것을 보여주는 것이니까. 그들과의 경쟁도 두렵지 않다. 자동차 산업이라는 것이 원체 다양한 브랜드 간의 경쟁이다. 우리 브랜드를 좋아하는 고객을 위해 자동차를 만들면 된다. 그리고 테슬라는 최근에 다이믈러의 전기차 모델인 '스마트'에 배터리팩을 공급하기로 계약했다. 그런 식으로 협력할 수도 있다.

질문 **테슬라의 장기적인 목표는 무엇인가?**

엘런 머스크 도로 위를 달리는 전기차의 숫자를 최대한 늘리는 것이다. 꼭 고성능, 고가 전기차 시장에만 집착하지는 않는다. 대중이 값싸게 살 수 있는 전기차도 생산해 나갈 것이다. 또 우리가 경쟁력을 갖고 있는 전기 파워트레인(동력전달장치)을 다른 전기차 회사들에 판매하는 데도 관심이 있다.

질문 **하이브리드 자동차를 어떻게 보나?**

엘런 머스크 단순한 하이브리드 자동차는 연료의 2%만 전기를 사용하기 때문에 의미가 없다. 또 플러그인 하이브리드도 가솔린이 필요한 것은 마찬가지다. 전 세계 사람들이 모두 도요타 프리우스를 탄다고 하더라도 석유에 대한 의존을 바꿀 수 없다.

질문 **수소연료전지차는 어떤가?**

엘런 머스크 너무 미래지향적이다 못해 미련한 짓이라고 생각한다. 주변에 누군가가 그런 사업을 하겠다면 말리겠다.

질문 어떤 비전이나 철학을 갖고 비즈니스를 하는가?

엘런 머스크 세상의 미래를 바꿔 보겠다는 의지를 갖고 있다. 페이팔을 통해 국가 간 인터넷 상거래를 가능하게 만들었고, 테슬라를 통해 가솔린에 대한 의존을 해소하려 하고 있다. 또 솔라시티는 재생에너지 사용을 극대화할 것이며, 스페이스 X는 우주에 대한 꿈을 실현시키려는 것이다.

CT&T : 세계 제일의 저속 전기차 생산업체를 가다

"CT&T는 이미 단거리 저속 전기차(NEV) 분야에서는 세계 1위입니다. 우리는 이 분야에만 집중할 계획입니다. 최고급 전기차는 테슬라같은 회사에게, 장거리 고속 전기차(FSEV)는 대기업에게 맡기겠습니다."

우리나라의 유일한 전기차 양산업체인 CT&T 기획실의 김호성 상무는 회사의 경영전략을 간단하고 명확하게 밝혔다. 김 상무는 "최근의 라이프 사이클을 분석하면 연금생활자나 맞벌이 부부, 주부, 자영업자가 동네 주변을 다니며 실생활에 이용하는 차량에 대한 수요가 점차 늘고 있다."면서 "한 달에 1만 원이라는 저렴한 운영비가 이들을 계속 전기차 시장으로 끌어들이는 요인이 될 것"이라고 말했다.

특히 NEV 시장에서는 현대나 도요타와 같은 글로벌 자동차 업체가 CT&T와 같은 중소업체와는 가격 경쟁력을 가질 수 없기 때문에 계속 승자로 남을 수 있다고 김 상무는 말했다. 김 상무는 또 "하이브리드 자동차나, 연료전지차는 모두 기본기술이 전기차에서 나온 것"이라면서 전기차가 이른바 '그린카'의 대세가 될 것이라고 거듭 강조했다.

2008년 3월 10일 방문한 CT&T 본사와 생산 공장은 충남 당진의 한적한 야산 지역에 자리 잡고 있었다. 김 상무는 CT&T에 대한 기본적인 설명을 마치자 "직접 차를 타보고 얘기하자."며 시험주행소로 안내했다. 주행소에 가지런히 주차된 CT&T의 전기차 가운데 노란색 e-ZONE에 올라탔다. 첫 느낌은 경차와 골프 카트의 중간쯤이라는 것이었다.

CT&T의 전기차가 27도의 경사로를 오르고 있다

작은 열쇠를 돌려 (시동을 거는 대신) 전원을 켜고, '전진-중립-후진' 스위치를 전진에 맞춘 뒤, 액셀레이터를 밟으니 차가 앞으로 나아가기 시작했다. 속도는 꽤 빨랐다. 최고속도는 시속 60km, 최고주행거리는 70~110km다. 브레이크를 밟을 때 가끔 약간씩 밀리는 듯한 느낌이

들었지만, 어차피 고속주행용이 아니기 때문에 큰 문제는 아닌 듯 싶었다.

언덕을 내려간 뒤 27도의 경사로를 오르다가 차를 멈췄다. 브레이크 패드에서 발을 떼고 천천히 액셀을 밟았지만 차는 뒤로 밀리지 않았다. 산지가 많은 한국의 지형에 맞게 개발한 튜닝 기술 덕분이다. 쉽게 말하면 바퀴에 밀림 방지 장치가 내장된 것이다.

e-ZONE의 차체는 철강이 아니라 플라스틱이다. 김 상무는 "전기차의 요체는 경량화"라고 플라스틱을 사용한 이유를 설명했다. 실제로 도로에 나가 덩치 큰 트럭이라도 지나치면 공포감이 들 수도 있겠다는 느낌이 들었다. 이를 눈치 챈 김 상무는 e-ZONE이 NEV로서는 처음으로 국제 충돌안전기준을 통과했다고 강조하면서 충돌 테스트를 녹화한 DVD를 틀어줬다. DVD 영상에는 이른바 '짝퉁' 전기차들의 충돌장면도 포함돼 있었다. 이들이 충돌할 때 휴지조각처럼 구겨지는 것에 비해 CT&T의 전기차들은 찌그러짐이 차체 전면에만 집중됐다.

CT&T의 전기차들은 세방전지 등에서 공급하는 납축전지와 EIG 등에서 납품하는 리튬 폴리머 배터리를 사용하고 있다. 리튬 폴리머 배터리가 납축전지보다 4.5배 정도 비싸다고 한다. 그러나 차 값의 50% 정도를 차지하는 배터리도 양산체제에 들어가면 3~5년 안에 성능은 좋아지고, 가격은 훨씬 떨어질 것으로 김 상무는 예측했다. 자동차를 구동하는 모터는 미국과 이탈리아 제품을 수입해 왔지만 국산을 개발 중이다. CT&T의 차별화된 경쟁력 가운데 하나는 'In Wheel Motor' 시스템. 모터를 아예 바퀴에 달아 추진력과 제어력을 높이는 기술이다.

김공식 공장장과 함께 생산라인으로 들어갔다. 연간 1만 대를 생산할 수 있는 공장은 로봇의 현란한 동작과 기계음으로 가득 찬 기존의 자동차 생산라인과 비교할 때 매우 한산한 편이었다. 김 공장장은 전기차 부품의 90%를 협력업체가 제조해 오며, 이곳에서는 조립만 하는 것으로 보면 된다."고 설명했다. 제1생산라인에서는 CT&T의 주력 모델인 e-ZONE이 조립되고 있었다. ZONE은 Zero Oil No Emission의 약자라고 한다.

생산라인 뒷문으로 나가자 연구소가 자리 잡고 있었다. 40명의 연구원이 디자인부터 설계, 부품개발을 연구하고 있다. 70%는 경력이

CT&T의 김공식 공장장이 제1생산라인에서 생산된 e-ZONE 전기차 완성차량들을 점검하고 있다

5년 이상인 베테랑들이다. 김 공장장은 "연구소에서 각종 실험과 테스트를 위해 지금까지 200대가 넘는 전기차를 부쉈다."고 말했다.

전기차에 맞는 완전히 새로운 스타일의 디자인을 선보일 수 없느냐고 묻자 김 상무는 "현재의 자동차 안전기준을 맞추려면 기존의 차량 형태를 크게 벗어날 수 없다."면서 "창의력이 아니라 법의 문제"라고 말했다.

우리나라에서는 아직 전기차가 도로를 달릴 수가 없다. 관련법에 자동차가 배기량으로만 규정돼 있기 때문이다. 그러나 지식경제부와 국회에서 법률을 손질하고 있기 때문에 2009년 안에는 전기차의 주행이 가능할 것으로 CT&T는 기대하고 있다. 법이 통과하면 CT&T는 1,350만 원 정도에 전기차를 판매할 수 있을 것으로 예상한다. 환경 관련 보조금 300만 원 정도를 제하면 소비자가 부담할 가격은 1,000만 원 안팎으로 예상된다. 또 전기차 구입자는 세금과 주차, 보험료 등에서 추가로 혜택을 입을 것이라고 김 상무는 말했다. 전기차의 보험료는 일반 자동차의 50% 선에서 결정될 것으로 김 상무는 예상했다. 올해 목표는 판매 2만 대, 매출 1,000억 원이다.

CT&T는 현재 중국과 미국, 캐나다, 피지에 전기차를 수출하거나 조립공장을 설립했다. CT&T는 2011년까지 두바이, 카자흐스탄, 터키, 뉴질랜드, 피지, 인도네시아 등에서 조인트 벤처를 통한 조립 생산에 들어가는 등 모두 10개국에서 16만 대의 전기차 생산을 목표로 하고 있다.

CT&T도 지난해 불어닥친 글로벌 금융 및 경제위기로 어려움을 겪었다. 대규모 투자를 약속했던 북미 지역의 한 업체가 투자를 보류했다. 또 부품업체들이 자금난 때문에 가동을 중단하는 바람에 생산에 차질이 생기기도 했다. 2008년 구정 때는 갑자기 내린 폭설 때문에 CT&T 공장으로 연결되는 모든 도로가 막혀 부품을 실은 트럭이 옴짝달싹할 수 없게 되자 직원 40명이 나서 손으로 부품을 옮기기도 했다.

전기자동차 관련 비즈니스들

전기자동차가 세계 각국의 도로 위를 달리기 시작하면서, 전기차의 단점을 보완하고 장점을 극대화하기 위한 갖가지 비즈니스 아이디어와 프로젝트들도 새로 생겨나고 있다. 무엇보다 짧은 주행거리를 극복하기 위한 프로젝트들이 우선적으로 추진되고 있다.

2008년 3월 26일 오전 10시. 미국 샌프란시스코 시청 앞 도로. 차선 하나가 '전기차 시범 운행소(Electric Vehicle Showcase)'로 지정돼 있었다. 이곳에는 도요타 프리우스 플러그인 하이브리드 전기차(PHEV) 3대가 충전기(Charge Point)와 연결된 채 고객을 기다리고 있었다. 프리우스는 이 지역의 자동차 렌트업체인 ZipCar와 CarShare의 소유이며, 충전기는 쿨롬브 테크놀로지라는 업체가 제공한 것이다. ZipCar나 CarShare의 서비스에 가입하면 샌프란시스코 곳곳의 700여 개 지점에서 차를 빌려 타거나 돌려줄 수 있다. 샌프란시스코 시는 두 업체의 비즈니스 모델에 전기차를 적용시켜본 것이다.

마침 인근 오클랜드에 사는 유르겐 스타이어라는 대학생이 여자친구와 함께 전기차를 빌려 타기 위해 왔다. 스타이어는 "이전부터 전기차를 직접 운전해 보고 싶었다."면서 "이런 서비스가 다른 도시들로 확산되길 바란다."고 말했다. 스타이어가 ZipCar에 지불한 렌트 요금은 1시간에 9.25달러. 내연기관 자동차의 렌트비도 비슷하지만, 전기차는 연료비가 들지 않는다는 장점이 있다.

샌프란시스코를 방문한 대학생 유르겐 스타이어가 전기차를 렌트하기 위해 안내문을 읽어 보고 있다

샌프란시스코는 2008년 11월 인근의 오클랜드, 산호세와 함께 '미국 전기차의 수도(EV Capital of the US)'가 되기 위한 9단계 전략을 발표했다. 세 도시는 2012년까지는 전기차가 본격적으로 이 지역의 도로 위를 달릴 것으로 기대하고 있다.

인근 팔로 알토에 본사를 둔 '베터 플레이스(Better Place)'라는 업체는 샌프란시스코 시 등의 정책에 맞춰 전기차 충전 네트워크를 만드는 데 10억 달러(약 1조 4,000억 원)를 투자하겠다고 발표했다. 이지역 곳곳에 전기차 배터리 급속충전 및 교환소를 만들겠다는 것이다. 가솔린차를 타고 다니다 주유하는 것과 마찬가지 이치다. 이 회사의 창업자는 이스라엘 출신인 샤이 아가시. 아가시는 소프트웨어 업체 SAP의 제품 및 기술 담당 사장을 맡고 있다가 지난 2007년 "석유에 대한 의존을 줄여 보겠다."는 취지로 베터 플레이스를 창업했다. 현재 베터 플레이스는 이스라엘과 덴마크, 호주 등에서 전기차 네트워크 사업을 추진 중이다. 베터 플레이스는 최근 한국에서도 현대·기아차, LG화학 등 배터리 업체들과 비즈니스 협력 방안을 타진하기도 했다.

한국에서는 전기차 충전소를 설치하는 대신 도로 밑에 충전장치를 심는 새로운 프로젝트가 개발되고 있다. 카이스트의 IT융합연구소가 개발 중인 이 프로젝트는 가까운 거리에서는 전기가 쉽게 무선으로 전달되는 성질을 이용한 것이다. 예를 들어 경부고속도로에 전력 무선전송 장치를 심으면 그 위를 달리는 전기차가 계속 충전을 하면서 달린다는 것이다. UC버클리대학에서도 'PATH 프로젝트'라는 이름으로 비슷한 시도가 있었다.

이 프로젝트에 참여 중인 정용훈 교수는 "도시 내에서는 기존의 배터리만으로도 충분히 전기차들이 운행할 수 있다."면서 "이번 프로젝트를 통해 도시 간 이동 문제를 해결해 주면 전기차가 전국적으로 운행하는 데 아무런 문제가 없을 것"이라고 말했다. 정 교수는 이 같은 방식의 전력 효율은 80%로, UC버클리 팀의 60%보다 높다고 설명했다. 카이스트 측은 도로 안에 전선을 까는 등 인프라스트럭처를 구축하는 것이 기술적으로 어렵지 않으면, 비용도 서울~부산 구간이 1,000억 원을 넘지 않을 것으로 추산했다. 또 전선과 함께 매설된 센서가 전기차의 운행을 통제할 수 있기 때문에 장기적으로 자동운전도 가능하다고 정 교수는 말했다.

한국의 전기차 업체

CT&T를 제외하면 한국에서 전기차를 생산하는 업체는 많지 않다. 우리나라의 대표적인 자동차 업체인 현대기아차는 하이브리드나 수소연료전지 자동차는 개발하고 있지만, 전기차 생산에 대해서는 특별한 관심을 보이지 않고 있다.

완성차 업체는 아니지만 레오모터스가 전기로 움직이는 자동차와 버스를 개발 중이다. 이 회사는 미국 로스앤젤레스에 본사를 두고 전기 트럭, 전기 스쿠터 등을 생산하고 있다고 한다. 주로 동력전달장치 등 자동차 부품 생산에 강점을 갖고 있는 업체로 알려져 있다.

광주의 탑알앤디는 전기로 움직이는 레저용 수륙양용차를 개발 중이다. 이 차는 다중동력 시스템을 통해 파워를 늘린다. 한 번 충전으로 4시간 정도를 운행하며, 최고 속도는 50km까지 나온다고 한다.

모터나 컨트롤러, 급속충전기 등 전기 자동차 부품 분야에서는 LS산전, 나노지피 등이 두각을 나타내는 기업이다.

02. **오즈의 마법사 등장** : : 스마트 그리드

스마트 그리드란?

스마트 그리드(Smart Grid, 지능형 전력망) 지능형 전력망는 전력선에 IT를 도입한 개념이다. 기존의 전력 전달 체계가 발전소에서 가정에 이르는 일방적 통행이었다면, 스마트 그리드는 쌍방향으로 커뮤니케이션하는 시스템이다. 또 실시간으로 전력 사용에 대한 정보를 얻고, 자동으로 전력 사용 시간과 양을 통제하고, 전원을 다양화 하는 등의 기능을 갖게 된다. 아직까지는 전 세계적으로 시장을 장악한 기술이 없고, 각 국가와 기업들이 표준화를 위해 경쟁하는 단계다. 유럽에서는 인텔리전트(Intelligent) 그리드, 한국에서는 전력 IT라는 용어를 쓰기도 한다.

콜로라도 볼더의 스마트 그리드 시티 프로젝트

"스마트 그리드는 전력 사용에 혁명을 가져오는 프로젝트입니다. 토머스 에디슨의 시대에 빌 게이츠를 도입하는 것이죠." (레이 고겔 엑셀에너지 소비자 담당 부사장)

"지금까지 전력회사들은 소비자들에게 요금고지서만 던져 줬습니다. 그러나 앞으로는 각 가정에 에너지를 관리하는 도구(Energy Tool)를 제공하게 될 것입니다." (키스 데스로지어 CRC 대표)

미국 콜로라도 주의 볼더 시에서 '스마트 그리드 혁명'이 시험되고 있다. 이 지역의 전력공급업체인 엑셀(Xcel) 에너지가 콜로라도 주정부와 볼더 시, 에너지 테크놀로지 기업 및 시민단체들과 손잡고 볼더를 세계 최초의 스마트 그리드 도시로 만들겠다는 야심찬 프로젝트를 시작한 것이다.

볼더 시의 중심에 자리 잡은 콜로라도대학의 총장 공관. 엑셀 에너지는 2008년 8월 이곳에 볼더 시의 제1호 스마트 그리드 시스템을 설치했다. 2009년 3월 19일 방문한 총장 공관은 마침 임기를 마치고 떠

콜로라도대학의 버드 피터슨 전 총장이 공관에서 플러그인 하이브리드 전기차를 충전시키기 위해 전원을 꽂고 있다. 전기차는 각 가정의 에너지 저장 도구로도 이용된다

나는 버드 피터슨 총장 가족의 이사 때문에 분주했지만 스마트 그리드 시스템은 여전히 '똘똘하게' 작동하고 있었다. 미국 최초의 '스마트 홈'으로 일컬어지는 이 공관의 스마트 그리드 시스템은 4가지 특징을 갖고 있다.

첫째는 온라인 에너지 관리. 컴퓨터를 켜고 엑셀이 만든 스마트 그리드 사용자용 웹사이트에 로그인을 하면 공관의 에너지 사용과 관련한 모든 정보를 얻을 수 있다. 공관 내의 어떤 전자제품이 얼마만큼의 전기를 쓰고 있고 한 달 뒤에는 얼마만큼의 전기요금이 나올 것이고 이로 인해 얼마만큼의 이산화탄소를 배출하는가 등의 정보가 실시간으로 표시된다.

둘째는 태양광 패널과의 연결. 공관의 지붕 위에는 6kW급 태양전지 패널이 설치돼 있다. 태양전지가 생산하는 전기로 공관 내의 에너지를 모두 충당할 수 있는 시간대에는 잉여 전기가 엑셀 에너지에 판매된다. 집 안에 설치된 스마트 미터기와 온라인 에너지 관리시스템이 자동으로 이를 조정한다.

셋째는 에너지 저장 및 백업(Back-Up). 미국 대부분의 지역은 설치된 지가 100년이 넘는 전선을 여전히 사용한다. 이 때문에 전력 손실도 크고 정전이 잦다. 이를 막기 위해 총장 공관에는 납축전지를 이용한 백업 시스템이 설치됐다. 김치냉장고 크기만 한 배터리가 최대 40시간까지 공관의 에너지를 책임질 수 있다. 또 태양전지가 배터리를 충전한다.

넷째는 하이브리드 전기차와의 연결이다. 전기차도 태양광 패널이 생산한 전기로 충전한다. 전기차는 전기 소모가 많은 한여름 낮에는 공관에 전기를 공급하기도 하고 엑셀 에너지에 전기를 팔기도 한다. 장기적으로는 전기차가 에너지 저장 및 백업 역할을 담당하게 된다.

볼더 주민인 앤드루 매케나의 집은 공관보다 한걸음 더 나아간 스마트 그리드 시스템을 갖고 있다. 벨라에너지라는 태양광 시스템 업체를 경영하는 매케나는 엑셀에너지가 2008년 3월 프로젝트를 시작하기 이전부터 스스로 스마트 그리드 시스템을 집 안에 설치했다. 매케나는 그리드 포인트(Grid Point)라는 회사의 소프트웨어를 통해 집 안 가전제품 하나하나의 전기 사용을 제어하고 있다.

매케나는 "현단계에서 가장 중요한 것은 전력 사용에 대한 정보"라면서 "에너지 절약을 시작하려면 우선 어디에 얼마를 쓰고 있는지를 알아야 한다."고 강조했다. 매케나는 그동안 애용하던 스팀 샤워기가 너무 많은 전기를 쓴다는 사실을 알게 된 뒤 사용을 중단했다고 말했다.

엑셀에너지는 2008년 3월부터 2009년 초까지 1만 5,000가구에 스마트 미터기

볼더의 주민 앤드루 매케나가 지하에 설치된 스마트 그리드 미터기 등 시스템을 점검하고 있다

를 무료로 나눠줬다. 내년까지 1만 개를 더 나눠줄 계획이다. 스마트 미터기를 설치하면 전력사용량이나 월말 전기요금 예상액 등 기본적인 에너지 정보를 실시간으로 확인할 수 있다.

내년까지 1억 달러(약 1,400억 원)가 투입되는 볼더의 스마트 그리드 프로젝트는 아직 해결해야 할 기술적, 사회적, 정치적 문제가 많다. 우선 스마트 그리드 시스템이 작동하려면 시간대에 따라 전기요금을 차등화해야 한다. 전력사용이 많은 시간에는 요금을 올리고 적은 시간에는 내리는 것이다. 또 프로젝트 투자금액을 전기요금에 반

엑셀에너지 직원들이 볼더 시내에서 스마트 그리드 시스템을 가설하기 위해 전력선을 점검하고 교체하는 작업을 하고 있다

영하느냐 하는 것도 중요한 정치적 문제다.

이와 함께 엑셀에너지와 볼더 시는 아직까지 '미지근한' 주민들의 인식과 참여를 확산시키기 위해 에너지 및 자원절약 운동 단체인 자원보전센터(CRC)와 협력해 적극적인 홍보 및 교육 활동에 착수했다. 키스 데스로시어 CRC 대표는 "볼더 시가 세계에서 처음으로 스마트 그리드 시스템을 구축한다는 데 대해 기대가 크지만 새로운 프로젝트의 이행에는 많은 시간이 걸린다."면서 "정부와 기업, 시민 모두의 협력이 필요하다."고 강조했다.

❶ 태양광 풍력 등 신재생에너지 사용.

❷ 플러그인 하이브리드 전기차를 에너지 저장 도구로 이용.

❸ 실시간으로 전기 사용량과 요금 등을 보여주는 스마트 미터기.

❹ 전기요금이 싸거나, 신재생에너지에서 전기를 보내오는 시간대만 작동하는 스마트 가전도구.

❺ 전기 사용량이 과도할 경우 스스로 온도를 낮추거나 올리는 스마트 온도계.

❻ 전력회사의 인터넷 웹사이트로 들어가 자기 집의 에너지 정보를 얻고, 통제할 수 있는 온라인 에너지 관리시스템.

❼ 전력선에 설치된 첨단 센서. 전력 업체와 각 가정이 실시간으로 커뮤니케이션하도록 만들어 주는 네트워크 기능을 담당한다.

엑셀 에너지의 스마트 그리드 시스템을 갖춘 '스마트 하우스' 개념도 볼더의 '스마트 그리드 시티' 프로젝트는 단순히 엑셀 에너지나 시 정부 차원을 넘어 콜로라도 주 전체가 총력을 기울이는 사업이다. 버락 오바마 대통령도 이 프로젝트에 관심을 표시하고 있다. 2009년 3월 20일 콜로라도 주 정부의 톰 플랜트 에너지본부장과 인터뷰를 갖고 스마트 그리드 프로젝트가 갖는 의미와 향후 추진 전망을 들어 봤다.

질문 주 정부에서는 스마트 그리드 시티 프로젝트를 어떻게 지원하나?

톰 플랜트 예산과 법률적 지원을 하고 있다. 우선 연방정부가 스마트 그리드 사업에 배정한 46억 달러(약 6조 4,400억 원)의 경기 활성화 예산 가운데 얼마를 가져와 어디에 사용할 것인가를 엑셀 에너지 등과 협의하고 있다.

질문 스마트 그리드 프로젝트를 통해 얻을 수 있는 직접적인 이익은 무엇인가?

톰 플랜트 전력 수요 조절이 가능하기 때문에 에너지 수요가 많은 피크 타임의 부하를 낮출 수 있다. 이는 예비 전력용 발전소 건설을 줄일 수 있다는 의미가 된다. 발전소를 추가로 건설하는 데 들어가는 비용을 고려하면 매우 큰 이익을 안겨 준다. 물론 온실가스도 줄일 수 있다.

질문 스마트 그리드 프로젝트의 첫 도시로 볼더를 선택한 이유는?

톰 플랜트 (웃으며) 3~4개 주의 도시가 검토됐지만 콜로라도 주 정부에서 매우 적극적으로 로비를 했다. 우선 볼더는 환경 보전과 클린 에너지에 관심을 가진 주민이 많다. 또 미국 내에서도 교육 수준과 소득이 가장 높은 지역 가운데 하나다. 새로운 기술 도입에 대한 반감도 적다. 또 하나, 볼더는 미국 내에서 태양광 패널과 플러그인 하이브리드 자동차의 보급이 가장 많은 도시 가운데 하나다(다른 관계자는 엑셀에너지가 친환경 에너지를 보급하지 않는 데 불만을 가진 볼더 시민들이 엑셀에너지를 퇴출시키고 새로운 전력공급회사를 세우려는 움직임을 보이자 엑셀에너지 측에서 서둘러 볼더에 스마트 그리드 시스템을 구축하기로 결정했다고 주장하기도 했다).

질문 한국도 스마트 그리드 구축 작업을 시작한다. 어떤 조언을 하겠는가?

톰 플랜트 (큰 관심을 보이며) 한국이 옳은 방향으로 가고 있다고 본다. 미국 속담에 '일찍 일어나는 새가 벌레를 잡는다.' 는 말이 있지만 '2번째 쥐가 치즈를 얻는다.' 는 말도 있다. 볼더 프로젝트는 처음 시도이기 때문에 시행착오가 많을 것이다. 한국이 그걸 교훈 삼아 한 단계 더 향상시키기 바란다. (한국이 2011년에 시범 도시를 만든다고 하자) 그때쯤이면 태양광이나 풍력 같은 신재생에너지와 전기차 및 하이브리드 전기차, 에너지 저장 시설 보급이 훨씬 많아질 것이기 때문에 스마트 그리드를 도입하는 데 좋은 시기가 될 것으로 본다.

질문 스마트 그리드 테크놀로지와 노하우를 외국에 수출할 계획도 갖고 있나?

톰 플랜트 이번 프로젝트에 개인기업의 투자만 9,000만 달러가 넘는다. 단지 볼더만을 위해서 그런 엄청난 돈을 쓰는 것은 아니다. 스마트 그리드 시스템은 미국뿐만이 아니라 전 세계로 확산될 것이며 볼더 프로젝트에 참여하는 기업들도 이를 잘 알고 있다. 미래의 시장을 보는 것이다.

질문 버락 오바마 대통령이 경제 활성화 예산 가운데 46억 달러를 스마트 그리드 사업에 배정했다. 이 가운데 콜로라도 주에서 얼마를 받고, 어디에 얼마를 쓰나?

톰 플랜트 사실은 그 문제 때문에 요즘 눈코 뜰 새가 없다. 아직 얼마가 올지는 결정되지 않았다. 다만 이 예산이 모두 볼더 프로젝트에 들어가는 것이 아니다. 프로젝트가 주 전체로 확산되는 것에 대비해 전력회사 간의 커뮤니케이션 시스템을 만드는 데도 사용될 것이다. 또 전기차 및 하이브리드 전기차의 부품 개발 등에도 사용할 계획이다.

텐드릴 : 스마트·그리드 분야의 강소기업

팀 엔월

"하루에 한 번씩 슈퍼마켓에 갑니다. 그런데 물건에 가격표가 없어요. 이것저것 쇼핑카트에 담아 집에 옵니다. 그리고 한 달 뒤에 고지서가 날아옵니다. 당신이 한 달 동안 쇼핑한 금액이라고 총액만 달랑 적혀 있습니다. 말하자면 지금의 전력 시장이 바로 이런 겁니다. 도대체 내가 어떤 물건을 얼마에 샀는가는 알아야 하는 것 아닙니까? 그래야 좀 더 알뜰한 쇼핑이 되지 않겠어요?"

이 같은 문제의식을 갖고 팀 엔월 사장과 아드리안 턱 CEO가 4년 전 콜로라도 주 볼더에 창립한 회사가 텐드릴(Tendril)이다. 지난 4년간 2,000만 달러(약 260억 원)를 투자, 스마트 그리드 시스템을 현실화하는 일련의 하드웨어와 소프트웨어를 개발해 왔다.

가장 대표적인 서비스가 전력 소비자의 인터넷 포털이라는 텐드릴 빈티지. 소비자가 인터넷을 통해 로그인하면 가정의 전력 사용에 대한 모든 정보를 실시간으로 얻을 수 있다. 현재 어느 전자제품이 얼마의 전기를 쓰고, 1년 전 또는 한 달 전과 비교할 때 사용량이 늘었는지 줄었는지 등을 알려 준다. 또 주변의 다른 집들은 얼마 정도의 전기를 사용하는가도 알려줘 '절약 경쟁의식' 도 부추긴다. 이와 함께 소비자가 예를 들어 '한 달에 100달러' 라는 식으로 스스로 전기요금을 책정하면, 빈티지 시스템은 알아서 전력 소비를 줄여 그 금액에 맞춰 준다. 텐드릴은 최근 빈티지 서비스를 '모바일화' 하는 데도 성공했다.

애플 아이폰을 통해 세계 어디서든 빈티지 정보를 이용할 수 있게 된다.

텐드릴의 스마트 그리드 시스템은 텍사스 주의 전력회사 '릴라이언트' 가 채택하고 있다. 2009년 3월 현재 300여 개 가정에서 시스템이 시험 가동 중이다. 이와 함께 미 전역의 29개 전력회사도 텐드릴과 스마트 그리드 시스템 도입을 협상 중이라고 팀 엔월 사장은 말했다. 2009년 안에 수십만 가정에 텐드릴 시스템이 설치될 것으로 보인다.

애플 아이폰에 표시된 텐드릴의 에너지 사용 정보. 세계 어디서든 각 가정의 전력 사용을 통제할 수 있게 된다

텐드릴의 시스템이 시험 가동 중인 가정에서는 에너지 사용량을 5~15%까지 줄인 것으로 조사됐다.

전문가들은 스마트 그리드 시스템을 통해 최대 40%까지도 에너지 소비를 줄일 수 있을 것으로 분석하고 있다. 전력회사들이 텐드릴의 시스템을 소비자의 가정에 설치해 주는 데는 100달러 안팎의 비용이 소요된다. 그러나 이 같은 비용은 에너지 효율을 통해 얻는 이익으로 상쇄할 수 있다고 엔월 사장은 설명했다. 특히 각 주의 정부와 의회에서 전력회사들이 스마트 그리드 시스템 구축에 들인 비용을 전기요금에 반영해 주는 방안들을 검토 중이라고 엔월 사장은 말했다.

볼더 시의 동쪽 끝자락에 자리 잡은 텐드릴에는 현재 45명의 직원이 일하고 있다. 지난해 매출이 간신히 100만 달러(약 13억 원)를 넘은 작은 회사지만 미국 정부와 대형 전력회사가 주도하는 스마트 그리드 관련 모임의 단골 멤버다. 올해부터 각 지역 전력업체의 스마트 그리드 서비스가 본격적으로 시작되면서 2011년에는 매출이 지난해의 100배인 1억 달러(약 1,300억 원)에 이를 것으로 이 회사는 전망한다.

엔월 사장은 텐드릴의 스마트 그리드 소프트웨어가 '오픈 플랫폼'이라는 사실이 다른 경쟁업체들과 차별화된 경쟁력이라고 강조했다. 엔월 사장은 "전력회사들이나 소비자가 텐드릴의 소프트웨어를 기반으로 부가적인 서비스를 개발할 수 있다."면서 "애플의 아이폰 서비스도 그 가운데 하나"라고 말했다. 엔월 사장은 또 앞으로 스마트 그리드 시스템과 관련한 국제적인 표준이 어떤 식으로 결정되더라도 텐드릴의 시스템은 거기에 맞출 수 있다고 강조했다.

엔월 사장은 스마트 그리드 사업에서 가장 중요한 것은 투자유치나 테크놀로지, 수익모델 개발 등이 아니라 바로 소비자라고 강조했다. 엔윌 사장은 "단순히 텐드릴의 시스템을 전력회사에 판매하는 것만으로 끝나는 것이 아니다."면서 "소비자가 전력회사와 커뮤니케이션하고, 실제로 에너지를 절약하는 단계까지 가야만 스마트 그리드 비즈니스는 성공하는 것"이라고 말했다.

LS산전 : 한국의 대표적인 스마트 그리드 기업

"스마트 그리드는 기존의 전력망에 IT기술만 더하는 것이 아닙니다. 전력 인프라의 틀을 완전히 바꾸는 국가 개조사업이라고 보는 것이 더욱 정확합니다."

2009년 3월 3일 청주산업단지에 자리 잡은 LS산전 전력연구소에

LS산전의 이정준 지능형 계량기 개발팀장이 시뮬레이터의 작동 원리와 과정을 설명하고 있다

도착하자 지능형 계량기(Smart Metering·스마트 미터) 개발팀의 이정준 팀장이 연구소 3층의 연구실로 안내했다. 연구실에는 사무실과 가정에서 사용하게 될 스마트 미터 시뮬레이터들이 설치돼 있었다.

안상호 책임연구원이 대형 빌딩의 전기 사용을 통제하는 시뮬레이터를 작동시켰다. 전력 공급량이 1kW인 시스템에 순간적으로 3kW의 부하가 걸렸다. 1kW의 전력을 사용하는 전등 3개가 한꺼번에 켜진 것이다. 정확히 10초 뒤에 3개의 전등 가운데 하나가 자동적으로 꺼졌다. 다시 10초 뒤에 또 하나의 전등이 꺼졌다. 공급되는 전력량에 맞춰 자동으로 전력의 수요를 낮춘 것이다. 이어 안 연구원이 인위적으로 시스템 내에 '아크'를 일으키자 스마트 미터가 스스로 감지해 전력 흐름을 통제했다. 아크는 건물 화재 원인의 40%를 차지한다고 한다.

이 같은 스마트 미터는 지능형 운전반(Smart Cabinet Panel) 형태로 건물에 들어간다. 에너지 사용 감시 및 제어, 전력 품질 감시, 계량, 설비 감시, 안전 감시 등의 기능을 하게 된다. 또 지능형 운전반에는 전기뿐만 아니라 난방과 냉·온수 등 다른 공공서비스의 제어 시스템도 통합돼 있다. 이정준 팀장은 "앞으로 신축 건물들은 대부분 이런 시스템을 채택하게 될 것"이라면서 "기존 건물에도 일부 제한은 있지만 설치가 가능하다."고 설명했다.

연구실 한쪽에는 가정에서 사용하는 스마트 미터 시스템도 설치돼 있었다. 스마트 미터의 컬러 모니터에는 현재까지의 전기 사용량과 요금, 그 달의 전기요금 추정치, 전기 사용으로 인한 이산화탄소 발생량, 해당 지역 다른 가정의 평균 전력 사용량 등 가정의 전기 이용과 관련한 세세한 정보가 표시됐다. LS산전이 에너지관리공단과 함께 100여 가구를 대상으로 이 계량기를 시범 설치해 본 결과 10~13%의 절전효과가 나타났다.

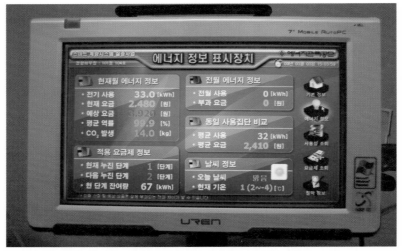

LS산전이 개발한 스마트 계량기의 모니터. 가정의 전력 사용과 관련한 각종 정보를 실시간으로 보여준다

전기 사용량을 실시간으로 목격하게 된 소비자들이 적극적으로 절전에 참여했기 때문이라는 것이다. 이는 미국의 워싱턴 주에서 실시된 실험 결과와 비슷한 수치다. 미국의 캘리포니아 주가 한여름마다 전기 사용량 5%를 줄이는 데 혈안이 되는 것을 감안하면 10~13% 절약은 대단한 수치다.

LS산전의 목표는 이 같은 지능형 계량 기술을 국가 전력체계 전체에 적용하는 스마트 그리드 시스템을 구축하는 것이라고 최종웅 부사장은 말했다. 다시 말하면 발전소와 송전탑, 전봇대 그리고 가정 내의 가전제품에 개별 센서를 설치하여 다양한 전력 정보를 쌍방향, 실시간으로 유통하는 것이다. 최 부사장은 "스마트 그리드 시스템과 관련한 기술은 이미 개발이 완료된 상태"라면서 "누가 얼마나 빠른 시일 안에 상용화하느냐가 관건"이라고 말했다. 최 부사장은 LS산전이 개별적인 스마트 미터 시스템을 통합한 첨단 계량인프라스트럭처(AMI, Advanced Meterging Infrastructure)도 개발하고 있다고 말했다.

스마트 그리드 시스템이 완성되려면 스마트 미터 말고도 몇 가지 추가적인 조건이 필요하다. 첫째는 가정 내에서 전기를 사용하는 모든 전자제품들이 스마트 미터와 연결되어야 한다. 둘째는 태양광, 풍력 등 분산된 에너지원과 연료전지, 전기자동차 등 에너지 저장 시설을 스마트 그리드 시스템으로 통합하는 것이다.

최 부사장은 LS산전이 지난 1989년부터 전력 IT라는 개념으로 홈네트워크 등에 대한 연구개발을 해왔으며 전력형 반도체, 전기차 등 스마트 그리드 관련 분야에도 기술을 갖고 있다고 차별화된 경쟁력을 강조했다.

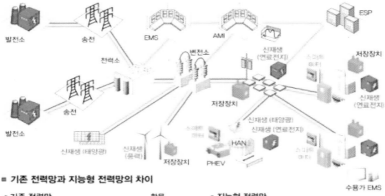

■ 스마트 그리드
: 기존 전력망에 IT를 접목하여 실시간 양방향 정보 교환 및 에너지 효율을 최적화하는 차세대 전력망

■ 기존 전력망과 지능형 전력망의 차이

◦ 기존 전력망	항목	◦ 지능형 전력망
아날로그	통제 시스템	디지털
단방향	통신	쌍방향
중앙전원 (발전소)	전력공급원	분산전원 (발전소, 태양광, 풍력, 전기차, 연료전지)
불가능	고장 진단	자가 진단
수동 복구	고장 복구	반자동 복구 및 자기 치유
수동	설비 점검	원격
국지적 제어	제어 시스템	광범위한 제어
제한적 (한 달에 한 번 총액만)	가격 정보	실시간으로 모든 정보 열람
제한적	소비자 전력 구매 선택	다양

(자료: 김철환 성균관대 교수, 최종웅 LS산전 부사장)

LS산전의 스마트 그리드 시스템 개념도. 발전에서 소비자 단계까지 전력 이용의 흐름이 담겨 있다. 기존의 발전소 말고도 태양광과 풍력발전을 전원으로 이용하고, 에너지 저장 시설과 전기차도 전력선에 연결된다. 가정 내에서는 모든 전자기기가 스마트 미터와 커뮤 니케이션하면서 에너지를 절약한다

* AMI : 첨단계량인프라스트럭처(Advanced Metering Infrastructure)
* EMS : 전력관리시스템(Energy Management System)

한국의 스마트 그리드 관련 업체

영화가 '종합 예술'이라고 한다면 스마트 그리드 사업은 '융합 비

즈니스'라고 할 수 있다. 연기, 음악, 의상, 조명, 녹음 등 여러 분야
가 어우러져 영화가 탄생하는 것처럼 스마트 그리드도 신재생에너지
와 전기자동차, 에너지 저장, 가전제품, 통신, 소프트웨어, 정보기술
(IT), 건설 등 여러 분야가 얽혀 있는 사업이라는 의미다.

2009년 5월 21일 서울 삼성동 인터컨티넨탈 호텔에서 열린 '한국
스마트그리드협회' 창립총회는 이 같은 사실을 잘 보여준다. 이 협회
에 참여하는 기업들의 면면을 보면 매우 다양한 분야로 구성돼 있음
을 알 수 있다. 한국전력과 전력거래소, 현대중공업, 효성중공업, 일
진전기, 옴니시스템, 누리텔레콤, 비츠로시스, 보성파워텍, 선도전기,
한전KDN, KT, SK에너지, SK텔레콤, 삼성전자, 삼성SDI, 삼성물
산, LG파워콤, LG전자, 현대기아차, 대한전기학회, 서울대, 에너지
경제연구원, 산업연구원, 국가보안기술연구소 등이 협회의 주요 멤버다.

협회의 회장은 우리나라 스마트 그리드 비즈니스의 선두주자격인
LS산전의 구자균 사장이 맡았다.

03. **지금 쓰거나, 버리거나** :: 에너지 저장

전 세계적으로 신재생에너지가 확산되면서 에너지 저장 기술에 대
한 연구와 투자도 늘어나고 있다. 대표적인 재생에너지인 풍력과 태
양광은 수요와 공급이 일치하지 않을 때가 많다. 풍력은 바람이 불 때

만, 그리고 태양광은 낮에만, 특히 구름이 끼지 않은 맑은 날씨에만 효율적으로 전기를 생산하기 때문이다. 따라서 재생에너지가 발전을 멈춘 시점에 전기를 사용하려면 저장 시설에 보관을 해야 하는 것이다.

또 신재생에너지는 대규모 발전소보다는, 필요한 지역에 전기를 공급하는 소규모 시설로 설치되는 경우가 많다. 말하자면 중앙집중형이 아니라 분산형 전력이다. 따라서 신재생에너지 발전 시설을 모두 전국적인 전력망에 연결하기보다는 에너지 저장 시설을 이용해 현지에서 수요, 공급을 맞추는 것이 효율적이다. 이는 미국, 러시아, 중국처럼 영토가 큰 나라나 아프리카처럼 아직 전력 인프라가 갖춰지지 않은 지역에서 더 유용하다.

특히 현재 개발 중인 스마트 그리드(Smart Grid, 지능형 전력망)가 최적의 환경에서 운용되려면 집집마다 혹은 동네마다 에너지 저장 시설이 필요하다. 미 정부가 발표한 경기부양책에도 스마트 그리드와 에너지 저장 연구 및 프로젝트 수행을 위한 예산이 포함돼 있다.

전기는 다른 에너지와 달리 현재의 기술로는 대용량 저장이 사실상 어렵다고 전문가들은 말한다. 전력은 생산 즉시 쓰거나 버리거나 둘 중에 하나의 선택밖에는 없다. 따라서 전기를 화학, 운동, 위치 등 갖가지 형태의 에너지로 변환했다가, 필요할 때 다시 전기로 바꾸는 것이 현재 개발 중인 에너지 저장 기술들이다.

현재 사용 중인 에너지(전기) 저장 시설 가운데 대표적인 것은 전기화학 제품인 배터리와 축전지다. 그러나 배터리는 용량이 작고, 가격이 비싸기 때문에 휴대전화나 노트북 컴퓨터 등 소형 저장시설로 주로 사용돼 오다가 전기차 또는 하이브리드 전기차에 쓰이는 차량용 배터리도 개발됐다.

최근에는 배터리를 연결해 MW급 저장 시설을 만들기도 한다. 미국 전력회사인 AEP는 지난해 웨스트 버지니아 주 찰스턴에 250만 달러를 투입, 1.2MW급 에너지 저장 시설을 설치했다. 일본의 NGK 인슐레이터가 제작한 황화나트륨(NaS) 방식의 배터리를 사용한 것이다. 크기는 폭이 10m, 높이가 5m 정도다. 현재 이 제품은 시장에 나온 거의 유일한 대용량 에너지 저장용 배터리다. 이 시설로 찰스턴의 2,600가구 가운데 10% 전력 수요를 충당할 수 있다. 전기가 싼 밤에 배터리를 충전한 뒤 전기가 비싼 낮에 가정에 공급하는 방식이다. 수명은 15년 정도로 예상하고 있다. AEP는 이 시설을 설치하면서 한여름 낮의 최대 전력 수요에도 효율적으로 대응, 1,000만 달러에 이르는 예비발전소 건설 및 송전선 보수비용을 절약할 수 있었다. NaS 배터리 기술은 지난 1960년대에 포드 자동차가 전기차용으로 개발했으나 NGK가 에너지 저장용으로 전환한 것이다.

배터리 다음으로 많이 쓰여 온 것이 열에너지 저장(TES) 방식이다. 예를 들어 전기가 싼 밤에 얼음을 얼렸다가 에어컨의 냉방에 이용하는 것이다. 이는 2008년 현재 35개국 3,300개 빌딩에서 사용되고 있다.

미국 워싱턴 주와 영국 웨일스 지방에서는 댐을 에너지 저장 시설로 이용한다. 전기 수요가 적은 시간에 모터를 사용해 물을 댐으로 끌

AEP가 웨스트버지니아 찰스턴에 설치한 1.2MW의 에너지 저장 시설. 일본 NGK의 NaS 배터리가 사용됐다

어울린 뒤 전기 수요가 많은 시간에 수력발전기를 돌리는 것이다. 중력이라는 위치 에너지를 이용하는 것이다. 에너지 효율은 30% 정도라고 한다. 말하자면 물을 댐으로 끌어올리는 데 드는 전력이 100이라면 이를 수력발전에 이용해 얻는 전력은 30이라는 뜻이다.

운동 에너지를 이용하는 플라이휠 방식의 에너지 저장 시설도 여러 가지 목적으로 활용된다. 플라이휠은 쉽게 말해 모터 안에 삽입된 회전자(Rotor)로, 모터가 작동을 멈춰도 회전을 계속한다. 즉 모터에 공급되는 전기가 끊어져도 한동안 계속 회전을 하면서 전력을 생산하는 것이다. 이는 일시적인 정전도 허용할 수 없는 반도체 등 고부가 IT 공장 등에 필요한 시설이다.

최근에 부상하는 에너지 저장 기술은 수소이다. 수소는 그 자체가

 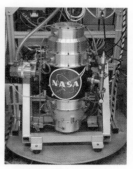

영국 웨일즈 지역의 페스티니오그 댐. 저수지로 물을 끌어올려 보관하고 있다가 전기가 필요하면 물을 방류하면서 60초 안에 360MW의 전력을 생산하다

NASA가 보유하고 있는 플라이휠 시설

에너지원은 아니다. 수소를 만드는 데 전기 등 다른 에너지가 필요하기 때문이다. 따라서 신재생에너지를 이용해 수소를 만들어 보관하면 청정 에너지 저장 시설이 된다. 수소는 휘발유처럼 자동차 엔진에 주입해 연료로 쓸 수도 있고, 연료전지 방식으로 이용할 수도 있다.

NGK : 에너지 저장 분야의 독보적 기업

"전기도 저장할 수 있다."

세계에서 처음으로 대용량의 전력을 저장, 사용할 수 있는 축전지를 개발한 '일본가이시(NGK)'의 자랑이자 자부심이다.

'전기는 장기간 대량으로 저장할 수 없다.'는 상식을 깬 NGK는 지난 1919년 창립 이후 90년간 전력 관련사업에만 전념해 온 '알짜' 기업이다. 가이시라는 기업명도 전기공사에 쓰이는 절연제품인 애자(碍子)를 의미한다.

NGK가 지난 2003년부터 대량 생산에 나선 'NaS전지'는 일본 국내뿐만 아니라 세계 곳곳에서 몰려드는 주문을 맞출 수 없을 정도다. 2009년의 NaS전지 생산량 90MW는 이미 판매 계약이 끝난 상태다. 오자와 야스시 이사 겸 영업총괄부장은 "태양광발전, 풍력터빈 등 자연에너지를 이용한 발전 붐과 함께 NaS전지의 수요가 크게 늘고 있다."면서 "내년에는 생산량을 160MW로 확대할 계획"이라고 밝혔다.

'NaS전지'는 간단히 말해 값싼 야간의 전력을 비축해 값비싼 낮에 쓸 수 있도록 충·방전이 가능한 획기적인 축전지다. 일반적으로 쉽게 찾을 수 있는 중·소형 2차 전지와는 달리 대용량·고출력·내구성 등의 특징을 갖고 있다. 축전 성능은 승용차의 축전지에 비해 3배 가량 높은 데다 용량은 6시간 이상 안정적으로 연속 출력할 수 있다. 수명은 15년이다. 때문에 일반 가정이 아닌 공장이나 변전소, 회사 등 전력 사용이 많은 곳에서 절전을 비롯, 정전 등 비상시에 대비한 전력 공급용이다.

NGK가 NaS전지 개발에 나선 것은 1984년부터다. 도쿄전력과 공동으로 정부가 추진한 국가 프로젝트로 참여했다. 1984년 NaS전지용 전해질 개발을 시작으로 1997년 변전소 실험 등의 과정을 거쳐 2002년에 비로소 상품화에 나섰다. NaS전지의 첫 실용화다. 1967년 미국의 포드사가 NaS전지의 원리를 처음 발표한 이래 35년 만의 일이다.

미쓰타니 다카오 영업부 매니저는 "NGK는 원래 일본의 도자기로 유명한 '노리타케' 그룹에서 90년 전 분리된 기업"이라면서 "전력을 저장하는 세라믹스기술의 실현"이라고 강조했다. NaS전지의 개발에 오랫동안 축적된 세라믹스의 원리를 적용했다는 얘기다.

NaS전지의 효과는 대단하다. NGK의 나고야 본사에는 500kW규모의 NaS전지 시스템을 설치, 연간 1,300만 엔(약 1억 700만 원)의 절약효과를 거두고 있다. 1MW 규모의 시스템을 둔 도쿄의 한 하수처리장의 연간 절약액은 4,000만 엔에 이른다. 일본 내의 200곳에 NaS전지 시스템이 설치됐다. 총 용량은 무려 270MW정도다. NaS전지는 수요의 용량에 맞게 전지를 조합한 시스템 형태로 사용된다.

NaS전지가 최근 가장 각광을 받는 곳은 풍력발전시설이다. 태양광 발전도 물론이다. 오자와 이사는 "자연에너지 발전은 기후와 일조량 등 기상조건에 크게 영향을 받기 때문에 출력 변동에 대응, 일정한 전력을 확보해 안정적으로 공급하기 위해서는 축전지가 필요하다."고 설명했다. 그러면서 "NaS전지는 불안정한 자연 에너지를 저장을 통해 안정된 에너지로 바꾼 혁신적인 기술"이라고 자신했다.

NGK는 지난 2007년 5월 아오모리현에 건설한 일본 최대인 51MW급 풍력발전 시설에 세계 최대 규모인 34MW의 NaS전지 시스템을 설치했다. 사토 히로시 홍보실 매니저는 "미국 미네소타 주에 위치한 2600MW급 풍력발전을 보유한 엑셀사에 1MW급 NaS전지

일본 나고야에 위치한 NGK 본사의 500kW급 NaS전지 시스템

시스템을 비롯해 미국 등 세계의 7곳에 납품했다."고 밝혔다. 또 세계 10여 곳도 관심을 보이고 있다. 지난 1월 아랍에미리트연합(UAE)과 50MW급 NaS전지 시스템을 100억 엔에 계약했다. 미쓰타이 매니저는 "NaS전지의 매출액은 지난해 170억 엔에서 2011년 350억 엔, 2015년 500억 엔 이상으로 늘어날 것"이라고 전망했다.

산요전기 : 배터리의 1인자

산요전기의 브랜드 비전은 '싱크 가이아(Think GAIA)'다. 가이아는 그리스 신화에서 지구를 의미한다. 지구와 생명에 공헌하는 친환경적 기업이라는 얘기다. 실제 지구 자원을 효과적으로 이용하는 '충전지(充電池)사회'의 구현을 내세우고 있다.

도쿄 미나토구에 위치한 산요전기의 글로벌 커뮤니케이션 본부를 찾았다. 본사는 오사카에 있다. 본부의 입구 안쪽에는 산요전기가 생산한 갖가지 2차 전지를 전시하고 있다. 2차 전지는 한번 쓰고 버리는 1차 전지와 달리 충전할 수 있어 지속적인 사용이 가능하다.

마키노 구미코 글로벌 홍보팀 매니저는 "세계에서 1년간 쓰는 전지는 400억 개"라면서 "산요전기가 생산한 충전용 에네루프(eneloop=enery, 에너지+loop, 순환)로 전환하면 연간 4,000만 개면 충분하다."며 2차 전지의 중요성을 강조했다. 에네루프는 최근 각광을 받는 충전용 니켈 · 메탈 하이브리드 전지다. 충전이 무려 1,000번이나 가능, 반영구적이다. 전지의 크기도 게임, 통신, 자동차, 오토바이, 자전거, 컴퓨터 등 용도에 따라 다양하다.

산요전기의 주력은 2차 전지다. 전지는 재질에 따라 성능이 다르다. 산요전기가 생산한 전지의 세계 시장 점유율은 세계 1위다. 2007년 기준, 최고의 전기용량을 자랑하는 산요전기의 리튬 이온 및 리튬 폴리머전지의 시장점유율은 30%, 니켈 메탈 하이브리드전지로 불리는 니켈 수소전지는 35% 정도다. 2차 전지 가운데 1세대인 니켈 카드뮴전지의 점유율은 무려 40%이다. 쓰임새 쪽으로 보면 휴대전화 전지의 30%, 노트북의 35%, 전동공구의 50%, 디지털카메라의 30%를 차지하고 있다. 사실상 독보적이다.

산요전기의 도전은 끝이 없다. 44년간 독자적인 건전지 개발에서 얼은 노하우가 최고의 자산이다. 마키노 매니저는 "전지는 설비산업인 탓에 품질이 안정된 제품을 효율적으로 생산하는 게 가장 중요하다. 모든 설비를 자체 설계를 하고 있다. 리튬 이온전지의 고용량화에는 현 재료로는 한계가 있다. 신재료의 사용이 불가피하다. 때문에 전지구조의 검토를 비롯, 새 재료의 활용을 위한 연구에 착수했다."고 밝혔다. 그러면서 "신재료나 개발 방향에 대해 구체적으로 말할 수 없다."고 했다.

그러나 하이브리드 전기차(Hybrid Electric Vehicle · HEV)용 2차 전지의 개발은 숨길 수 없는 부문이다. 2004년부터 본격 개발에 나섰다. 산요전기의 자체 추산에 따르면 내년의 HEV용 세계 전지시장 규모는 1,500억 엔(약 2조 2,000억 원), 2011년은 2,100억 엔, 2012년은 2,700억 엔이다. 산요전기가 2020년을 겨냥한 HEV용인 리튬 이온전지의 시장점유율은 40%이다. 1,300만 대로 예측되는 HEV의 20대 가운데 1대 꼴이다.

산요전기의 사업계획을 설명한 류 에이에이는 "순수 전기자동차는 충전당 주행거리, 비용, 충전 인프라 등 해결해야 할 과제가 많기 때문에 가솔린차의 대체로서는 하이브리드차가 주류가 될 것"이라고 말했다. 때문에 HEV용 리튬 이온전지와 가정용 전원으로 충전할 수 있는 차세대 HEV용인 플러그인 리튬 이온전지의 개발에 한창이다. 2015년부터 도쿠시마현의 공장에서 월 1,000만 개의 HEV용 전지를 생산하기 위해 800억 엔을 투입하고 있다.

박막태양전지의 사업도 속도를 내고 있다. 신니혼석유와 공동으로 다음 달 오사카에 1,000억 엔을 투자, 태양전지 자회사를 설립할 예정이다. 특히 태양전지와 2차 전지, 천연가스 등의 연료전지와 2차 전지를 융합하는 새 에너지 시스템의 구축도 추진하고 있다. 예컨대 태양전지를 이용한 전기자동차용 전지와 연료전지를 복합한 노트북용 전지 등의 상용화를 위해서다.

료 하기와라 홍보팀 직원은 "산요전기가 추구하는 충전지 사회는 이산화탄소(CO_2)의 삭감, 지구온난화와 직결돼 있다."고 자랑했다. 산요전기는 오는 2020년까지 태양전지로 550만t, HEV용 전지로 1,300만t, 에네루프전지로 100만t 등 모두 2,000만t의 이산화탄소 삭감 효과를 거두기 위한 중장기 전략을 세워 놓았다.

산요전기는 지난 1947년 2월 창업됐다. 충전지와 태양전지 등 친환경 에너지 분야 사업에 강점을 가진 글로벌 기업이다. 일본 국내와 해외에 각각 66개와 119개의 자회사, 30개씩의 지분법적용회사 등 관계회사만 무려 245곳이다. 2007년 매출액은 2조 178억 엔, 현 직원은 9만 9,875명이다. 2008년 12월 파나소닉의 자회사로 합병에 합의, 절차가 진행되고 있다. 합병된 후에도 산요전기의 브랜드는 그대로 사용된다.

한국의 배터리 업체

한국의 배터리 업체들은 일본의 업체들과 더불어 세계 최고 수준이라고 할 수 있다.

세계 2차 전지(충전 가능한 배터리) 시장 조사기관인 IIT가 발표한 2008년도 세계 배터리 시장의 점유율에서 삼성SDI는 일본의 소니를 누르고 2위로 올라섰다. 1위는 일본의 산요. LG화학도 파나소닉을 누르고 4위를 차지했다.

삼성SDI와 LG화학은 그동안 주력제품이었던 휴대폰 및 노트북용 배터리에서 하이브리드 및 전기차 배터리 시장 쪽으로 점차 눈길을 돌리고 있다. 삼성SDI는 독일 보쉬와 하이브리드 차량용 배터리를 공동 생산하기 위해 국내에 합작회사를 설립 중이다. 이 회사는 2010년과 2011년부터 각각 하이브리드전기차용 배터리와 배터리팩을 양산할 계획이다. 또 2015년 세계 자동차용 리튬 이온전지 시장에서 30%의 점유율을 차지한다는 목표를 세웠다.

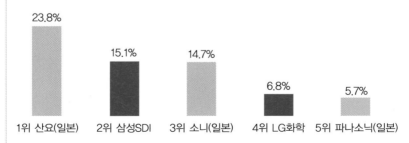

2차 전지 세계 시장 점유율(2008년 기준)

23.8%	15.1%	14.7%	6.8%	5.7%
1위 산요(일본)	2위 삼성SDI	3위 소니(일본)	4위 LG화학	5위 파나소닉(일본)

LG화학은 하이브리드 및 전기자동차에 사용할 수 있는 리튬이온폴리머 배터리를 개발, 미국 GM이 출시를 앞두고 있는 전기차 '볼트'의 배터리 공급업체로 결정됐다. 계약기간은 2010년부터 2015년까지 6년이다. LG화학은 충북 청원군 오창 과학산업단지에 배터리 양산 설비를 갖추기 위해 박차를 가하고 있다. 또 미국 디트로이트에 생산공정을 짓는 방안도 검토 중이다. GM에 공급하게 되는 배터리는 길이 180cm, 무게 180kg, 전력량 16kWh다. 높은 출력과 에너지를 제공하면서도 가볍고 콤팩트한 구조로 만들 수 있다. 폭발 위험이 비교적 적고 열 발산이 용이해 수명이 길다는 장점을 가지고 있다.

SK에너지도 2차 전지 사업을 신성장 동력으로 삼고 신제품 개발에 주력하고 있으며, 중소기업인 엘앤에프도 2차 전지용 핵심소재인 양극활물질 양산에 성공하며 주목을 받고 있다.

04. 난방은 체온으로 :: 그린 빌딩

'에너지 절약의 백화점' 독일 크론스베르크

해마다 국제 정보통신박람회(CeBIT)가 열리는 독일의 하노버 시. 박람회장인 시 외곽의 하노버 컨벤션센터 북쪽에 '에너지 절약의 백

크론스베르크의 마이크로 하우스 공동주택 위에 설치된 태양막. 여름에는 햇볕을 막고, 겨울에는 통과시켜 단지 내의 기온을 조절한다. 또 공동주택은 보온을 위해 2개 동씩 유리벽으로 연결돼 있다

화점'이라고 할 수 있는 크론스베르크 생태 지구가 자리 잡고 있다.

2008년 11월 28일 오전. 시베리아에서 불어오는 듯한 '칼바람'을 맞으며 하노버 시 생태 기획 및 건설 담당자인 카린 러밍, 에너지 및 기후 보호 담당자인 우테 헤다와 함께 크론스베르크를 방문했다.

"하늘을 보세요."

러밍은 기자를 '마이크로 하우스' 블록으로 데려간 뒤 손가락으로 위를 가리켰다. 유리벽으로 연결한 4층짜리 공동주택 2개 동 위에 이집트 문자 같은 무늬가 새겨진 커다란 회색 천막이 드리워져 있다. "저게 3겹입니다. 겨울에는 무늬를 겹쳐 햇볕이 통과해 들어오고, 여름이면 무늬를 펼쳐 햇볕을 막아 줍니다."

그래봤자 얼마나 효과가 있을까라는 생각이 얼핏 들었지만 러밍은

크론스베르크 마을 안의 물 흐름. 빗물 저장소와 인공 도랑, 저수지가 보인다

"겨울철에 온도가 영하 10도로 떨어져도 저 천막 때문에 2동 사이의 온도는 영상 5도를 유지한다."고 설명했다. 깜짝 놀라 어느 회사의 무슨 제품인가를 물었지만 러밍은 "함부르크의 회사에서 제조한 것인데, 자세한 내용은 고객들에게도 공개하지 않고 있다."고 답변했다.

마이크로 하우스 단지 곳곳에 도랑들이 보인다. 도랑은 커다란 사각욕조처럼 생긴 빗물 저장소를 거쳐 단지 중간의 저수지로 흘러간다. 하노버 시는 빗물에도 세금을 물린다고 헤다는 말했다. 내리는 빗물을 저장하지 않고 하수구로 흘려보내는 지역의 주민들에게 물린다는 것이다. 크론스베르크에는 도랑 말고도 공원과 도로 주변 곳곳에 움푹 파인 공간이 많다. 역시 빗물을 오랫동안 머금기 위해 만든 것이다.

크론스베르크의 온수 저장소

하우스 블록의 북쪽은 '솔라 단지'다. 3층 혹은 4층짜리 공동주택의 옥상에 태양광을 전기로 만드는 태양전지 모듈과 태양열을 이용해 온수를 만드는 집열판이 설치돼 있다.

각 공동주택에서 사용하고 남은 온수는 단지 안의 지하 저장소에 보관된다. 저장소는 높이가 지상 3m 정도이지만, 지하로는 30m까지 내려간다고 한다. 온수 저장소는 평야 지역이어서 산이 없는 이 마을에서 어린이들이 가장 좋아하는 놀이터이자 전망대의 역할도 한다. 온수 저장소 위로 올라가자 동쪽으로 풍력발전기가 보인다.

태양광, 태양열과 풍력을 이용하지만 에너지를 자급할 수 있는 단계는 아니다. 따라서 마을 입구에 자리 잡은 천연가스 발전소가 주요한 에너지 공급원 가운데 하나다. 이 발전소에서 2,700가구의 주민 6,000여 명의 전기와 난방을 제공한다.

그러나 크론스베르크에는 이 발전소의 난방을 '거부'하는 집들도 있다. 이른바 '패시브 하우스'로 불리는 에너지 '초절약' 주택이다. 솔라단지에서 북쪽으로 길 하나를 건너면 나오는 패시브 하우스들은 단독주택형이다. 평범해 보이지만, 벽 하나가 최소한 45cm이다. 콘크리트는 물론 단열재와 벽돌 등 6가지 재료로 구성돼 있다. 모두 남

크론스베르크의 패시브 하우스 단지

향이다. 창문은 모두가 세 겹의 유리로 만들어졌다. 유리와 유리 사이
는 아르곤 가스를 채워 열 전도를 차단했다.

패시브 하우스는 좀처럼 열을 방출하지 않기 때문에 가장 중요한
난방수단이 '체온'이라고 러밍은 말했다. 일반주택에 비해 에너지를
85%나 적게 쓴다고 한다. 하노버 시에서는 패시브 하우스 단지의 주
택 한 채는 분양하지 않았다. 이 집은 "한 번 살아보고 구매를 결정하
겠다."는 시민들을 위한 모델 하우스 역할을 하고 있다.

1,200ha에 이르는 크론스베르크는 오랫동안 과일과 곡물 등을 재
배하는 농경지였다. 1970년대에는 주말농장용 주거단지로 지정됐다.
그러다가 1999년 하노버 시가 박람회를 유치하면서 21세기형 친환경
개발의 상징으로 생태 마을을 조성하기로 결정한 것이다. 크론스베르

크는 같은 규모의 기존 마을과 비교해 탄소 배출량이 60%나 적다. 하노버 시는 크론스베르크를 '현실화된 이상향(Utopia becomes Reality)' 이라고 부르고 있다.

'미래형 생태도시' 핀란드의 에코 비키

2008년 12월 1일 오전 10시. 핀란드의 수도 헬싱키에 보슬비가 내리기 시작했다. 헬싱키 시청 앞에서 버스를 타고 동북쪽으로 35분쯤 달리니 대학과 연구소가 밀집한 과학 공원이 나타났다. 이 과학 공원의 바로 옆에 핀란드가 자랑하는 미래형 생태도시 에코 비키(Eco-Viikki)가 자리 잡고 있었다.

차에서 내리자 가물가물하게 바다 냄새가 느껴졌다. 헬싱키와 마찬가지로 비키도 발트해와 마주한 도시다. 역시 바다의 영향 때문인지 한겨울이었지만 큰 추위가 느껴지지 않았다.

에코 비키로 들어가는 입구에는 공동주차장이 자리 잡고 있었다. 헬싱키 시청 경제기획센터에서 비키 주택개발 프로젝트를 총괄하는 헤이키 린느는 "에코 비키 안으로는 자동차가 들어가지 못한다."고 말했다. 차가 없는 마을의 심리적 편안함은 에코 비키를 돌아다니는 시간 내내 몸과 마음으로 느낄 수 있었다.

마을 안쪽으로 들어설 때 린느와 함께 일하는 프로젝트 엔지니어

에코 비키 입구에 걸린 차량 진입 금지 표시판

이나 리예스트롬이 살짝 우산을 씌워 줬다. 리예스트롬은 "미래의 도시는 자연과 함께 하는 도시"라고 말했다.

에코 비키는 자연을 최대한 살리면서 조성한 마을이다. 마을 안에

헬싱키 시청에서 에코 비키 프로젝트를 담당하는 이나 리예스트롬

자연 그대로의 실개천이 흐르고 주변의 습지도 원래대로 보존돼 있다. 곳곳에 설치된 수동 펌프로 물을 길어올려 정원과 텃밭을 가꾸는데 사용한다. 핀란드는 나무와 돌, 물이 풍부한 나라다. 그런데도 빗물을

저장해 쓸 정도로 물을 아낀다. 아끼기 때문에 풍부한 셈이다.

마을 안의 집과 놀이터, 공동시설들을 이어 주는 길은 포장이 된 곳도 포장이 되지 않은 곳도 있었다.

에코 비키의 주택에는 태양광 패널이 설치돼 있고 집 안에 나무 조각을 때는 작은 난로도 있다. 또 열 손실을 최소화하는 공기정화 시스템을 갖추고 있다. 에코 비키의 집들은 크고 화려하지 않았지만, 작고

핀란드의 생태도시 에코 비키의 주택가 모습. 호수와 개천, 나무와 숲 등 자연이 주택가 속으로 들어와 있다

누추하지도 않았다. 개인주택이나 공동주택이나 모두 주변지역에서 채취한 돌과 나무로 담담하게 지어졌다.

미래의 도시는 영화 〈스타워즈〉나 〈제5원소〉에 나오는 것처럼 4km짜리 고층 빌딩 사이를 소형 자가용 비행기들이 컴퓨터 음을 내

며 날아다니는 모습이 아닐 수도 있다는 생각이 들었다.

에코 비키의 전기 및 난방의 주요공급원은 지역열병합발전이라고 한다. 독일의 생태마을이 에너지 소비를 최소화하는 데 초점이 맞춰져 있다면, 핀란드의 생태마을은 환경쪽에 좀 더 중점을 두는 편이었다.

에코 비키는 초원과 숲, 호수, 목장으로 둘러싸여 있다. 전체 면적 1,132ha 가운데 주택과 도로가 292ha를 차지하고, 나머지 840ha는 스포츠 및 레크리에이션 공원 및 자연보전지역이다.

린느와 리예스트롬은 에코 비키의 건축물을 대표하는 비키 교회로 기자를 안내했다. 에코 비키 북쪽에 자리 잡은 비키 교회는 마틴루터교를 믿는 대다수 주민들의 종교 활동 공간이기도 했지만 부모가 영아나 어린이들에게 환경을 가르치는 교육 공간이기도 했다. 비키 교회는 나무로만 지어진 건물이다. 내부에는 전나무, 외부에는 아스펜 나무가 사용됐다.

교회 안으로 들어서자 상큼한 나무 냄새가 났다. 놀랍게도 교회 내부는 물론이고 외부에도 어떤 화학물질이나 첨가제를 바르지 않았는데도 광택이 나고 벌레도 꼬이지 않는다고 한다. 청소를 쉽게 하기 위해 바닥에 왁스를 바르는 것이 전부라고 한다.

비키는 새로 조성된 도시가 아니다. 비키는 1550년에 성직자의 마을로 탄생했고, 한때 헬싱키의 중심 지역이었다. 그러나 스웨덴과 러시아가 핀란드를 점령한 시절 현재의 헬싱키 도심이 중점적으로 개발됐다. 이에 따라 비키는 오랫동안 국유지 농장으로 현재의 생태환경을 유지해올 수 있었다.

전나무로 만들어진 에코 비키 교회의 내부

독일 바스프의 '에너지 제로' 하우스

　45만 명이 모여 사는 독일 남서부의 소도시 루트비히스하펜은 화학
회사 바스프(BASF)의 본사와 공장 250개가 반경 7km 이내에 밀집
한 유럽에서 손꼽히는 산업도시다. 아울러 이들이 개발 중인 각종 에
너지절약형 주택단지가 들어선 미래주택의 실험장이기도 하다.

　이곳을 찾았을 당시 외부 온도는 섭씨 영하 5도. 하지만 '1ℓ 하우
스'로 이름 붙여진 주택 안으로 들어서자 복도에서부터 훈훈한 온기
가 온 몸에 퍼졌다. 거실에 설치된 디지털 온도계는 정확히 21도를 가
리켰다. "집 안에 난방기기를 켜 놓았느냐."는 질문에 안내하던 바스

프 홍보팀 디히트리 뮐러의 대답이 신선했다. "이 집에는 난방시설이 전혀 없습니다. 우리들의 체온이 집을 따뜻하게 만든 것이죠."

바스프는 1865년 설립된 세계 최대의 화학기업이다. 타이어 원료, 자동차 소재, 플라스틱, 인공 향료 등 1,000여 종이 넘는 제품을 개발해 전 세계에 판매하는 거대기업이 최근 자사의 미래를 걸고 추진하는 분야가 바로 '3ℓ 하우스'와 '1ℓ 하우스' 사업이다.

3ℓ 하우스는 말 그대로 ㎡당 연간 3ℓ의 냉·난방 연료만 사용하는 에너지절약형 주택이다. 독일의 국가 프로젝트로 바스프가 설계하고 시공해 1995년부터 유럽에 선보이기 시작했다. 1ℓ 하우스는 3ℓ 하우스보다 좀 더 발전된 기술로 지어진 주택으로, ㎡당 연간 1ℓ의 연료만 있으면 충분하다.

에너지절약형 주택의 핵심은 바로 '열 손실과의 싸움'이다. 집에서 새 나가는 열을 잡기 위해 외벽, 지하실, 지붕 등 열 손실이 많은 곳에 대한 특수단열 3겹 이상의 유리로 만들어져 열 손실을 차단한 남향창문 열은 그대로 둔 채 외부와 공기만 교환할 수 있도록 한 환기 시스템 등 3가지가 갖춰져야 한다.

특히 단열이야말로 열 손실 방지의 핵심이다. 이를 위해 바스프가 기존 스티로폼을 대신해 개발한 신제품이 '네오폴'이다. 네오폴은 열 방출을 막는 적외선 반사체를 활용해 단열효과를 획기적으로 개선했다. 네오폴을 30~60cm 두께로 시공하면 집 안이 마치 보온병처럼 완벽한 단열이 가능해져 체온 같은 열만으로도 사계절 내내 섭씨 20

~25도를 유지할 수 있다고 바스프는 설명한다.

현재 바스프는 자신들이 개발한 3ℓ·1ℓ 하우스보다 한 단계 앞선 '제로에너지 아파트단지'까지 개발해 시범 보급에 나서고 있다. 제로에너지주택은 에너지 계정을 '제로'로 유지할 수 있어 냉·난방비가 들지 않는 주택을 말한다.

설계 방식은 기존 3ℓ·1ℓ 하우스와 다르지 않다. 다만 아파트단지의 벽면과 옥상에 각각 태양전지 모듈과 태양열 집열판을 추가로 설치한다.

독일 신규 주택의 에너지 사용량은 ㎡당 평균 7ℓ 정도다. 한국의 신규 아파트단지는 평균 12ℓ. 이에 비하면 1ℓ 하우스는 독일의 기존 주택보다 85%, 우리 아파트단지보다 무려 92%나 줄일 수 있는 혁신적 기술이다. 유럽에서는 에너지 가격 상승과 맞물려 에너지 절약형 주택 보급이 붐을 이뤄 독일, 오스트리아, 스위스 등을 중심으로 1만 채 이상이 보급된 상태다. 바스프는 앞으로 전 세계적으로 폭발적 성장이 예상되는 에너지절약형 주택 시장을 선점하기 위해 기존 주택과 경쟁할 수 있도록 가격경쟁력 확보에 주력할 방침이다.

바스프 에너지절약형 주택 담당 야스민 하일레는 "독일에서 1ℓ 하우스를 시공할 경우 ㎡당 1,400유로(약 250만 원) 정도가 들지만 인건비가 저렴하고 건축규제가 느슨한 외국에서는 이보다 훨씬 적은 가격으로도 가능하다."고 설명했다.

"현재까지 국내 기술로 상용화할 수 있는 모든 에너지 절감 기술이 이 아파트 안에 다 들어가 있다고 보면 됩니다. 아직 선진국과의 기술 격차가 존재하는 것은 사실입니다. 하지만 장기적으로는 초고층 아파트 시공이 주를 이루는 우리나라가 에너지절약형 주택기술에서도 최고의 경쟁력을 갖추게 될 것으로 확신합니다."

광주광역시 서구 광천동 'e-편한세상'(1,096가구)의 시공현장에서 만난 양해근 부소장은 현재 대림산업이 이 아파트단지에 적용 중인 '에너지 30% 절감기술'의 성공을 낙관했다. 유럽의 소규모 공동주택에 적용된 에너지 절약기술을 한국형 고층 아파트 단지에 효과적으로 적용해 한국의 주거표준이 된 아파트를 얼마든지 친환경적으로 바꿀 수 있다는 강한 의지도 내비쳤다.

현장을 직접 보기 위해 공사가 한창인 108㎡ 면적의 한 아파트 안에 들어서자 갖가지 에너지 절약 설비가 한눈에 들어왔다. 외벽마다 단열을 위해 준비한 바스프의 단열재 네오폴이 겹겹이 쌓여 있었다. 특히 침실에는 기준치보다 2배 이상 두껍게 단열재를 쓰도록 해 보온에 각별히 신경을 썼다.

정남향으로 난 창에는 얇은 유리 3장을 덧댄 뒤 사이마다 아르곤 가스를 주입해 열 유출을 차단한 3중 유리창을 적용했다. 이건창호와 공동 연구로 개발한 특허제품이다. 집 안 곳곳에는 수명이 길고 전력 소모가 적은 LED 전구가 사용됐다. 또 기존 보일러보다 열효율을 10%가량 높인 콘덴싱 보일러를 설치해 난방비 절약을 도모했다.

앞으로 공정이 더 진행되면 단지 내 놀이터와 지붕 등에도 태양광 발전 시스템을 갖춰 야간조명이나 엘리베이터 이용료 등 공동 전기요금도 크게 줄일 수 있을 것이라고 양 부소장은 설명했다.

현재 대림산업은 지난해 4월 이후 착공·분양하는 자사 아파트 단지에 대해 에너지 효율 1등급 수준의 '에너지절약형 아파트'를 공급하고 있다. 광주 광천단지 역시 냉·난방 에너지를 30% 이상 절감할 수 있는 혁신기술을 적용해 시공하고 있다. 한형일 공사과장은 "에너지절약형 제품을 사용하면 시공비가 기존 주택보다 20% 이상 높아지지만 장기적으로는 에너지 절약분으로 회수할 수 있어 입주민들에게 인기가 높다."면서 "최근 주택경기가 얼어붙은 상황에서도 아파트 분양률이 주변 아파트들보다 높은 이유도 이 같은 소비자들의 성향 때문"이라고 분석했다.

대림산업은 현재 에너지절약형 아파트 시공에 있어 국내 최고라고 자신한다. 최근 여러 아파트 업체들이 자사의 에너지 절약기술을 광고에 활용하고 있지만, 실제로 '30%'라는 구체적인 수치까지 약속한 업체는 대림산업 한 곳뿐이다. 이러한 자신감은 국내 건설사 중 최초로 시작한 에너지절약형 아파트의 연구개발 노력 덕분이다.

2005년부터 시작해 지난해 7월 개발을 끝낸 '에코 3ℓ 하우스'도 이러한 노력의 성과다. 대림산업은 점차적으로 연구 결과를 현장에 적용, 2010년부터는 에너지 소비를 50%까지 줄인 아파트를 선보일 계획이다. 2012년부터는 3ℓ 아파트단지를, 장기적으로는 에너지 제로 아파트단지도 건설해 명실상부한 국내 최고의 친환경 건설 업체로 발돋움하겠다는 구상이다.

대림산업 김종인 사장은 "친환경·저에너지 건축기술이야말로 향후 공동주택 건축이 나아갈 방향"이라고 설명했다.

한국의 그린 빌딩

한국의 그린 빌딩 사업은 아파트를 얼마나 에너지절약형으로 만드는가가 관건이라고 할 수 없다. 주택 가운데 아파트의 비율이 세계에서 드물게 높기 때문이다. 최근의 녹색물결을 타고 대형 건설사들은 친환경 에너지를 활용한 아파트 건축에 나서고 있다.

삼성물산 건설부문은 대구 달성 래미안 아파트에 지중열을 활용해 온수와 냉난방을 공급하는 시스템을 국내 처음으로 적용했다. 서울 역삼동 래미안팰리스와 경기도 용인시의 래미안동천 아파트에는 태양광 시스템이 설치됐다.

대우건설도 전남 목포시 옥암 푸르지오 아파트에 태양광 발전시설을 설치, 아파트 복도와 주차장의 조명에 이용하도록 했다. 이 회사는 경기도 동탄 신도시에 분양 중인 타운하우스 푸르지오 하임에도 태양광 시스템을 설치해 눈길을 끌었다.

롯데건설은 대구 수성구 롯데캐슬에 열병합발전 시스템을 구축했다. 발전기에서 발생하는 열을 따로 모아 난방과 온수 공급에 사용하는 것이다.

오피스 빌딩을 '그린화' 하는 사업에도 건설사들은 관심을 두고 있다. 삼성물산 건설부문은 '선진국형 에너지 시뮬레이션 시스템'과 '건물 에너지 관리 시스템'을 개발했다. 이를 통해 에너지 비용을 연간 5%, 유지 관리비를 10% 가까이 절감할 수 있다는 것이 이 회사의 설명이다. 에너지 시뮬레이션이란 건물 안팎의 열 이동 특성을 수치화해 설계 단계부터 반영하고, 완공 후에도 효율적 관리를 뒷받침해주는 시스템이다. 건물 에너지 관리 시스템은 건물 완공 후 운영에서 발생하는 에너지 사용 현황을 데이터베이스화해 에너지 사용을 효율적으로 관리하는 것이다. 삼성건설은 에너지 절감 시스템을 서초동 사옥과 상암동 우리은행 전산센터에 부분 적용한 데 이어 삼성물산 기술연구소 등으로 확대할 계획이다.

우리나라에는 아직까지 크론스베르크나 에코 비키 같은 에너지 절약형 생태 마을은 조성되지 않았다. 그러나 이산화탄소 배출량을 줄이는 커뮤니티의 건설은 본격화되고 있다. 포스코건설은 인천경제자유구역 내 송도국제업무단지를 '에코' 도시로 개발 중이다. 포스코가 미국의 부동산 개발 업체 게일인터내셔널과 함께 건설 중인 국제업무단지는 미국 친환경 인증 기관인 그린빌딩협의회가 주관하는 '친환경 개발을 위한 에너지 · 환경 디자인 리더십(LEED)' 시범 프로젝트로 선정됐다. 국제업무단지는 연간 이산화탄소 배출량을 일반 도시의 3분의 1 수준으로 줄이도록 설계돼 있다. 건물의 냉방은 공기순환 방식보다 효율적인 수냉식을 채택했으며, 물 절약을 위해 중수도가 설치된다.

행정중심복합도시인 세종시가 계획대로 2030년에 충남 연기군과 공주시 일대에 건설된다면 한국 최초의 '탄소중립도시'가 될 수 있다. 세종시는 개발 예정지역(72km²)의 52.3%를 공원이나 녹지로 꾸미기로 했다. 또 태양광, 태양열, 지열 등 신재생에너지를 적극 활용하고 정부 청사 옥상 전체(59만m²)에 정원을 설치하기로 했다. 이를 통해 1인당 이산화탄소 배출량을 국내 다른 도시의 40% 수준으로 줄인다는 계획을 갖고 있다. 서울 강서구 마곡 · 가양동 일대도 2031년까지 친환경 신재생에너지 타운으로 조성된다. 서울시는 한강물을 끌어들여 친환경 수변도시로 꾸밀 계획이다. 에너지 수요의 40% 이상을 수소연료전지와 신재생에너지로 충당할 방침이다. 이 지역에 10MW급 수소연료전지발전소도 들어설 예정이다.

05. **세상의 변화를 한 눈에 보다** :: 녹색 성장 이벤트

클린 에너지와 그린 비즈니스 분야를 다루는 컨퍼런스와 전시회, 대회 등 각종 이벤트는 세계 곳곳에서 1년 내내 열린다. 이벤트는 새로운 기술 동향을 파악하고, 같은 업종에 있는 사람들과 만날 수 있는 중요한 교류의 장이다. 각 분야 대표 기업들의 관계자들로부터 생생한 경영 상황을 들어볼 수도 있다. 또 사업자라면 이벤트를 통해 제품이나 서비스를 홍보할 수도 있다.

최근 들어 이벤트의 주제는 점차 세분화되고 있다. 예를 들어 신재생에너지 전체를 다루는 이벤트는 거의 사라지고, 태양광이나 풍력 등 개별 에너지를 다루는 이벤트가 주류다. 더 나아가 태양광 가운데서도 박막필름이나 집광형 태양전지 등 특정 분야를 집중적으로 다루는 이벤트들이 갈수록 늘고 있다.

솔라 데카슬론 : 태양 10종 경기의 현장에서

2007년 10월 초. 미국 워싱턴 DC의 연방의회 의사당과 워싱턴기념비 사이의 넓은 잔디광장 '내셔널 몰'에 젊은이들이 모여들어 뚝딱뚝딱 집들을 짓기 시작했다. 세계 각국의 대학생들이 직접 설계하고 건축하는 태양광·태양열 주택들의 경연 행사인 '솔라 데카슬론 (Solar Decathlon, 태양 10종 경기)'이 시작된 것이다.

솔라 데카슬론 행사장 전경. 워싱턴의 미 연방의회 의사당과 워싱턴 기념비 사이의 잔디 광장인 '내셔널 몰'에서 개최됐다

  2002년과 2005년에 이어 세 번째 열린 이번 솔라 데카슬론에 참가한 대학은 수많은 신청 대학 가운데 선정된 20개 대학. 1차 및 2차 대회 우승팀인 콜로라도대를 비롯한 매사추세츠공대(MIT), 코넬대, 텍사스대, 카네기멜런대, 조지아공대 등 미국의 대학이 16개로 압도적으로 많았다. 또 태양 에너지 연구 및 실용화에서 가장 앞서나가는 나라로 꼽히는 독일과 스페인에서도 담스타트공대와 마드리드대가 각각 참가했다. 또 캐나다의 몬트리올대, 푸에르토리코의 푸에르토리코대도 함께 경연했다. 그러나 아시아 지역에서는 참가한 대학이 없었다. 10월 12일부터 20일까지 계속된 이번 대회에서 우승은 독일의 담

스타트공대가 차지했다.

　담스타트공대의 태양광 주택은 10개의 경쟁 분야 가운데 건축과 조명, 엔지니어링 세 분야에서 1위를 기록했다. 담스타트공대의 태양광 주택은 곁에서 보기에는 태양광 주택인지를 구별하기 어렵다. 참나무와 유리로만 건축된 외관 안에 솔라 패널(태양전지판) 등 관련 시설이 모두 숨어 있는 것이다. 또 이 주택의 조명은 한밤중에 가장 밝은 빛

'솔라 데카슬론 2007'에서 우승을 차지한 담스타트공대의 태양광 주택. 태양광 패널을 눈에 띄지 않게 감춘 것이 특징이다

을 발휘했다고 심사팀은 밝혔다. 이와 함께 엔지니어링 분야에서는 이 팀의 주택이 태양광 발전 시스템을 주택과 결합시키는 데 탁월한 능력을 보여줬다고 심사팀은 평가했다. 이 같은 엔지니어링 능력이 있었기 때문에 솔라 패널이 겉으로 드러나지 않도록 디자인도 가능했

다는 것이다. 심사팀은 이 주택이 "모든 면에서 태양광 주택의 지평을 넓혔다."고 평가했다.

담스타트공대 팀의 리더인 한스 유르겐 프레멜은 "21세기에 인류가 어떻게 살아갈 것인가에 대한 해답을 주고 싶었다."고 참가 이유를 설명하면서 "태양 에너지 분야는 독일이 앞서가고 있다는 사실도 증명할 수 있어서 기쁘다."고 수상 소감을 밝혔다.

2위는 중간평가에서 1위를 기록했다가 막판에 담스타트공대에 밀린 메릴랜드대학이 차지했다. 메릴랜드대 팀은 자신들이 만든 태양광 주택에 'LEAF House'라는 브랜드까지 붙여가지고 나왔다. LEAF는 풀잎을 뜻하기도 하지만 'Lead Everyone to Abundant Future(모든 이에게 풍요한 미래를)'라는 뜻도 담고 있다. 브랜드 이름에 걸맞게 리프 하우스의 벽은 풀잎으로 장식돼 있다. 주택이나 건물 옥상에 풀을 심어 정원으로 가꾸는 것은 이미 상용화되어 있지만

메릴랜드대학 팀의 리프하우스와 팀장인 브리트니 윌리엄스

주택의 벽에 풀을 심는 것은 실험적인 시도였다. 메릴랜드대학 팀의 브리트니 윌리엄스(건축학과 대학원)는 "지붕에 내린 빗물을 모아 벽으로 흘러내리는 장치를 부착, 풀에 물을 줄 수 있도록 되어 있다."고 설명하고 "벽에 풀이 있으면, 여름에 햇볕을 차단하고 겨울에는 풀이 죽기 때문에 태양열이 그대로 벽으로 흡수된다."고 말했다. 리프 하우스는 에어컨 시스템에서도 획기적인 혁신을 이뤄냈다. 냉매 대신 칼슘 클로라이드라는 물질을 사용해 전기를 절약하는 것은 물론이고 실내의 습기까지 제거하는 방식을 선보였다.

메릴랜드대학 팀은 커뮤니케이션 분야에서 1위를 차지했다. 주최측은 태양광 주택 등 신재생에너지를 확산시키는 데는 일반 국민들과의 커뮤니케이션이 매우 중요하다고 강조했다. 메릴랜드대학 팀은 참가 팀들 가운데 최고의 웹사이트를 구축했으며, 리프 하우스 방문자들에게 주택의 구조와 기술적 장치들을 일목요연하게 잘 설명한 것으로 평가받았다. 실제로 리프 하우스는 일반 관람객 투표에서는 1위를 차지했다.

4위를 기록한 마드리드대학은 워싱턴의 태양에 가장 적합한 솔라 패널을 제작, 스페인에서 공수하는 노력을 기울이기도 했다.

열흘 남짓 계속된 이번 행사에는 10만 명이 넘는 관람객이 방문해 태양광 주택에 대한 높은 관심을 반영했다. 아들과 함께 행사장에 온 버지니아 주의 캐리 쿠어링은 "아들에게 환경 보호와 재생에너지 활용에 대해 알려주고 싶어 방문했다."고 말했다. 경쟁에 나섰던 태양광 주택들은 분해된 뒤 대학으로 돌아가거나 연구소에 기증되며 일부는 기업에 팔리기도 했다고 대회 관계자는 밝혔다. 이 관계자는 또 이번 대회에 출품된 태양광 주택의 건축 가격은 20만~50만 달러 정도라고 말했다.

솔라 데카슬론은 태양 에너지로만 생활할 수 있는 주택을 건축하는 대학 간의 국제 대회이다. 올림픽 10종 경기처럼 태양 에너지와 관련한 10개 분야에서 경쟁한다고 해서 솔라 데카슬론이라는 명칭이 붙여졌다. 2002년 시작된 솔라 데카슬론은 태양 에너지 및 에너지 효율과 관련한 최첨단 테크놀로지의 종합전시장이라고 할 수 있다. 대회에 출품되는 '태양 주택'의 기획과 설계 건축은 물론 이를 위한 모금, 대외 섭외 및 홍보 활동도 모두 학생들이 전담한다. 따라서 각 대학 팀은 건축학과, 전기공학과, 산업디자인학과, 전자공학과 등 공대 학생은 물론 경영대학원(MBA)과 저널리즘, 환경 등 다양한 분야의 전공 학생 20~60명으로 구성돼 있다.

출품된 주택들은 태양 에너지만 사용해 매일 2명이 샤워와 빨래, 요리, TV 시청, 컴퓨터 사용, 조명 등 일상생활을 모두 할 수 있어야 한다. 이른바 'Net-Zero-Energy Home(외부의 에너지를 전혀 사용하지 않고 자체적으로 충당하는 집)'의 개념이다. 네 번째 대회는 2009년 워싱턴에서 개최된다.

솔라 데카슬론 채점 기준

건축	200점
엔지니어링	150점
시장성	150점
커뮤니케이션	100점
쾌적성	100점
설비	100점
온수	100점
조명	100점
에너지 균형	100점
전기자동차	100점
충전 능력	100점

솔라 파워 인터내셔널 2008

2008년 10월 13일부터 17일까지 미국 캘리포니아 주 샌디에이고에서 열린 '솔라 파워 인터내셔널(Solar Power International) 2008' 행사는 2009년의 태양 에너지 시장을 전망해 볼 수 있는 이벤트였다.

세계 태양광 시장 규모는 2005년 150억 달러에서 2010년 361억 달러로 커질 것으로 추산된다. 태양전지 생산량을 기준으로 보면 2007년 3GW에서 2010년 4~10GW로 성장할 것으로 관련기관들은 내다보고 있다. 세계적인 금융위기 때문에 태양광 업계에서도 전반적인 투자 위축 현상이 나타나겠지만 두 자릿수의 고성장은 지속할 것으로 예측됐다. 태양 에너지 사업 분야의 비영리법인 미국 프로메테

우스 인스티튜트의 트래비스 브래드퍼드와 미국 태양전지 조사기관
인 PV에너지시스템의 폴 메이콕은 '2015년까지의 태양광 시장, 기
술, 성과 및 비용' 이라는 주제의 워크숍에서 태양광 산업이 2006년
에서 2007년 사이 50.9% 성장했다면서 2007년과 2008년에도 비슷
한 성장세가 이어지고 있으며, 적어도 2010년까지는 두 자릿수의 고
성장 추세가 이어질 것이라고 진단했다.

솔라 파워 인터내셔널 2008 행사 기간 동안 열린 '태양광의 미래 세미나' 의 모습

그러나 태양전지 업체 MMA리뉴어블벤처스의 매트 체니 대표는 15
일 열린 최고경영자 토론회에서 "태양광 사업자들은 투자금을 유치하
기 위해 은행과 투자사를 설득하는 시간이 늘어나게 될 것"이라고 전
망했다. 체니 대표는 "역사적으로 볼 때 현재 경험하고 있는 정도의
금융위기가 완전히 해소되려면 4년 정도는 걸릴 것이며, 그 이후에나
올해 초까지 누렸던 투자 조건을 회복하게 될 것"이라고 말했다.

2007년 일본 샤프를 누르고 업계 1위에 오른 독일 큐셀의 스테판 디트리히 PR 책임자는 지난 몇 년 간 계속돼 온 실리콘 부족현상이 해소되면서 향후 몇 년 간은 공급자 위주의 시장 대신 수요자 위주의 시장이 될 것으로 예측했다. 도이치뱅크의 시장분석가인 스티븐 오루어크는 '태양광 업계의 미래'라는 주제의 토론회에서 "태양전지 모듈의 공급 과잉으로 2009년에 가격이 25%까지 하락할 가능성도 있다."고 예측했다.

태양광 시장에서 2009년도 경쟁의 핵심은 효율성 증가다. 현재 시장에 나와 있는 결정질실리콘 태양전지 제품의 평균 효율은 15% 안팎. 어느 업체가 효율성 20%를 넘는 태양전지를 대량 생산해 시장에 내놓을 수 있느냐에 따라 시장의 판도가 바뀌게 된다. 브래드퍼드와 메이콕은 2010년이면 효율성 20%의 태양전지 제품이, 2015년에는 효율성 25%의 태양전지 상품이 시장에 나올 것으로 예측했다. 이와 함께 태양 에너지 시장을 분석하는 전문지 '솔라 인더스트리'의 빌 오코너 이사는 내년에 박막형 태양전지, 집광형 태양전지(CPV), 나노 테크놀로지 적용 등 세 분야에서 기술적인 진전이 이뤄지게 될 것으로 전망했다.

태양광을 비롯한 신재생에너지를 기후 변화 방지 등 환경적인 차원에서 보던 시각이 점차 국가 및 지역의 경제 또는 안보 이슈라는 쪽으로 확대되어 가고 있다. 아널드 슈워제네거 캘리포니아 주지사는 이번 행사 개막연설에서 "'클린 테크놀로지'에 대한 지속적인 투자는 어려운 국가 경제를 회복시키는 데 큰 도움이 될 것"이라고 말했다. 슈워제네거 주지사는 "일부 정치인들이 경제위기를 이유로 태양광 산업에 대한 지원 등 환경정책을 후퇴시킬 가능성이 있다."고 경고하고 "각국과 지역은 오히려 녹색환경기술에 대한 투자를 늘려 새로운 산업을 육성하고 일자리를 창출해야 한다."고 강조했다.

웨슬리 클라크 전 나토 사령관은 행사 기조연설을 통해 "태양광 사업을 통해 탄소 배출을 줄이고 기후 변화를 늦추는 것은 국가 안보에도 매우 중요하다."고 강조했다.

솔라 파워 인터내셔널 2008 행사장의 샤프 부스. 단순히 제품을 소개하는 것이 아니라 샌디에이고 지역의 어린이들을 초청, 태양광 에너지에 대해 알려주는 교육의 장으로도 이용하고 있다

솔라 파워 인터내셔널 참석자들의 조언

"삼성과 LG는 글로벌 태양광 시장에서 강자(Major Player)로 부상할 수 있다." "그러나 수요와 공급의 주기를 잘 맞추지 못하면 낭패를 볼 수도 있다." "한국 기업들은 태양광 연구를 많이 하지만, 상품화하는 데는 약하다."

2008년 10월 13일부터 17일까지 미국 캘리포니아 주 샌디에이고에서 열린 솔라 파워 인터내셔널 2008 행사에 참석한 글로벌 솔라 비즈니스의 선도자들은 한국의 태양광 업체와 시장에 대해 거침없는 분석과 조언을 쏟아냈다.

세계 3대 태양전지 생산업체인 큐셀(독일), 샤프(일본), 선텍(중국) 관계자들은 한국 대기업들의 태양광 사업 진출을 당연시하며 "경쟁할 준비가 되어 있다."고 말했다.

샤프의 크리스토퍼 론토 홍보담당 이사는 "태양광 시장은 이제 막 열리기 시작했다."면서 "삼성이나 LG처럼 자원이 많은 회사는 쉽게 시장에 진입할 수 있을 것"이라고 말했다. 선텍의 제프리 슈버트 글로벌 마케팅 전략 담당 이사도 "삼성이나 LG 같은 기업들은 브랜드 가치가 있기 때문에 얼마든지 시장에 새로 진입해 성공할 수 있다."면서 "선텍은 이들과의 경쟁을 통해 세계 시장에서 더 많은 수요가 창출되기를 바란다."고 말했다. 슈버트 이사는 그러나 "선텍은 솔라 에너지에만 집중하지만 삼성이나 LG는 회사 안에서 최고경영진의 관심이나 연구개발비 등을 놓고 경쟁해야 하는 문제점이 있다."고 지적했다.

미국의 녹색 성장 분야 전문단체인 프로메테우스인스티튜트의 트래비스 브래드퍼드 대표는 "향후 몇 년 간은 태양전지 모듈의 공급이 수요를 초과할 것으로 보인다."면서 "한국 기업들, 특히 중소기업들은 시장 진입의 시기를 잘 살펴야 할 것"이라고 말했다. 브래드퍼드 대표는 한국의 태양광 기업 가운데 동양제철화학(현재 OCI)과 경동솔라를 관심 있게 보고 있다."고 말했다.

한국의 진공펌프 생산업체에서 일하다가 미국 회사 신시스코에 스카우트된 오균(미국명 Keith Oh) 엔지니어링 책임자는 "한국의 기업들이 연구 측면에서는 다른 나라 기업들에 결코 뒤처지지 않는다."면서 "그러나 연구 결과를 상품화해서 시장에 내놓아야 하는데 그것이 안 되고 있다."고 지적했다. 그는 "한국의 업체들은 실리콘과 태양전지 생산 분야에만 집중하는 경향이 있지만 태양광 산업은 다양한 비즈니스 기회를 제공하기 때문에 좀 더 관심 분야를 넓힐 필요가 있다."고 조언했다.

미국 태양에너지협회 회장을 2차례 역임한 도널드 에이킨은 "올해 전시회에 세계 각국에서 450개 업체가 참여했지만 한국의 업체들은 거의 보이지 않는다."면서 "한국과 같이 기술이 앞선 나라가 이런 전시회에 참여해 존재를 과시하지 않는다는 것은 이해되지 않는다."고 지적했다.

그린 이벤트는 해당 분야의 전문가들을 한자리에서 만나 정보를 교류할 수 있는 좋은 기회다. 솔라 파워 인터내셔널 2008에 참가한 세계 1~3위의 태양전지 제조업체 관계자들과 연쇄 인터뷰를 갖고 그들의 사업 전략을 들어 봤다.

큐셀의 스테판 디트리히 PR매니저

질문 **샤프를 누르고 1위에 오른 비결은?**

스테판 디트리히 태양전지 원료인 실리콘 공급을 안정적으로 유지했기 때문이다. 지난 몇 년간 실리콘 공급이 부족해 경쟁사들은 어려움을 겪었다. 물론 큐셀이 짧은 기간 안에 생산 시설을 증설, 가동할 수 있었던 것도 중요한 요인이다.

질문 **1위 자리를 유지하기 위해 어떤 노력을 기울이고 있나?**

스테판 디트리히 첫째는 성장, 둘째는 비용절감이다. 큐셀은 2010년까지 결정질 및 박막형 태양전지를 합쳐 2.5GW급의 생산설비를 갖출 것이다. 또 태양전지를 좀 더 얇게 만드는 등 제품과 생산 공정을 효율화하기 위해 노력 중이다.

질문 **앞으로 박막형과 결정질 가운데 어느 쪽에 비중을 둘 것인가?**

스테판 디트리히 아직까지는 결정질실리콘을 이용한 태양전지가 우리 사업의 핵심 분야다. 한동안은 계속 그럴 것이다. 이 분야에서도 아직도 많은 기술적 진전이 있을 것이다. 물론 박막태양전지도 중요한 사업이며 더욱 성장할 것이다.

질문 **태양광 분야에서 승자와 패자를 가르는 요인은 무엇일까?**

스테판 디트리히 향후 몇 년 간 태양전지 시장은 공급 초과가 될 가능성이 크다. 따라서 회사의 규모가 중요한 경쟁력의 요인이 될 수 있다. 금융 능력, 안정적인 고객 확보, 고객 오리엔테이션, 제품의 질 등도 중요하다. 특히 품질의 중요성이 부각될 것이다. 지금은 공급이 딸려 고객들이 살 수 있는 제품은 모두 사들이고 있지만 앞으로는 제품의 질을 따져가며 구입을 결정하게 될 것이다. 테크놀로지 혁신 그리고 그를 위한 자본의 투입도 승부를 가르는 요인이 될 것이다.

질문 **공급자 위주의 시장은 끝났다고 보나?**

스테판 디트리히 그렇다. 향후 몇 년 간은 수요자 위주의 시장이 될 것으로 본다.

질문 **한국과의 비즈니스는?**

스테판 디트리히 현재 경동솔라 등 한국의 2, 3개 기업이 우리 고객이다. 한국과는 매우 클래식한 비즈니스를 하고 있다. 우리가 제품을 수출하면 한국 기업들이 그것으로 발전소를 만드는 식으로. 우리는 말레이시아의 공장에서 제품을 생산한다. 한국에 공장을 건설할지는 아직 말하기 어렵다.

질문 **앞으로 가장 중요한 시장은 어디가 될까?**

스테판 디트리히 미국이 될 것이다.

질문 **한국의 기업들이 태양광 시장에 진입하고 있다. 너무 늦었나?**

스테판 디트리히 작은 모듈을 만드는 식의 사업을 하겠다면 너무 늦었다. 그러나 한국의 큰 기업들이 시장에 들어온다면 얘기가 달라진다. 삼성이나 LG처럼 자본, 금융이 뒷받침되는 기업들은 충분히 시장 진입이 가능하다. 이들은 처음부터 공장을 짓는 것이 아니라 이미 가동되는 회사를 사들일 수도 있다. 앞으로 태양광 시장에서 한국 기업들이 매우 중요한 역할을 할 것으로 본다.

질문 **삼성의 경우 반도체를 생산해 왔다. 그것이 큰 도움이 될까?**

스테판 디트리히 물론이다. 반도체와 태양전지는 매우 비슷하다. 같은 원료를 쓰고, 생산 공정도 비슷하다. 우리 회사의 최고운영책임자

(COO)를 비롯해 많은 직원들이 반도체 업체 출신이다. 인텔 등 다른 반도체 회사들도 솔라 비즈니스에 들어오고 있다. 반도체 생산 경험은 태양전지 생산에 큰 도움이 될 것이다.

질문 큐셀은 태양전지만 만드는 회사다. 샤프나 삼성 같은 글로벌 대기업 경쟁자들과 비교해 장단점은 무엇인가?

스테판 디트리히 대기업들은 비즈니스를 해온 경험과 네트워크가 있고, 자원도 많다. 그러나 어느 쪽이 낫다고 말하기는 어렵다. 앞으로 큰 기업들이 시장에 들어오면서 기업 간 통합이 늘어날 것이다.

질문 미국인들은 신재생에너지 사업을 안보와도 연관시킨다. 독일에서는 신재생에너지가 어떤 의미를 갖는가?

스테판 디트리히 비즈니스는 비즈니스다. 우선은 돈을 벌어야 한다. 아니면 제품을 계속 생산할 수가 없지 않는가? 독일 시장이 큰 것은 물론 환경에 대한 관심 때문이기도 하다. 우리나라는 석탄 매장량이 많지만 석탄을 때면 환경에 해가 된다. 일본은 석유가 나지 않기 때문에 가장 먼저 태양광 시장에 뛰어든 나라이다. 안보도 중요한 요인임에는 분명하다. 미국이든 독일이든 한국이든 사실 그 나라 안에 충분한 에너지원이 있다. 태양, 바람, 조류, 지열 등등. 그런데 외국에서 들여오는 석유에 너무 의존해서야 되겠는가?

질문 **태양광 산업은 정부의 지원에 너무 의존한다는 비판이 있다.**

스테판 디트리히 태양광 산업이 계속 성장하려면 우선 생산 비용을 줄이고 태양전지 가격을 더 내릴 수 있도록 노력해야 한다. 궁극적으로 태양전지를 이용해 생산하는 전기의 가격이 기존의 전기료보다 낮아져야 한다. 가정용 태양광 쪽에서는 아마 머지않아 그런 날이 올 것으로 본다. 그러나 에너지 산업 전체로 보면 정부의 지원이 계속 필요하다. 그것은 태양광 뿐만이 아니라 모든 에너지가 같은 상황이다. 예를 들어 원자력발전의 경우 정부의 지원을 많이 받고 있다. 미국에서는 석유업계가 정부의 세제 지원 등을 많이 받는다. 솔라만의 얘기가 아니다. 그러나 궁극적으로는 정부의 지원으로부터 독립하는 것이 목표다.

질문 **현재 큐셀이 생산하는 태양전지의 평균 효율은 15% 정도다. 언제쯤 20% 효율을 가진 태양전지가 대량으로 시장에 나올 수 있을까?**

스테판 디트리히 현재 리서치센터에서 새로운 콘셉트의 태양전지를 연구 중이다. 단결정 실리콘 태양전지 쪽에서는 21%를 목표로 하고 있다. 곧 시장에 출시할 수 있을 것으로 기대한다.

질문 **누구를 라이벌로 생각하나?**

스테판 디트리히 일본의 샤프와 교세라, 중국의 선텍과 잉리 등이다. 그리고 독일의 보쉬 그룹도 전 세계 140개국에 걸쳐 있는 판매망을 통해 시장의 강자로 떠오르고 있다. 지멘스가 어떤 역할을 할 것인지도 지켜볼 만하다. 그러나 새로운 강자들이 시장에 들어올 것이다. 삼성과 LG 등이 시장에 들어오면 중요한 경쟁자가 될 것이다.

질문 2007년 큐셀에게 1위 자리를 빼앗겼는데.

샤프의 크리스토퍼 론토 홍보담당 이사

크리스토퍼 론토 7년 동안 1위를 계속해 오다 작년에 큐셀에게 넘겨 줬다. 원자재인 실리콘 부족 때문에 어쩔 수 없었다. 생산능력을 늘리는 데 투자를 계속하고 있다. 현재도 생산능력은 710MW로 세계 1위이다. 실리콘 공급자들과 장기 계약을 맺어 공급을 안정적으로 확보하게 되면 된다. 또 박막태양전지 등 새로운 기술을 개발하고. 박막은 결정질에 비해 10분의 1의 실리콘 밖에 쓰지 않는다.

질문 앞으로 박막과 결정질 가운데 어느 쪽에 중점을 둘 것인가?
크리스토퍼 론토 어느 한쪽에 집중하는 대신, 양쪽 모두를 함께 발전시킨다는 전략이다. 박막태양전지는 공간이 넓고 날씨가 좋지 않은 지역에서 작동이 잘 된다. 기존의 태양전지는 서늘하고 지붕 위처럼 공간이 제한된 곳에 적합하다. 따라서 샤프는 고객이 원하고 필요한 서비스를 제공하는 쪽으로 초점을 맞추고 있다.

질문 현재 태양전지의 효율이 15% 정도이다. 언제 20%가 될까?

크리스토퍼 론토 연구소에서 나오는 효율은 중요하지 않다. 시장에 얼마짜리 효율의 제품을 내놓는 것이 중요하다.

질문 삼성이 태양전지 사업에 뛰어들면 곧바로 메이저 플레이어가 될 수 있을까?

크리스토퍼 론토 삼성은 샤프와 마찬가지로 월드 클래스 제조업체이다. 매우 성공적이었고, 이를 존중한다. 그러나 태양전지 분야에서 어떤 성공을 거둘 것인지에 대해서는 말하기 어렵다.

질문 샤프는 언제부터 태양전지 사업을 시작했나?

크리스토퍼 론토 약 50년 전이다. 반도체를 만들다가 태양전지를 만들게 됐다. 현재는 LCD와 태양전지 공장이 같은 위치에 있다. 둘 다 같은 원재료를 사용하고 공정도 같기 때문이다.

질문 한국 기업들이 이제 태양광 사업에 뛰어들면 너무 늦을까?

크리스토퍼 론토 솔라 시장은 활짝 열려(Wide-Open) 있다. 큐셀이 1등이라지만 이제 5년 된 회사다. 삼성처럼 자원이 많은 회사는 쉽게 시장에 진입할 수 있을 것이다. 시장에서 더 많은 경쟁자들이 나올 것으로 예상하고 있다.

질문 **가장 관심을 갖고 집중하는 시장은 어디인가?**

크리스토퍼 론토 지금까지는 일본 내수 시장에 가장 집중해 왔다. 유럽이 2위, 미국이 3위다.

질문 **라이벌은 누구인가?**

크리스토퍼 론토 현재 큐셀, 선텍과 같은 회사들이 시장의 리더들이다. 박막태양전지 분야에서는 퍼스트솔라가 앞서 있다.

질문 **앞으로 승자와 패자를 가를 요인은 무엇일까?**

크리스토퍼 론토 큰 규모를 갖춘 생산능력과 비용절감 능력, 차별화, 고객의 신뢰 등이다.

질문 **2008년 태양광 시장의 트렌드는?**

크리스토퍼 론토 미국의 경우 투자세면제 기간이 연장된 것이 가장 중요하다. 시장을 장기적으로 안정시키고 투자를 유발하게 될 것이다. 물론 금융위기 때문에 투자금을 유치하는 것이 단기적으로 쉽지 않을 수도 있다. 그러나 장기적으로는 안정적이고 강한 성장이 올 것이다.

질문 **미국 기업들이 유럽과 일본의 회사들을 따라잡을 수 있을까?**

크리스토퍼 론토 미국은 앞으로 세계에서 가장 큰 시장이 될 것이다. 미국에는 풍부한 햇빛, 넓은 공간, 자본이 있다.

질문 선텍이 이처럼 빨리 성장한 요인은 무엇인가?

선텍의 제프리 슈버트 글로벌 마케팅 전략 담당 이사

제프리 슈버트 선텍이 위대한 것은 성장과 매출 때문이 아니다. 환경에 대한 열정, 그리고 기후 변화 문제를 해결하는 데 기여하는 것이다. 선텍이 설립된 것도 바로 그런 이유 때문이다. 선텍의 창업자는 과학자이고 그런 문제들을 해결하기 위해 회사를 설립한 것이다. 그런 열정과 미션이 선텍 사람들을 움직이고 있다. 최근의 눈부신 성장과 관련해서는 제품의 질에 대해 신경을 많이 쓴다. 700명이 제품의 질을 높이는 데 심혈을 기울이고 있으며, 그런 노력이 시장에서 좋은 평판을 받게 된 것으로 보인다.

질문 박막과 결정질 가운데 어느 쪽에 좀 더 집중하나?
제프리 슈버트 현재로서는 결정질 태양전지에 집중하고 있다. 상하이에 박막태양전지 생산 시설을 짓고 있다.

질문 한국과의 비즈니스는?
제프리 슈버트 한국 시장에 관심이 많다. 서울에 사무실도 두고 3명의 직원이 상주하고 있다. 한국인들이 솔라에너지의 유용성을 인식하고, 사용을 늘리면서 교역이 늘어나 익사이트하다. 또 한국 정부도 매우 협조적이다. 세계에 한국 정부가 신재생에너지를 얼마나 중요시하는가를 알리고 싶다.

질문 **한국 기업들이 시장에 너무 늦게 뛰어들고 있나?**

제프리 슈버트 아직도 기회는 많다. 선텍은 경쟁을 원한다. 경쟁을 통해 세계 시장에서 더 많은 솔라에너지 수요가 창출되는 것이 선텍이 바라는 바다. 한국 기업들과 손잡고 함께 일할 용의도 있다.

질문 **메이저 플레이어가 될 만한 한국 회사들은?**

제프리 슈버트 삼성이나 LG 같은 한국 기업들은 얼마든지 시장에 진입해 성공할 수 있다.

질문 **2008년 행사에서 나타난 시장 트렌드는?**

제프리 슈버트 2008년의 경우 실리콘의 부족 현상이 두드러졌다. 그러나 공급이 늘어나면서 내년에는 시장에 더 많은 제품이 나올 것이다. 고객의 로얄티를 늘리는 것이 매우 중요해질 것이다. 빌딩 주인이든 일반 고객이든 솔라에너지의 유용성을 널리 알려가는 것도 중요하다.

질문 **어디가 가장 큰 시장이 될까?**

제프리 슈버트 지금은 독일이 가장 크고, 다른 유럽 국가들도 있다.

그러나 앞으로는 미국이 가장 큰 시장이 될 것이다.

질문 중국과 인도 시장은 어떤가?

제프리 슈버트 　시간이 필요하다. 언젠가 둘 다 중요한 시장이 되겠지만. 그러나 두 시장은 차이점이 있다.

질문 글로벌 대기업과 태양광 전문회사 가운데 누가 유리할까?

제프리 슈버트 　양쪽 모두 이점이 있다. 샤프처럼 큰 회사는 브랜드 가치가 있어 제품에 대한 신뢰를 준다. 이른바 캐리오버 이펙트다. 삼성도 마찬가지다. 삼성이 솔라 비즈니스에 들어올 것으로 알려져 있다. 그렇다면 삼성 브랜드를 활용할 수 있을 것이다. 반면에 부정적인 효과도 있다. 바로 포커스라는 측면이다. 선텍은 오로지 솔라에너지에만 집중한다. 그러나 삼성이나 샤프에서는 같은 회사 내에서도 솔라 비즈니스가 다른 비즈니스들과 경쟁을 해야만 한다. 최고경영진의 관심, 연구개발 투자비용 등을 놓고 사내에서 경쟁해야 하는 것이다.

질문 라이벌은 누구인가?

제프리 슈버트 　우리는 경쟁을 좋아한다. 시장에 좀 더 많은 경쟁자가 나타나길 바랄 뿐이다.

질문 정부의 정책이 솔라 비즈니스에 얼마나 큰 영향을 미치나?

제프리 슈버트 지금은 매우 중요하다. 왜냐하면 정부 보조금이 사업의 중요한 부분을 차지하기 때문이다. 그러나 3~5년 뒤면 태양광 전기가 기존의 전기료와 가격 경쟁력을 가질 것으로 본다. 그 때가 되면 정부의 지원이 필요 없게 된다.

질문 20% 효율 전지는 언제쯤?

제프리 슈버트 이번 행사에 선보인 우리 회사의 단결정 실리콘 태양 전지의 경우 19% 효율을 기록했다. 연구실에서는 25% 효율까지 나왔다. 다만 문제는 그런 제품들을 대량생산할 수 있느냐는 것이다.

질문 새로 시장에 진입하는 한국 기업들에 조언을 해달라.

제프리 슈버트 그들은 가장 활기찬 시장에 진입하는 것이다. 잠재력이 무궁무진하다. 솔라 비즈니스는 돈도 벌지만 환경 보전이라는 매우 가치 높은 명분도 가진 비즈니스다.

카본 파이낸스 2008

2008년 10월 8일부터 사흘간 런던에서 열린 '탄소 파이낸스 (Carbon Finance) 2008'은 기후 변화 및 탄소 시장과 관련한 글로벌 현안을 점검하고 2009년의 '어젠다'를 결정하는 자리였다. 탄소 시장 전문가 47명이 주제발표를 하거나 토론에 나섰으며 전 세계에서 240여 명이 참석했다. 대부분 각국 정부와 국제기구, 투자은행, 에너지 개발 및 컨설팅업체, 금융 컨설팅사, 환경 관련 업체, 대학 및 기업 연구원 등이었다.

탄소 시장 관계자들의 눈은 이미 2009년 말로 예정된 코펜하겐 회의에 맞춰져 있다. 코펜하겐 회의에서는 2012년 시효가 끝나는 교토의정서 체제 이후의 국제 기후 변화 대응체제가 결정된다. 미국과 중

카본 파이낸스 2008 행사 참석자들의 토론 모습

국, 인도를 어떤 식으로 2012년 이후의 체제로 편입시키느냐가 관건이다. 유엔기후변화협약(UNFCC)의 존 킬라니 지속개발체제제프로그램 담당자는 "미국을 포함한 각국 정부의 협상 타결 의지가 중요하다."면서 "많은 아이디어들이 제시되고 있기 때문에 결과를 낙관한다."고 말했다.

파리에 본부를 둔 종합화학업체 아르케마(ARKEMA)의 닉 캠벨 환

경 담당 이사는 주제발표를 통해 "코펜하겐에서 기적같은 결과는 나오지 않을 것"이라면서 "협상 당사자들이 적당한 선에서 타협하는 안이 도출될 것"이라고 예상했다. 룩셈부르크에 자리 잡은 기후 변화 컨설팅업체 퍼스트클라이밋의 마틴 슐트 이사는 "2012년 이후 체제에 대한 불확실성이나 불안감은 대부분 해소됐다."면서 "유럽 은행들은 이미 2012년 이후의 기후 변화 시장에 대한 투자에 착수했다."고 밝혔다.

미국발(發) 글로벌 금융위기가 탄소 시장의 위축을 가져올 것이라는 우려도 줄곧 제기됐다. 스위스의 탄소자산관리업체인 사우스폴카본어셋매니지먼트의 크리스토프 서터 대표는 "글로벌 금융위기 때문에 청정개발체제(CDM) 프로젝트에 투입할 투자 자본을 조달하기가 빡빡해지고 있다."고 말했다. CDM(Clean Development Mechanism)은 선진국이 개도국에서 온실가스 감축과 관련한 프로젝트를 개발해 탄소배출권을 확보하는 제도를 말한다. 골드스탠더드재단의 마케팅 담당자인 자스민 하이만은 "금융 혼란 때문에 자발적 감축 시장이 더욱 어려워질 것"이라고 예측했다.

그러나 퍼스트클라이밋의 마틴 슐트 이사는 "금융혼란으로 기후 변화 시장에서 '핫머니' 등이 빠져 나갔다."면서 "유동성이 줄긴 했지만 좋은 투자금과 나쁜 투자금을 분별하는 기회가 됐다."고 진단했다.

CDM은 가장 중요한 이슈 가운데 하나였다. UBS나 메릴린치를 비롯한 투자은행들은 물론 기후변화 컨설팅 업체들도 향후 CDM 사업의 전개방향에 큰 관심을 보였다. 행사 첫날 참석자들의 '브레인 스토밍'을 위해 8개의 소규모 라운드 테이블 회의가 열렸다. 그 가운데 '중국·인도의 CDM 시장'이란 주제의 라운드 테이블 회의에 가장 많은 참석자가 몰렸다. 회의 참석자들은 중국, 인도 두 정부의 정책적 일관성이나 CDM 프로젝트 가격 등을 주제로 의견을 교환했다. 회의를 주재한 세계적 회계법인 언스트&영의 파트너인 차이타니아 칼리아는 "현재까지 중국·인도 시장에서 CDM 프로젝트들은 완벽하지는 않지만 만족할 만한 성과를 거둬 왔으며, 투자 전망도 밝다."고 결론을 내렸다.

중국과 인도를 벗어나 새로운 지역에서 CDM 프로젝트 투자를 모색하는 움직임도 엿보였다. TFS에너지의 루시 모티머는 "아프리카의 잠비아와 스와질란드, 아시아의 캄보디아, 태국 등에서 새로운 CDM 사업이 개발되고 있다."고 발표했다. 모티머는 "북한이나 이라크, 이란과 같은 곳에서 프로젝트를 진행해야 한다는 지적도 있지만 현실적으로 쉽지 않다."고 말했다.

CHAPTER

5

그린 틈새 시장

녹색 성장은 글로벌 대기업들뿐만 아니라 중소기업들, 또는 개인들에게도 수많은 비즈니스 기회를 제공한다. 대규모 태양광·풍력발전소 건설이나 지열 개발, 전기차 개발 및 양산 등과 같은 사업에는 대규모 자본과 정부의 지원 등이 필요한 것이 사실이다. 그러나 소규모 자본만 갖고도 중소기업이나 개인들이 시작할 수 있는 '틈새 시장'이 분명히 존재한다.

01. 화이트 컬러 지고, 그린 컬러 뜬다

:: 새로운 기업의 탄생

신재생에너지 학원

2009년 6월 한국계 일본인 기업인이 태국을 들러 서울을 찾았다. 태국의 공공시설에 태양광발전소를 설치해 달라는 요청을 받고 한국에서 공사를 담당할 업체를 물색하기 위한 것이었다. 이 기업인은 태국 현지의 정치, 경제, 사회 상황을 감안할 때 일본보다는 한국 기업이 사업을 맡는 것이 적당하다고 생각했다. 그러나 이 기업인은 한동안 마땅한 기업을 찾는 데 어려움을 겪었다. 태양광 기업을 표방한 업체는 많았지만, 실제로 외국에서 공사를 담당한 한국의 태양광 업체는 찾기 어려웠기 때문이다.

현재 유럽과 미국은 물론 중국, 인도 등 아시아 국가에서도 태양광 발전소 붐이 일어나고 있다. 태양전지 판매는 2000년 이후 매년 두 자릿수가 넘게 늘어났다. 그러나 대부분의 나라에서 태양전지 모듈 설치 등 관련 분야의 일꾼이 모자라는 상황이다. 그렇다고 태양광에 아무런 지식이나 경험도 없는 사람들을 투입할 수는 없다. 따라서 이 분야의 전문 인력을 양성할 학교를 세우고 교육 프로그램을 만드는 것은 좋은 비즈니스 기회가 될 수 있다. 특히 태양광 산업의 경우 태양전지를 비롯한 각 분야에서 하루가 다르게 테크놀로지의 발전이 이뤄지고 있다. 따라서 솔라 비즈니스 분야에서 일하는 근로자들의 지속적인 재교육도 필요한 상황이다.

미국의 경우는 주요 대학과 커뮤니티칼리지, 또는 각종 교육 프로그램을 통해 태양광 인력을 육성하고 있다. 미국 에너지부는 인터넷 사이트에 전국의 '솔라에너지 테크놀로지 트레이닝 프로그램'을 소개하는 페이지까지 만들었다. 그러나 우리나라는 일부 대학 말고는 공식적인 태양광 분야 교육 및 재교육 프로그램은 거의 없는 상황이다. 따라서 태양광 등 신재생에너지 교육은 '학원 천국'인 한국에서 검토해 볼 만한 사업이다. 태양광 모듈 설치는 '첨단 기술'을 요구하는 작업은 아니다. 전기와 태양광 시스템 등에 대한 지식만 갖추면 개인이 직접 할 수도 있는 일이다.

미국이나 유럽, 일본에는 이미 태양광발전 시설이 개인 주택으로 확산되고 있다. 우리나라는 아직 대규모 발전소 위주의 태양광개발이 이뤄지고 있으나, 개인주택으로 확산되는 것은 시간 문제다. 특히 단독주택보다는 아파트가 많은 우리의 주택 문화를 감안할 때 아파트에서의 태양광 시설 공사, 특히 빌딩일체형 태양전지(BIPV)를 다루는 기술은 수요가 많아질 것으로 보인다.

학원을 운영하려면 먼저 그 분야에서 경험을 쌓거나 필요한 관련 자격증을 갖는 것이 권장된다. 또 태양광 사업도 전기, IT 등 여러 분야가 연계돼 있기 때문에 다양한 분야의 강사를 확보하는 것도 중요하다. 특히 영업 중인 태양광 업체와 연계하면 교육이 한결 수월해질 수도 있다.

같은 맥락에서 소형 풍력발전기를 설치하거나 풍력발전기 기술자를 양성하는 것도 좋은 비즈니스가 될 수 있다. 현재의 풍력 개발은 육상과 해상에 대규모 발전소를 건설하는 방식으로 이뤄지고 있다. 그러나 풍력도 점차 소규모화해서 주택이나 마을로 들어오는 추세를 세계적으로 따를 것으로 보인다. 우리나라의 경우도 바람이 많은 해안 지방에서는 가정용 또는 마을용 소규모 풍력발전기 설치가 늘어날 전망이다.

CSO, CGO, CEO, CEO

　녹색 혁명 시대가 열리면서 대부분의 기업들은 클린 테크놀로지와 그린 비즈니스에 대해 연구하고 있다. 특히 이 분야를 현재의 사업에 어떻게 적용할 것인가를 놓고 고민한다. 이런 고민을 해결하기 위해 필요한 인재들이 최고지속경영책임자(Chief Sustainability Officer) 또는 최고녹색경영책임자(Chief Green Officer), 최고환경책임자 (Chief Environment Officer), 최고에너지책임자(Chief Energy Officer)가 될 것이다. 명칭은 회사마다 다르게 붙일 수 있다.

　CSO는 단순히 신재생에너지나 클린 테크놀로지 기업에만 필요한 것이 아니다. 식품이나 패션, 유통, 전자 등 거의 모든 분야의 산업에 필요한 직책이 되고 있다. 특히 유엔 기후변화협약에 따라 전 세계 대부분의 기업은 생산 및 서비스 활동에서 온실가스를 줄여 나가야 하는 '의무'를 안게 됐다. 우리나라의 기업들도 이런 의무를 지키지 않으면 유럽 등 선진국 시장에 수출하기 어려운 상황이 올 것으로 예측된다.

　세계 최대 기업인 월마트는 매장의 에너지 효율을 높이기 위해 이미 수 천억 원을 투자했다. 매장의 지붕에 태양광 패널을 설치하고, 포장을 줄이며, 물류 시스템을 개선했다. 또 화학업체 듀폰은 세계 각국에 자리 잡은 공장에서 배출하는 온실가스의 양을 1990년 대비 72%까지 줄여 보겠다는 목표를 발표하기도 했다.

CSO의 역할은 국내외의 환경 관련 규정들을 조직 내에서 교육하고, 에너지 효율적인 제품 및 서비스를 구상하고, 회사 전체의 온실가스 배출량을 줄이는 방안을 연구하는 동시에 시장에 쏟아지는 클린 테크놀로지를 기업 활동에 적용해 새로운 수익을 창출하는 것 등이 될 것이다.

현재 대표적인 CSO를 꼽으라면 구글의 '그린 에너지 황제(Czar)'라고 불리는 빌 와일이다. 그는 태양광, 지열 등 신재생에너지 투자, 직원들의 전기차 및 하이브리드 자동차 구매 지원, 컴퓨터 서버 시스템의 냉방을 효율화하는 작업 등을 통해 구글이 2007년에 온실가스 배출량 마이너스를 기록하게 만들었다. 뿐만 아니라 현재의 석탄발전소가 생산하는 전기보다 값이 싼 신재생에너지 개발에도 집중하고 있다. 이는 구글의 새로운 수익원이 될 수도 있는 전략적인 사업이다. 와일은 언론과의 인터뷰에서 "각 기업에 CSO 자리가 점점 많아지고, 그 역할은 점점 중요해질 것"이라고 거듭 강조했다.

우리나라의 경우 기업들이 클린 테크놀로지를 개발하고 그린 비즈니스로 만들어가는 데는 능동적인 편이다. 그러나 온실가스 감축이나 에너지 효율 등 환경적인 면에서는 움직이는 속도가 상대적으로 느리다. 따라서 한국의 CSO들은 두 분야의 균형을 적절하게 맞추는 것이 가장 중요한 임무 가운데 하나가 될 것으로 보인다.

02. 모든 기업에 녹색 모자를 씌워라

:: 기존 직업의 그린화

그린 유통과 건설

기존의 쇼핑 관련 업체들도 '그린'이라는 모자를 쓰고 사업을 확장할 수 있다. 가장 손쉬운 사업의 사례 가운데 하나는 이미 몇몇 나라에서 인기를 얻고 있는 '그린 쇼핑백' 제조. 슈퍼마켓에서 주는 비닐이나 종이 봉지 대신 장바구니를 갖고 다니자는 운동이 확산되는 것이다. 별것 아닌 것 같지만, 미국에서만 매년 무려 5,000억~1,000조 개의 비닐 봉지가 슈퍼마켓에서 소비자의 물건을 담는 데 쓰고 버려진다고 한다. 이 가운데 1,000억 개의 비닐봉지는 쓰레기와 함께 매립된다. 비닐 봉지는 값이 싼 대신 썩지 않기 때문에 생태계에 미치는 영향이 크다. 만들 때도 오염물질이 많이 배출된다. 이 때문에 아일랜드는 비닐 봉지에 세금을 매기고, 방글라데시 같은 나라는 아예 사용을 금지한다. 우리나라를 비롯한 많은 나라에서는 비닐 봉지를 유료화해 장바구니 사용을 유도하고 있다.

친환경 장바구니는 주로 옥수수 등 친환경적인 재료에서 나온 바이오 플라스틱으로 만들 수 있다. 최근에는 유명 디자이너가 직접 디자인한 장바구니까지 나오고 있다. 부가가치를 높여 수익도 늘리는 것이다. 다만 만들기가 쉽기 때문에 수많은 경쟁자가 나올 것은 각오해야 한다.

상품 제조업체들은 포장을 최소화하는 디자인으로 승부할 수 있다. 미국과 우리나라를 포함한 세계 각국에서는 이미 상품 과대포장의 문제점이 지속적으로 제기되고 있다. 그러나 포장은 제품 마케팅의 중요한 수단 가운데 하나이기 때문에 무조건 없애는 것이 능사가 아니다. 상품을 충분히 보호하고, 돋보이게 하면서도 포장에 쓰이는 물질을 최소화할 수 있도록 각 회사의 디자이너들과 디자인 회사들도 나서야 한다. 말하자면 그린 디자이너가 되는 것이다. CD가 처음 나왔을 때는 낱개로 포장을 해서 팔다가 최근에는 20~30개 묶음 짜리 제품을 만들어 파는 것도 포장 최소화의 한 사례다.

건설업자들 가운데는 기존에 건축됐다가 철거된 건물의 '잔해'들을 새로 짓는 건물의 건축 자재로 사용하거나, 다른 건설사들에 제공하는 비즈니스도 검토할 만하다. 최근 각종 원자재 가격의 상승에 따라 건축 자재의 값도 크게 오르고 있다. 철거되는 건축물 안에는 돌과 철근, 목재 등 재활용할 수 있는 자재들이 많다. 건축 자재를 재활용하려면 건축물을 철거하는 작업도 매우 정교하게 이뤄져야 한다.

이미 미국의 경우 오하이오 주 하트빌에서 건물을 정교하게 철거하면서 쓸 수 있는 건축 자재를 분리하는 '하트빌 툴'이라는 업체가 영업 중이고, 캘리포니아 주 오클랜드에는 재활용 건축 자재를 파는 '리유스 피플'이라는 업체가 고객을 늘리고 있다. 최근에는 재활용 건축재 시장도 세분화돼 샌프란시스코 지역에 조명 시설만 전문적으로 수거해 판매하는 '오메가 투'라는 회사가 문을 열었다.

가구를 재활용하는 것은 역사가 긴 비즈니스다. 그러나 최근에는 소파의 천을 갈 때 친환경 제품을 쓰는 등 가구 재활용에도 '그린'이라는 꼬리표가 붙고 있다.

녹색 변호사, 녹색 회계사, 그린 컨설턴트

녹색 성장 분야가 커지면 그와 관련한 비즈니스도 늘어갈 수밖에 없다. 변호사나 회계사, 컨설턴트 등 전문직종 가운데도 녹색 성장 분야만 담당하는 인력이 늘어날 것이다.

그린 변호사는 환경 문제, 그린 비즈니스에 대해 법률 서비스를 제공하는 변호사라고 할 수 있다. 정부의 녹색 정책은 새로운 법률과 규제를 통해 이뤄진다. 식품이나 의상, 건축물, 생산라인 등에 적용되는 갖가지 법규들이 나오게 된다. 따라서 그 같은 법규를 둘러싸고 정부와 기업, 개인 상호간에 법적인 충돌이 일어날 가능성도 늘어난다.

몇 년 전까지만 해도 그린 변호사는 주로 비정부기구(NGO)나 유엔 등 국제기구에서 환경 문제를 전담하는 환경주의자 변호사들을 의미했다. 그러나 최근들어서는 그린 비즈니스의 성장으로 환경이 아니라 수익을 목적으로 이 분야에 몰두하는 변호사들도 늘어나고 있다.

그린 변호사도 이제는 그런 쪽의 의미로 더 많이 사용된다. 미국의 주요 로펌들의 경우 '그린 비즈니스 프랙티스 그룹' 등을 별도로 만들어 그린 비즈니스 관련 법률 서비스를 전문적으로 제공한다. 환경법이나 그린 비즈니스에만 초점을 맞춘 법률회사의 탄생도 멀지 않은 것으로 보인다.

마찬가지로 회계사 등 다른 전문직들도 그린 비즈니스에만 초점을 맞춰 서비스를 제공하는 사례가 늘어날 전망이다. 그린 회계사의 경우는 담당하는 업무 분야뿐만 아니라 업무 집행 과정에서도 확실한 투명성과 청렴성이 요구될 것이다.

특히 그린 컨설팅에 대한 수요는 갈수록 늘어갈 것으로 보인다. 기존의 기업이 그린 비즈니스로 진출할 때 시장조사를 대행하고 위험과 기회 요소를 분석하는 등의 작업을 맡을 수 있다. 또 특정 분야의 클린 테크놀로지를 가진 업체나 인재, 사업 방식 등 각종 정보를 찾는 기업을 위해 컨설팅업체가 그린 비즈니스와 관련한 종합적인 혹은 개별적인 데이터 베이스를 구축할 필요도 생기게 된다. 그린 컨설팅은 기존의 컨설팅업체에서 서비스를 하고 있지만, 앞으로는 그린 비즈니스 전문 컨설팅업체들이 크게 늘어날 것으로 전망된다.

이와 함께 여행과 패션, 레스토랑, 인테리어, 세탁업 등 생각할 수 있는 대부분의 분야에서 녹색 모자를 쓴 전문가 집단이 탄생할 것으로 보인다.

03. 녹색 성장으로 돈 버는 75가지 방법

:: 글렌 크로스톤 박사의 제언

●●● 글렌 크로스톤 박사 인터뷰

미국에서는 〈75 Green Businesses〉라는 책이 화제다. 우리말로 옮기면 '녹색 성장을 이용해 돈 벌 수 있는 직업 75가지' 정도가 될 것이다.

2008년 8월 출간된 이 책이 인기를 얻자 월스트리트저널, 비즈니스 위크 등 미국의 미디어들은 저자인 글렌 크로스톤 박사를 집중 조명하고 있다. 크로스톤은 UC샌디에이고에서 박사 학위를 받은 생물학자이다. 그러나 크로스톤은 이 책을 출간하며 그린 비즈니스 전문 저술가가 됐다. 또 'Starting Up Green' 이라는 블로그를 운영하며 그린 비즈니스 창업 컨설턴트, 방송 해설자 등으로 맹활약 중이다. 미국 샌디에이고에 살고 있는 크로스톤 박사를 이메일로 인터뷰했다.

질문 생물학자에서 녹색 기업인으로 전향한 이유는?

글렌 크로스톤 전향한 것이 아니라, 생물학의 영역을 확대했을 뿐이다. 우리가 사는 세상은 모든 것이 연결돼 있지 않은가. 지금 지구는 기후 변화라는 매우 중대한 위험에 처해 있다. 그런데 많은 사람들이 위험만 볼 뿐, 그와 함께 오는 기회를 보지 못하고 있다. 그런 사람들이 기회를 볼 수 있도록 만들기 위해 책을 썼다.

질문 그린 비즈니스가 기존의 비즈니스와 다른 점은 무엇인가?
글렌 크로스톤 그린의 의미는 사람에 따라 다르다. 환경에 전혀 영향을 주지 않는 '완벽한' 녹색을 찾는 사람도 있다. 좋은 목표지만 이는 세상에 존재하지 않는다. 지금 중요한 것은 오늘 하고 있는 사업들을 좀 더 환경친화적으로 만드는 것이다. 또 차츰 그 목표를 높여가는 것이다.

질문 왜 하필 75가지 비즈니스인가?
글렌 크로스톤 75라는 숫자에 큰 이유는 없다. 숫자는 계속 늘어날 것이다. 이 순간에도 창조적인 기업인들이 새로운 비즈니스를 끊임없이 만들어 내고 있다.

질문 그린 비즈니스를 경영하는 기업인들의 특징은 무엇인가?
글렌 크로스톤 그들은 대기업 경영인들보다 주변의 변화에 적응하기 위해 보다 발빠르게 움직인다. 녹색 기업인들은 대체로 책을 많이 읽고, 대화를 많이 나누며, 그들에게 닥친 문제들을 해결할 창조적인 방법을 찾아낸다. 인터넷에는 그린 비즈니스들이 새로운 소식과 정보를 접할 수 있는 많은 리소스가 있다.

질문 현재의 글로벌 금융 및 경제위기가 그린 비즈니스에도 영향을 미치지 않을까?

글렌 크로스톤 소비를 줄이고, 비용을 아끼려는 노력이 계속될 것이다. 그린 비즈니스는 에너지를 절약하고, 물이나 종이를 덜 쓰고, 제품을 재활용하는 방식으로 소비자를 도울 수 있다. 미국에는 경제난 이전부터 입던 옷이나 중고품을 파는 상점이 계속 늘어 왔다.

질문 버락 오바마 대통령은 10년 동안 500만 개의 '녹색 일자리'를 창출하겠다고 공약했다. 가능할까?

글렌 크로스톤 매우 큰 목표지만, 달성할 수 있다고 본다. 전 세계에 화석연료를 대체할 깨끗한 재생에너지를 원하는 수요가 엄청나다. 이런 수요를 충족시키려면 수많은 비즈니스와 일자리가 새로 나와야 한다. 또 현재 미국 내에서만 에너지 효율을 향상시키려는 집과 건물이 수 백만 채에 이른다. 또 전기나 바이오연료로 가는 자동차를 원하는 사람도 많다. 정부가 올바른 인센티브를 제공한다면 이 모든 기회가 비즈니스로 완성되고 고용을 창출하며, 결국 경제를 살리게 될 것이다.

질문 **책을 읽은 독자들은 주로 어떤 반응을 보이나?**

글렌 크로스톤 수많은 사람들로부터 매우 재미있는 피드백들을 계속해서 받고 있다. 그들의 열정과 창의력, 그리고 세상을 바꾸겠다는 의욕은 나를 놀라게 한다. 그 때문에 우리가 기후 변화라는 거대한 도전에 맞서 문제를 해결할 수 있다는 희망을 갖게 된다(크로스톤 박사는 현재 '그린 비즈니스 창업 방법(How to Start a Green Business)'이라는 제목으로 후속작을 저술하고 있다).

질문 **한국처럼 기술은 좋지만 시장이 작은 국가에는 어떤 그린 비즈니스가 어울릴까?**

글렌 크로스톤 그린 비즈니스의 기회는 지역마다 다르다고 할 수 있다. 내가 알기로 한국은 외국에서 엄청난 양의 원유를 수입한다. 따라서 우선 이를 대체할 수 있는 재생에너지 비즈니스의 기회가 있을 것이다. 제조업 분야에서는 에너지 효율이 높은 컴퓨터나 전자제품을 만들 수 있다. 또 폐기물을 줄이고 공해 배출을 감소시키는 분야에서도 기회가 있다고 본다.

질문 **바보같은 질문이지만, 오늘 창업해서 내일 돈 버는 그린 비즈니스는 없을까?**

글렌 크로스톤 (하하하) 재미있는 사실은 그것이 가장 많은 사람들이 알고 싶어하는 것이다. 사업이라는 것이 빠르고 쉬운 일이 아니다. 대부분은 오랜 시간을 투자해야 열매를 맺을 수 있는 것이다. 어떤 비즈니스를 하는가는 그 사람의 기술이나 관심, 경험, 그리고 자원에 따라 좌우된다. 적당한 백그라운드와 경험이 있다면 하룻밤에도 관련 서비스업을 시작할 수 있다. 다른 사람들의 소비를 줄여 주고, 헌 제품을 재활용하고, 에너지를 절약할 수 있도록 하는 방법은 무엇인가를 유심히 생각해 보자.

흥미로운 그린 비즈니스들

글렌 크로스톤 박사가 제시한 75개의 '그린 비즈니스' 가운데는 우리나라에도 적용할 수 있는 흥미로운 아이디어들이 적지 않다. 우선 1회용 생수통을 대체할 휴대용 물통 판매가 눈길을 끈다. 이는 정부의 정책에 따라 큰 비즈니스가 될 수도 있다. 미국에서는 하루에 7,800만 개, 1년에 무려 300억 개의 생수통이 쓰레기통으로 들어간다. 따라서 플라스틱 생수통을 대체할 물통을 개발하자는 것이다. 스테인리스 스틸 등으로 예쁘게 디자인해서 필터 기능까지 갖춰 보자는 것이 크로스톤 박사의 제안이다. 만일 의회가 슈퍼마켓 등에서 생수통 없이 생수만 팔도록 강제하는 법률을 제정한다면 대박이 나는 사업이 될 수도 있다.

크로스톤 박사는 반사경으로 태양광과 태양열을 모아 요리하는 솔라 바비큐도 제안했다. 동남아시아 지역 등 몇몇 나라에서는 이미 현실화되고 있는 사업이다.

스페인 산티아고 드 콤포스텔라대학 물리학과의 하비에르 마스 교수가 자택 뒷뜰에서 손수 만든 '솔라 쿠커'를 이용해 음식을 조리하고 있다. 크로스톤 박사는 태양 에너지를 이용하는 솔라 바비큐 레스토랑을 그린 비즈니스 업종 가운데 하나로 제시했다

다른 분야와 마찬가지로 그린 비즈니스에서도 금융은 매우 중요한 위치를 차지한다고 크로스톤 박사는 강조했다. 그린 금융도 기존의 금융 서비스에 그린의 옷을 입힌 경우가 많다. 그러나 미국에서는 이미 환경 보존과 탄소저감 등의 사업에 국한해서 돈을 빌려 주겠다는 자본가들이 속속 나타나고 있기 때문에 틈새 금융의 차원을 넘어설 수도 있다. 탄소감축 검증사(Offset Investigator)의 경우 유엔의 청정개발체제(CDM) 사업 확대와 맞물려 갈수록 수요가 늘어나는 직업이 될 것으로 보인다.

글렌 크로스톤 박사가 제시한 그린 비즈니스 사례

그린 에너지 분야
- 태양 에너지 전문가 훈련
- 소형 풍력발전기 설치
- 가내 바이오디젤 공장
- 솔라 바비큐
- 미생물 발전
- 연료전지 예비 전력 제공

녹색 직업(Green Career)
- CSO(최고지속경영책임자)
- 그린 비즈니스 전문 로비스트
- 그린 비즈니스 전문 변호사
- 그린 자선단체 운영자

그린 홈
- 가정 에너지 효율 컨설팅
- 그린 조립가구
- 열 재활용

그린 서비스
- 그린 드라이클리닝
- 생태여행 가이드
- 쇼핑몰 및 레스토랑 녹색도 평가

물자 절약
- 종이 없는 사무실 설계
- 중고품 재활용 방법 설계
- 포장 없는 상품 디자인
- 건축 자재 재활용
- 그린 쇼핑백

그린 식품
- 친환경, 건강 패스트 푸드
- 음식 안전 진단기
- 저탄소 채소

그린 농장
- 축사에서 메탄가스 포집
- 노는 땅에서 바이오 연료 생산

그린 머니
- 그린 비즈니스 금융 브로커
- 환경 분야 마이크로 파이낸스
- 탄소감축 검증사
- 인터넷 탄소 거래소
- 그린 비즈니스 투자 상담사
- 환경 전문 회계사

효율적 물 이용
- 물 재활용
- 빗물 저장
- 1회용이 아닌 휴대용 물통
- 공기에서 물 추출
- 물 없는 변기

생활
- 그린 화장품 연구 및 생산
- 바이오 플라스틱 제품 생산
- 자연적인 해독방식

그린 도시와 교통
- 그린카 판매상
- 대체에너지 주유소

녹색 성장과 고용

각국 정부는 '녹색 성장'을 통한 일자리 창출 방안에 골몰하고 있다. 월드워치 인스티튜트의 발표에 따르면 2008년까지 전 세계의 신재생에너지 투자에 따른 신규 고용효과는 풍력 30만 명, 태양광 17만 명, 태양열 62만 4,000명, 바이오 연료 117만 4,000명, 수력 3만 9,000명, 지열 2만 5,000명 등 모두 233만 2,000명이다. 대부분의 일자리는 독일, 스페인, 덴마크 등 유럽국가와 미국, 중국, 인도 등에서 창출됐다.

미국의 경우 1,000억 달러(약 150조 원)이 녹색 성장 분야에 투자할 경우 고용에 미치는 효과는 93만 5,000명의 신규 일자리와 간접 및 파급 효과를 포함해 모두 199만 9,200명의 고용 효과가 나타나는 것으로 조사됐다.

그러나 녹색 성장을 통한 고용 증가에는 허수가 많이 포함돼 있다. 영국의 경우 신재생에너지 투자로 지금까지 모두 4만 4,800개의 일자리가 생긴 것으로 집계됐다. 그러나 이를 자세히 분석하면 다른 산업부문으로부터 이동한 노동자가 1만 5,200명에 이르는 등 순수한 고용효과는 8,900명에 불과했다는 것이다.

이와 관련, 한국노동연구원의 김승택 박사는 2008년 11월 13일 한국개발연구원(KDI)에서 열린 '녹색 성장과 국가성장 전략의 모색' 토론회에서 "신규 녹색 산업의 확대를 통한 일자리 창출이 필요하다."고 강조했다. 기존의 비녹색 산업을 녹색 산업으로 전환하는 것보다 신기술 개발 등을 통해 순수하게 새로운 녹색 산업을 확대시켜야 한다는 것이다. 이를 위해 대학들은 완전히 새로운 학과와 전공을 창설하고, 교수 및 연구 인력을 양성해야 한다고 김 박사는 제안했다. 김 박사는 "중국에서는 태양 에너지 장비를 생산하는 1,000여 개 기업에서 60만개의 새로운 일자리가 창출됐고, 인도 델리에서는 친환경 압축자연가스를 사용하는 버스를 도입해 1만 8,000개의 새로운 일자리를 만들었다."고 설명했다.

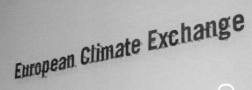

European Climate Exchange

CHAPTER

6

기후 변화 시장

01. **탄소가 돈이다** :: 기후거래소

세계 각국의 기후거래소

지구온난화를 초래한다는 온실가스를 줄이는 방법은 2가지다. 하나는 온실가스의 배출을 강제로 규제하는 것이고, 또 하나는 배출을 줄일 경우 경제적 인센티브를 안겨 주는 것이다. 이 2가지 방법을 결합시킨 것이 기후거래소라고 할 수 있다.

유엔 기후변화협약의 구체적인 이행방안인 교토의정서가 2005년 발효되면서 세계적으로 기후거래소가 설치되기 시작했다. 현재 각국에서 15개 정도의 기후거래소가 운영 중이거나 준비 단계에 있다. 세계 기후거래소의 거래규모는 급격한 속도로 늘고 있으며 오는 2010년 1,500억 달러에 이를 전망이다.

기후거래소에서는 온실가스가 상품으로 거래된다. 온실가스 가운데서도 이산화탄소가 80% 정도를 차지하고 있기 때문에 '탄소 시장'으로도 불리며, 그밖에도 배출권 거래 등 다양한 이름이 붙어 있다. 기후거래소가 가장 발달한 지역은 유럽이다. 유럽연합이 회원국별로 온실가스 배출량 할당 및 거래를 골자로 하는 배출권거래제도(ETS, Emission Trading Scheme)를 가장 처음 만들었기 때문이다.

우선 영국 런던에는 거래 규모가 세계에서 가장 큰 유럽기후거래소

(ECX)가 자리 잡고 있다. 또 프랑스, 독일, 스페인, 오스트리아, 노르웨이도 기후거래소를 설립했다. 2005년 4월 네덜란드의 암스테르담에도 ECX가 설치됐지만, 2007년 10월 런던으로 통합됐다.

파리에는 2007년 12월에 설립된 블루넥스트라는 기후거래소가 있다. 뉴욕증권거래소(NYSE)가 소유한 유로넥스트(파리, 암스테르담, 브뤼셀의 통합 증시)와 프랑스의 공공 금융기관인 케세 데 데포(Caisse des Depot)가 합작한 회사다. 탄소배출권 선물을 주로 거래하는 ECX와 달리 블루넥스트에서는 현물·선물이 모두 거래된다. 블루넥스트는 탄소배출권뿐만 아니라 '기후로 인한 위험'도 환경 관련 금융 상품으로 개발해 판매할 계획을 갖고 있다. 이와 함께 블루넥스트는 뉴욕증권거래소의 글로벌 네트워크를 이용해 북미와 아시아를 포함한 전 세계적인 기후거래소를 만들어 간다는 야심찬 계획도 갖고 있다.

미국에서는 2003년에 문을 연 시카고기후거래소(CCX, Chicago Climate Exchange)가 가장 큰 기후거래 시장이다. ECX의 소유주인 영국의 CLE(Climate Exchange Plc) 그룹이 미국 시장을 선점하기 위해 2003년에 설립했다. 조지 부시 전 대통령 시절 미 정부가 교토의정서에 서명을 거부하는 등 탄소 거래에 소극적이었기 때문에 CCX는 자발적 시장으로 운영되어 왔다. CCX에 참여한 멤버들은 2010년까지 온실가스 배출량을 2003년을 기준으로 6% 줄이기로 서약했다. 현재 CCX 멤버 가운데는 포드·듀폰·모토롤라 등 미국의 대표적인 기업들이 포함돼 있다. 이와 함께 시카고·오클랜드와 같은 도시, UC샌디에이고·미네소타대학·미시간대학과 같은 교육기관, 철도회사 암트랙과 같은 정부 기관, 전국농민연합 등 각종 협회를 포함해 멤버 수가 350개에 이른다.

이들이 배정받은 감축량보다 많은 온실가스를 배출하면 배출권을 사야 하고, 적게 배출하면 배출권을 파는 것이다. 거래 대상은 CCX에서 만든 CFI(Carbon Financial Instrument). 기본거래 단위는 100t이다. 자발적 시장이지만 가입한 회원은 온실가스 배출 감축의 법적인 의무가 있다. 미 금융산업규제국(FINRA)에서 회원들의 감축 여부를 감시한다.

CCX와는 별도로 미 북동부 지역에선 10개 주가 2008년 말 주 정부 차원에서 '지역 온실가스 구상(RGGI)'을 결성하고, 온실가스 배출량 규제와 배출권 거래제 등을 도입했다. 코넥티컷, 델라웨어, 메인, 매릴랜드, 매사추세츠, 뉴햄프셔, 뉴저지, 뉴욕, 로드아일랜드, 버몬트 주가 참가했다. 또 서부에서도 캘리포니아 주를 중심으로 미국과 캐나다의 10여 개 주가 모여 Cap and Trade 방식의 배출권 거래제를 2012년부터 도입하기로 했다. 캐나다의 몬트리올에도 자발적 탄소거래 시장인 MCeX가 설립됐다.

또 호주의 뉴사우스웨일즈 주에도 역시 자발적 기후거래소인 ACX(Australian Climate Exchange)가 있다. 2005년 12월 석유 및 가스 회사에서 일하던 중역들에 의해 설립됐다. ACX에서는 독자개발한 NGAC라는 배출권 상품이 CER 등 다른 배출권과 함께 거래된다. 뉴질랜드 웰링턴의 탄소거래소(NZCX)에서는 호주 거래소와 협력 관계를 유지하고 있다.

인도의 파생상품거래소인 MCX는 지난해 1월 아시아 최초로 CER 선물시장을 설립했다. 중국도 지난해 9월 CCX와 합작으로 텐진기후거래소(TCX)를 열었다. 일본은 도쿄 증권거래소가 2009년 탄소거래소를 세울 예정이다. 홍콩의 증권거래소도 역시 기후거래소를 추진 중이다.

한국에서는 환경부와 한국거래소, 지식경제부와 전력거래소가 각각 손잡고 탄소거래 시장 설립의 주도권 경쟁을 벌이고 있다.

세계 각국의 기후거래소 현황

이름	소재지	설립일	거래 상품
유럽기후거래소(ECX)	영국 런던	2005년 4월	EUA, CER 선물, 옵션, 현물
블루넥스트(Blue Next)	프랑스 파리	2007년 12월	EUA, CER 선물 및 현물
Nord Pool Emissions	노르웨이 오슬로	2005년 2월	EUA, CER 선물 및 현물
EEX Emissions	독일 라이프치히	2005년 3월	EUA, CER 선물 및 옵션, CER 선물
Sende CO2	오스트리아 그라츠	2005년 5월	CER 현물
시카고기후거래소(CCX)	미국 시카고	2003년 12월	CFI
몬트리올기후거래소(MCeX)	캐나다 몬트리올	2006년 7월	캐나다 이산화탄소 선물
호주기후거래소(ACX)	호주 네들랜즈	2005년 7월	CER, VER(Verified Emission Reduction), NGAC
뉴질랜드탄소거래소(NZCX)	뉴질랜드 웰링턴	2004년	CER, ERU, RMU
MCX 탄소개소 (ECX-CFI MiniSM)	인도 움바이	2008년 1월	CER 및 CER 선물
텐진기후거래소(TCX)	중국 텐진	2008년 9월	CER, VER

세계 최대의 탄소 시장 ECX

세계 최대 기후거래소인 영국 런던의 유럽기후거래소를 직접 방문하면 적어도 두 번은 놀라게 된다.

우선은 직원 수가 6명에 불과하다는 사실. 런던 금융가의 중심인 비숍스게이트에 자리 잡은 ECX 본사에 들어가면 너무나 조용한 분위기에 놀라게 된다. 1층에는 리셉션 데스크와 회의실, 접견실이 자리잡고 있고, 2층은 사무실이다. 샘 존슨-힐 시장 개발 담당자에게 "도대체 6명으로 세계 최대의 기후거래소가 운영될 수 있느냐?"고 묻자 "그나마 최근까지는 5명이었다가 한 명을 더 뽑은 것"이라고 웃음을 지으며 답변했다.

ECX의 탄소 거래는 ICE(Inter Continental Exchange) 유럽선물거래소의 온라인 거래 시스템을 통해 이뤄진다. ECX는 상품 개발과 마케팅만 담당한다. 말하자면 핵심사업만 담당하고 나머지는 아웃소싱을 한 것이다. ICE는 세계 최대의 온라인 에너지선물거래소로, 국제석유거래소(International Petroleum Exchange)의 후신이다. 모든 거래는 ICE유럽청산소에서 청산되며, 영국 금융감독청(FSA)의 감독을 받는다.

ECX에서 두 번째로 놀라는 것은 엄청난 탄소 거래량이다. 지난해 ECX의 총 거래규모는 무려 920억 유로(1,250억 달러, 약 162조 원)에 이른다. 2007년의 400억 유로와 비교해도 2배가 넘게 증가했다. 전 세계 탄소 거래량의 40%, 유럽 탄소 거래량의 87%를 차지한다.

존슨-힐이 회의실 컴퓨터를 켜고 ICE 사이트로 접속해서 탄소 거래 현황을 직접 보여줬다. 시시각각으로 변하는 거래 상황이 모니터를 가득 채웠다. ECX에서 거래되는 탄소 상품은 4가지. EUA(EU Allowances) 선물, 옵션과 CER(Certified Emission Reductions) 선물, 옵션이다. EUA는 유럽연합(EU)이 회원국의 탄소 배출량을 분배하고 거래하도록 만든 시스템(Cap and Trade)에 따른 배출권이다. 회원국들이 배분받은 배출량보다 많은 온실가스를 배출하면 그만큼의 EUA를 사야 하고, 적게 배출하면 EUA를 팔 수 있다. 1EUA는 1t의 이산화탄소를 배출할 수 있는 권리다.

CER는 기후변화협약(교토의정서)에 따라 나무 심기, 화석연료 대체 등과 같은 청정개발체제(CDM) 사업에 투자해 인정받은 배출권을 말한다. EUA는 2014년까지 매년 12월 마감하는 상품이, CER는 2012년까지 매년 12월을 기준으로 삼는 상품이 거래된다.

ECX에서는 이미 글로벌 대기업은 물론 세계 각국의 개인들까지 적극적으로 거래에 참여하고 있다. 브리티시 페트롤륨(BP)과 바클레이스, 골드먼삭스 등 80여 개의 글로벌 기업

ECX의 샘 존슨-힐 시장개발 담당자가 ICE의 탄소 거래 상황을 설명하고 있다

들이 회원으로 가입했고, 전 세계에서 수천 명의 거래자들이 은행 등 중개기관을 통해 탄소 거래를 하고 있으며, 가정에서 온라인 거래를 하는 개인들도 늘어나고 있다. 한국에서도 온라인 거래가 가능하다.

존슨–힐에게 단일 국제 기후거래소의 설립이 가능한가를 묻자 "CER는 가능하지만, EUA는 유럽 국가 간의 거래이므로 어려울 것" 이라고 말했다. ECX는 영국 CLE(Climate Exchange Plc) 그룹에 속한 회사다. 런던 증시에 상장돼 있는 CLE는 ECX와 함께 미국의 시카고기후거래소(CCX), 시카고기후선물거래소(CCFE)도 소유하고 있다.

 헨리 더웜트 IETA회장 인터뷰

 2008년 10월 런던에서 열린 '카본 파이낸스 2008' 행사에서 '기후 변화에 대응하는 도구로서의 글로벌 탄소 시장'이라는 주제발표를 한 헨리 더웜트 국제온실가스거래소협회 (IETA) 회장과 인터뷰를 갖고 한국의 기후 변화 대응 및 탄소 시장 설립 움직임 등에 대한 의견을 들어 봤다.

질문 한국의 환경부와 지식경제부 등이 탄소 시장 설립의 주체를 놓고 줄다리기를 하고 있는데?

헨리 더원트 두 부처 가운데 어디가 낫다고 일방적으로 편을 들 수는 없다. 그것은 정부뿐만 아니라 금융계와 기업 등 모든 이해당사자가 협의를 거쳐 결정할 사안이다.

질문 한국은 자발적 감축 시장으로 먼저 가야 할까, 아니면 곧바로 의무 감축 시장으로 가야 할까?

헨리 더원트 의무 감축국이 아니라고 해서 자발적 시장으로 먼저 갈 이유는 없다. 국내적인 정책 목표를 달성하기 위해 의무적인 시장을 택할 수도 있다. 인도와 중국도 에너지 효율을 위해, 또 에너지 안보를 위해 온실가스 감축을 강제하고 있다.

질문 북한을 기후 변화 체제로 이끌 수 있는 방법은 없을까?

헨리 더원트 한국과 북한을 하나의 온실가스 거래 지역단위(scheme)로 인정할 수 있느냐에 대해서는 고려가 필요하다. 과거 서독과 동독의 경제 통합 사례 등을 연구해 볼 필요가 있다.

질문 한국 정부가 2050년까지 온실가스를 대폭 감축하겠다고 발표했는데?

헨리 더원트 장기 목표를 세운 것은 좋은 진전이다. 한국뿐만 아니라 많은 나라들이 2050년까지의 온실가스를 50%, 60%, 또는 80%까지도 감축한다는 목표를 갖고 있다. 그러나 2050년까지 목표하는 수치가 무엇이든 간에 각국 정부가 향후 10년 동안 해야 할 조치는 기본적으로 똑같다. 우선적으로 기업들에 온실가스 감축은 반드시 해야 하는 것이며, 그와 관련된 규정들이 앞으로 더욱 강해질 것이라는 점을 주지시켜야 한다. 한국 정부도 더욱 분명한 단기적 감축 목표를 세우는 것이 중요하다. 유럽연합의 경우 2020년까지 20%를 감축하겠다는 목표를 제시했다.

질문 **한국의 일부 기업들은 반대하는데?**

헨리 더원트 온실가스 배출 제한 및 거래 제도(Cap and Trade)가 도입되면서 흥하는 기업도 있고 망하는 기업도 있다. 흥하는 기업은 조용히 변화에 적응하기 위한 조치들을 취해 나간다. 반면 망하는 기업들은 불안감 때문인지 '소음'을 많이 낸다. 불과 10여 년 전에 IT가 도입됐을 때를 생각해 보자. 컴퓨터 구입 비용이 많이 든다고 해서 IT 도입을 거부한 회사들도 있다. 결국 그 회사들은 어떻게 됐는가. 이제는 탄소도 가격이 있는 시대가 됐다는 것을 분명히 인식해야 한다.

질문 **한국 기업들이 현재의 글로벌 탄소거래 시장 체제를 최대한 이용할 수 있는 방법은 무엇일까?**

헨리 더원트 기업 내에서 탄소를 줄이는 방법을 찾는 것이 우선 순위다. 사업을 진행하는 단계마다 탄소 배출을 염두에 둬야 한다.

탄소 시장 전문가들의 조언

"한국의 기업들이 탄소 감축에 반대하고 있을 때 경쟁국 기업들은 감축한 탄소를 팔고 있다." "한국 정부는 2050년까지의 감축 목표를 제시했지만, 향후 10년간 온실가스를 얼마나 더 줄이겠다는 식의 단·중기 목표도 세워야 한다." "한국의 탄소 시장에 북한을 통합하는 문제도 검토해 볼 만하다."

2008년 10월 8일부터 10일까지 영국 런던에서 열린 '탄소 파이낸스 2008'에 참석한 글로벌 탄소 시장의 선도자들은 한국 정부의 기후 변화 정책과 기업들의 탄소 프로젝트에 대해 갖가지 조언과 비판, 아이디어들을 쏟아냈다.

마쿠 BN 前사장

행사 참석자들은 한국이 추진 중인 기후 변화 시장 설립에 대해 많은 관심을 보였다. 기조연설자인 안드레이 마쿠 전 블루넥스트(BN, 프랑스 파리의 탄소 시장) 사장은 "한국이 자발적 시장을 거치지 말고 곧바로 의무 감축 시장으로 가는 것이 좋다."고 제안했다. 의무적 감축 시장은 교토의정서의 발효에 따라 의무 감축국들이 형성한 탄소거래 시장을 말하며, 자발적 시장은 탄소 감축 의무가 없는 기업, 기관 등이 사회적 책임과 환경보호를 위해 배출권을 거래하는 시장을 말한다.

2008년 8월 한국 국무총리실 관계자들을 만나 탄소 시장 설립 문제를 조언했다는 마쿠 전 사장은 "자발적 감축 시장을 만드는 데도 많은 돈과 에너지가 들어간다."면서 "결국은 의무 감축 시장으로 전환해야 하는데 굳이 중간 단계를 거칠 필요가 있느냐."고 반문했다. 또 자발적 및 의무 감축 시장에서 모두 일한 경험을 갖고 있는 니컬러스 디목 보맥스(런던의 기후 변화 컨설팅업체) 이사는 "탄소 가격이 싼 자발적 시장에 들어가는 것은 한국인의 세금과 기업의 비용을 비효율적으로 사용하는 것"이라고 지적했다.

반면 자발적탄소시장표준협회(VCSA)의 제리 시거 프로그램 매니저는 "나라의 사정이나 국내 상황에 따라 또는 정책 목표에 따라 결정하면 될 것"이라면서 "일본도 자발적 시장 쪽으로 가는 것 아니냐."고 반문했다. 피터 자펠 유럽연합 온실가스배출권시장(EU ETS) 조정관은 "한국은 유럽이 탄소 시장을 만들어 온 역사를 살펴볼 필요가 있다."면서 "영국도 자발적 시장으로 시작했지만 결국은 의무 감축 시장으로 변했다."고 강조했다.

한국이 북한에서 청정개발체제(CDM, Clean Development Mechanism, 선진국이 개도국에서 온실가스 감축 사업을 개발해 배출권을 확보하는 제도) 프로젝트를 추진하는 등 남북을 하나의 기후 변화 시장 체제로 통합할 가능성에 대해서도 참석자들은 관심을 보였다. 북한도 교토의정서 가입국이다. 마쿠 전 블루넥스트 사장은 "매우 흥미로운 아이디어이며 북한에도 경제적 이익이 될 수 있다."고 말했다.

링기우스 WB 팀장

라스 링기우스 세계은행(WB) 청정개발체제 운영팀장은 "국제기구들이 북한에 대한 CDM 프로젝트를 지원할 의사가 있느냐."는 질문에 "그것은 정치적인 이슈"라면서 "그런 고려가 가능할 수도 있다."고 밝혔다.

그러나 그는 "일단 북한에서 프로젝트가 시작된다고 해도 이를 안정적으로 관리해 나갈 수 있느냐가 관건"이라고 지적했다.

이번 행사에서 '조림을 통한 CDM 프로젝트 개발'을 발표한 테라글로벌캐피털(미국 샌프란시스코의 투자사)의 레슬리 더싱어 대표는 북한 조림 사업 가능성에 대해 "적어도 20~30년은 내다보고 투자해야 한다."면서 "한국 기업들이 돈을 벌기 위해서라면 신중히 결정해야 할 것"이라고 말했다.

존 케셀스 IEA 고문

기후 변화에 관한 정부간패널(IPCC)에 참여해 2007년도 노벨평화상을 받은 존 케셀스 국제에너지기구(IEA) 청정석탄센터(Clean Coal Center) 선임고문은 한국의 전력연구원에 청정 석탄 개발 문제를 조언했다고 밝혔다. 그는 청정 석탄 개발이 에너지 확보와 온실가스 감축을 위해 매우 중요한 사업이라며 한국과의 협력에 기대를 걸고 있다고 말했다.

세계은행의 링기우스 팀장은 해저 쓰레기 수거 프로젝트와 관련해 한국인들을 만났다고 밝혔다. 또 에너지개발업체 TFS에너지의 글로벌 사업부문 글로벌 담당자인 루시 모티머는 최근 한국 정부가 발표한 저탄소 녹색 성장 정책을 구체화하는 프로젝트와 관련해 한국 측과 접촉하고 있다고 밝혔다.

런던에 본부를 둔 에너지 컨설팅업체 네라(NERA)의 대니얼 라도브 부소장은 "한국 측 접촉선을 찾고 있다."고 말했고, 런던의 법률회사 CMS캐머런매케나의 니컬러스 몰호 변호사는 "한국 기업들과 비즈니스를 할 수 있는 기회를 갖게 되길 희망한다."고 말했다.

02. 영국에선 20유로, 미국에선 2달러 :: 탄소 가격

탄소 t당 가격 추이

세계 각국의 기후거래소에서 거래되는 탄소배출권의 가격은 얼마나 될까? 기후거래소(탄소 시장)에 따라, 상품에 따라, 시기에 따라 가격은 천차만별이다. 다만 가격 등락의 흐름은 세계적으로 비슷하다.

2009년 4월 24일 유럽기후거래소(ECX)에서 거래된 2009년 12월 마감분 EUA(유럽연합 회원국들에 할당한 탄소 배출량에 따라 발생한 배출권) 선물의 최종 가격은 t당 13.80유로. 전날보다 0.5유로가 올랐다. 프랑스 파리의 블루넥스트 등 다른 유럽기후거래소의 가격도 거의 비슷하다.

지난 2005년 거래 시작 이후 꾸준히 상승하던 탄소 가격은 지난해 7월 t당 30유로를 넘기도 했다. 그러나 지난해 하반기부터 가시화된 글로벌 금융 및 경제위기로 탄소 가격도 크게 떨어졌다. 올해 1월에는 10유로 가까이 떨어지기도 했다. 그러다가 최근 석유 등 기존 에너지 가격이 상승하면서, 탄소의 가격도 미약하나마 회복세를 보였다. 석유와 대체에너지의 수요는 반비례하지만, 석유와 탄소배출권의 수요 및 가격은 대체로 비례한다(다음 페이지 표 참조).

석유 가격이 오르면 석유에 대한 수요는 줄어드는 대신 태양광, 풍력 등 대체에너지에 대한 수요는 높아진다. 그러나 석유에 대한 수요가 줄어들면, 이산화탄소 배출량도 줄어들기 때문에 탄소배출권 수요도 줄어드는 것이다. 반대로 원유 가격이 내려 석유 수요가 늘어나면 이산화탄소 배출량이 늘어나기 때문에 이를 상쇄하기 위한 탄소배출권의 수요도 늘어난다.

같은 날짜 ECX의 2009년 12월 마감분 CER(Certified Emission Reduction)의 t당 가격은 11.50유로. CER는 탄소 감축 의무 국가들

이 개발도상국 등에서 나무 심기 등 청정개발체제(CDM) 사업을 벌인 뒤 그 대가로 얻는 탄소배출권이다. 똑같은 배출권인데도 CER가 EUA보다 싸다(표 참조). 여기에는 몇가지 이유가 있다. 우선 EUA는 각국마다 정해진 양이 있지만, CER는 유엔으로부터 CDM 사업 인증만 받으면 무한정 늘어날 수 있다.

또 CDM은 장기적인 사업이어서 추진 도중에 무산될 위험성도 있다. 이와 함께 현재 CDM 사업에 대한 국제사회의 규정이 명확한 것이 아니어서 앞으로 협의 결과에 따라 또 다른 변수가 발생할 수도 있는 것이다. 그러나 유럽에서만 거래되는 EUA와 달리 CER는 세계 각국의 기후거래소에서 모두 거래되기 때문에 탄소 시장을 국제화하는 데는 중요한 역할을 하고 있다.

같은 날짜 미국 시카고기후거래소(CCX)의 2008년분 CFI(Carbon Financial Instrument) 현물의 t당 가격은 1.60달러. CFI는 자발적 기후거래소인 CCX가 만든 거래 단위다. 이날의 가격은 전날과 변화가 없고, 2만 8,000t이 거래됐다. CCX의 탄소 가격이 ECX보다 훨씬 낮은 것은 자발적 시장이기 때문이다. 미국은 유럽과 달리 유엔 기후변화협약의 이행서인 교토의정서를 비준하지 않았기 때문에 감축 의무가 없다. CCX에 참여하는 기업들은 환경보호라는 '선의'를 갖고, 혹은 '그린 마케팅'이나 유럽에 대한 수출을 염두에 두고 자발적으로 탄소 감축을 선언한 것이다.

CCX의 선물거래소인 CCFE의 2009년 12월 마감분의 CFI t당 가격은 1.66달러로 현물 가격과 큰 차이가 없다. 반면 2013년 12월 마감분의 CFI t당 가격은 무려 11.75달러이다. 2013년 선물 가격이 더 비싼 이유는 버락 오바마 대통령의 에너지 및 기후 변화 정책 때문이다. 오바마 대통령이 국제사회의 기후 변화 방지 노력에 적극 동참하기로 약속했기 때문에 2013년쯤이면 미국도 온실가스 의무 감축국이 될 가능성이 높은 것이다.

ECX에서도 선물 가격은 마감연도가 높을수록 올라간다. 같은 날짜 EUA의 2010 · 2011 · 2012 · 2013 · 2014년 12월 마감분이 각각 14.45 · 15.13 · 16.08 · 16.98 · 18.20유로였다.

CER의 가격도 마감날짜가 멀수록 높았다. 이는 국제사회의 온실가스 감축 노력이 지속되고 강화되며, 탄소 시장도 계속 성장할 것이라는 기대를 반영한 것이다.

탄소 비즈니스의 선두주자 포인트카본

기후거래소의 등장은 탄소배출권 거래와 관련한 새로운 비즈니스의 기회를 가져왔다. 그 기회를 잡은 대표적인 업체 가운데 하나가 탄소시장 리서치, 컨설팅, 이벤트 및 교육을 담당하는 포인트카본(PointCarbon)이다.

런던 금융가 중심에서 조금 떨어진 클러큰월 로드에 자리 잡은 아담한 빌딩 2층에 포인트카본의 런던 지사가 위치해 있다. 노르웨이의 오슬로에 본사를 둔 포인트카본은 미국 워싱턴과 일본 도쿄, 스웨덴 말모, 우크라이나 키에프에도 지사가 있다.

키에프 지사는 개발도상국에서 탄소 감축 사업을 추진한 뒤 그 대가로 탄소배출권을 얻는 청정개발체제(CDM) 프로젝트를 추진하기 위해 설립한 것이다.

2008년 11월 포인트카본 런던 지사를 방문하자 안드레아스 아바니타키스 선임분석가와 모리시오 베르뮤데즈-뉴바우어 박사가 맞아 줬다. 아바니타키스는 "포인트카본은 2000년 설립됐지만, 그 훨씬 전부터 환경과 에너지 문제를 연구해 온 노르웨이의 프리드토프 난센 연구소에 뿌리를 두고 있다."면서 "그동안 축적된 에너지 및 가스 시장 데이터 베이스와 분석 테크닉을 탄소 시장에 적용하는 것"이라고 설명했다.

포인트카본의 안드레아스 아바니타키스 선임분석가가 탄소 시장 분석 틀을 통해 시황을 설명하고 있다

287

포인트카본이 탄소 시장 관계자들의 주목을 끈 것은 2004년 '카본 마켓 트레이더'라는 분석 틀을 선보이면서부터다. 아바니타키스는 회의실의 컴퓨터를 켜고 포인트카본이 제공하는 분석 틀 등 서비스들을 실제로 보여줬다. 우선 모니터에서 유럽 탄소 시장의 탄소배출권 거래 상황이 한 눈에 들어왔다. 유럽기후거래소(ECX)에서 봤던 ICE 선물거래소의 실시간 거래 화면보다는 훨씬 보기도 쉬웠고, 부가 정보도 많았다.

포인트카본은 유럽, 미국, 호주 등의 탄소 시장이 장을 끝낸 뒤 시황을 분석하는 5건의 보고서를 내고, 탄소 시장에 영향을 미치는 뉴스를 담은 기사도 실시간으로 생산한다. 포인트카본은 이메일을 통해 고객에게 뉴스와 보고서를 보낸다. 그러나 이메일 뉴스레터에는 중요한 기사나 보고서의 제목만 담긴다. 내용을 보려면 요금을 지불해야 한다. 포인트카본의 뉴스를 보는 데만 1년에 1,295유로(약 221만원)를 내야 한다. 이밖에 각국 정책, 신흥시장 분석, CDM 프로젝트 투자 등 각종 보고서를 보는 데도 추가로 비용을 지불해야 한다.

베르뮤데즈-뉴바우어 박사는 2008년 말 현재 포인크카본의 유료 이용자는 3만 명이 넘는다고 밝혔다. 고객 가운데는 글로벌 에너지 및 금융 기업, 정부와 국제기구 등이 포함돼 있다. 고객의 국적을 따지면 무려 150개국이 넘는다고 한다. 이에 따라 포인트카본은 서비스를 영어는 물론 중국어와 일본어, 프랑스어, 스페인어, 러시아어, 폴란드어, 포르투갈어로도 제공한다고 밝혔다.

포인트카본은 한국의 기후 변화 정책과 관련한 보고서도 만들어 75유로에 판매하고 있다. 한국의 업체가 얻어야 할 수익을 포인트카본이 대신 얻는 셈이다. 아바니타키스와 베르뮤데즈-뉴바우어에게 한국에 관한 자료와 정보를 어디서

포인트카본의 시장 분석 전문가 모리시오 베르뮤데즈-뉴바우어 박사

얻느냐고 묻자 "세계 각국의 정보를 얻는 소스가 있다."며 구체적인 답변은 피했다.

아바니타키스는 포인크카본의 수익이 리서치, 뉴스 서비스 및 이벤트, 컨설팅에서 각각 3분의 1정도씩 나온다고 말했다. 수익성이 확인되면서 2007년 JP모건과 오크인베스트먼트로부터 3,000만 달러의 투자를 유치하기도 했다.

포인트카본은 매년 탄소 시장 관련 국제 콘퍼런스를 주최하고 교육 프로그램도 제공한다. 매년 주최하는 콘퍼런스는 세 차례. 2009년 4월 덴마크의 코펜하겐에서 연례 콘퍼런스인 '카본 마켓 인사이트'라는 행사가 개최됐다. 8월에 호주 멜버른에서 '기후 변화와 비즈니스'라는 주제로 행사를 열고, 11월에는 미국 뉴욕에서 '카본 인사이트 어메리카'란 제목의 행사를 개최한다.

포인트카본 회의실

　포인트카본의 교육 프로그램은 갈수록 늘어나고 있다. 포인트카본은 유럽과 북미 지역을 중심으로 세계 각국에서 탄소 시장 및 탄소배출권 거래와 관련한 하루짜리 교육 프로그램을 수시로 개최한다. 포인트카본은 특히 올해는 런던 비즈니스 스쿨과 손잡고 탄소 금융 및 분석 프로그램을 설립했다. 국제 탄소 및 에너지 시장에 일할 전문가들을 양성하기 위한 프로그램이다. 이와는 별도로 포인트카본은 온실가스경영연구소(GHG Managment Institute)와 함께 유럽과 미국의 탄소 시장 전반에 대해 집중 교육하는 12과목 짜리 온라인 프로그램도 시작했다. 12개월간 계속되는 강의의 수강료는 475달러(약 84만 1,000원)다.

그린 에너지 지수

클린 에너지와 그린 비즈니스가 전 세계적으로 확산되면서 글로벌 금융시장에서도 관련 기업들을 편입시켜 만든 갖가지 형태의 지수 (Index)들이 활발하게 발표되고 있다. 또 주식시장에서 지수에 투자하는 거래도 이뤄지고 있다. 그러나 2009년 들어서 클린 에너지 관련 지수는 글로벌 금융 및 경제위기의 영향 때문에 다른 분야 주가지수와 마찬가지로 약세를 면치 못하고 있다.

국제 금융시장에 처음으로 등장한 글로벌 신재생에너지 관련 주가지수는 세계재생에너지산업지수(RENIXX)이다. 2006년 5월부터 독일의 클린 에너지 관련 리서치 및 컨설팅업체인 IWR가 운영하고 있다. 이 지수는 세계에서 가장 큰 신재생에너지 관련 기업 30개의 실적을 지수화한 것이다. 태양광과 풍력, 지열, 바이오연료, 수력, 연료전지 등에서 50% 이상의 매출을 기록한 기업들만 포함된다.

IWR의 클린 에너지 지수에 자극받아 글로벌 금융기업들도 대거 신재생에너지 관련 지수 작성 및 발표에 나섰다. 지수 운용사들은 대부분이 유럽과 미국의 투자사들이다. S&P 500지수를 발표하고 있는 스탠더드&푸어스는 글로벌 클린 에너지 지수와 글로벌 대체(Alternative) 에너지 지수를 발표하고 있다. 클린 에너지 지수에는 태양전지 개발 및 제조업체인 독일의 큐셀과 풍력발전기 생산 기업인 덴마크의 베스타스 등 각 분야 세계 1위 기업 29개가 포함돼 있다. 당초 이 지수에 포함된 기업은 10개국의 30개였으나 2008년도 11월 미국의 대표적인 바이오연료 업체인 베라선(VeraSun)이 파산을 신청하면서 제외됐다. 현재 이 지수에 편입된 기업들의 국적을 보면 미국이 11개로 가장 많고, 중국이 5개, 독일이 4개, 스페인과 프랑스가 2개씩이다. S&P 대체에너지 지수에는 클린 에너지 기업들과 함께 원자력 관련 기업들도 다수 포함돼 있다.

한편 영국 주식시장에서는 FTSE ET50 지수가 발표되고 있다. 투자사인 임팩스자산관리가 지난 1999년부터 운영해 온 ET50 지수가 2007년 12월에 영국의 대표적인 FTSE 지수에 편입되면서 이름을 바꿨다. 이 지수는 수익의 50% 이상이 친환경 테크놀로지 쪽에서 나오는 글로벌 기업 50개를 대상으로 하고 있다. 재생에너지와 물 처리, 공해 관리, 쓰레기 처리 업체 등이 포함된다. FTSE 그룹은 이 분야를 연구하고 지수를 관리하기 위해 테크놀로지와 투자 전문가들로 구성된 독립된 위원회까지 설치했다.

FTSE ET50에 편입된 글로벌 10대 클린 에너지 기업

회사	국적	분야	시가총액(달러)
베스타스	덴마크	풍력발전기	193억 7,960만
선텍	미국	태양전지	123억 8,600만
가메사	스페인	풍력발전기	85억 3,180만
이버스롤라	스페인	클린 에너지 서비스	69억 7,870만
솔라월드	독일	태양광	68억 1,950만
노보자임스	덴마크	바이오연료	61억 9,100만
큐셀	독일	태양전지	56억 5,090만
스테리사이클	미국	폐기물 처리	51억 6,230만
REC	노르웨이	태양광 폴리실리콘	50억 2,310만

FTSE ET50 지수에는 19개국의 기업이 편입돼 있다. 미국 기업이 18개, 독일 기업이 5개이며, 타이완과 필리핀 기업도 포함돼 있다. FTSE ET50을 비롯한 주요 국제 클린 에너지 지수에 편입된 한국 기업은 아직 없다. FTSE는 ET50 지수와 함께 편입 대상을 글로벌 450개 신재생에너지 관련 기업으로 확대한 환경기회지수(Environmental Opportunities All-Share Index)도 발표하고 있다.

독일의 주식시장인 DAX에서는 글로벌 대체에너지 지수를 발표하고 있다. 이 지수는 천연가스, 태양광, 풍력, 에탄올, 지열·하이브리드·배터리 등 5개 분야에서 엄선된 15개 기업을 대상으로 하고 있다.

호주의 베이커스투자 그룹은 ALTEX글로벌 및 ALTEX호주 지수를 발표하고 있다. 2007년 6월 시작된 ALTEX글로벌 지수는 전 세계 138개 클린 에너지 기업의 실적을 반영하고 있다. 지수에 포함된 기업들의 시가총액이 1조 6,500억 달러로 이 분야에서 가장 규모가 큰 지수 가운데 하나다. 신재생에너지뿐만 아니라 원자력, 천연가스, 수소, 저탄소 발전, 환경기술 등 5개 분야로 구성돼 있다.

클린 에너지 투자 붐이 절정에 달했던 2007년도에 ALTEX글로벌 지수 가운데 가장 상승폭이 컸던 분야는 환경 기술로 지수가 무려 134.27%나 올랐다. 그해 우라늄 분야는 마이너스 7%를 기록했다. 반면 글로벌 금융 및 경제위기가 시작된 2008년의 경우 5개 분야 가운데서 가장 낙폭이 컸던 분야가 수소로 무려 70.58%나 하락했다. 수소가 가장 현실에서 먼 에너지라는 사실이 반영된 것으로 보인다. 낙폭이 가장 낮았던 분야는 천연가스지만 역시 41.42%가 하락했다.

글로벌 신재생에너지 관련 지수들

지 수	운용사(국적)	특 징
RENIXX 월드	IWR(독일)	최초의 글로벌 클린 에너지 지수 30개 기업
ALTEX 글로벌	베이커스 투자(호주)	138개 기업으로 구성된 지수
Ardour 글로벌 대체에너지	Ardour 투자, S-Network 글로벌 인덱스 합작	111개 기업 실적 반영
스위스 크레딧 글로벌 대체에너지	크레딧 스위스(스위스)	30개 기업을 5개 분야로 나눠 지수 산정
DAX 글로벌 대체에너지	Deutsch Boerse 그룹(독일)	15개 기업 실적 반영
S&P 글로벌 클린 에너지	S&P(미국)	태양광, 풍력 등 30개 기업 편입
월더힐 뉴 에너지 혁신	월더힐 뉴 에너지 파이낸스 (영국, 미국)	클린 에너지 발전, 에너지 효율 중심으로 86개 기업
WAEX (월드 대체에너지)	소시에테 제네랄(프랑스)	신재생에너지 발전, 분산 발전 포함한 20개 기업
FTSE ET50	FTSE 그룹(영국)	특별 위원회 구성해 50개 기업 분석
FTSE Environmental Opportunities All-Share Index	FTSE 그룹(영국)	FTSE ET50 확대해 450개 기업 편입

금융지수에 포함된 그린 기업들

　기술주 중심으로 구성된 미국의 나스닥(NASDAQ) 시장에서는 클린 엣지(Clean Edge)가 발표하는 그린 에너지 지수와 글로벌 풍력 지수가 상장지수 펀드(ETF)로 거래되고 있다. 클린 엣지는 샌프란시스코의 대표적인 클린 테크놀로지 리서치, 컨설팅 및 출판 업체 가운데 하나다.

2006년 11월 처음 발표된 클린 엣지 그린 에너지 지수는 나스닥과 뉴욕증권거래소(NYSE), 미국증권거래소(AMEX)에 상장된 46개 기업으로만 구성돼 있다. 지수 편입기준은 시가총액 1억 5,000만 달러 이상, 평균 거래량 10만 주 이상, 최소주가 1달러 이상, 성장잠재력 등이다. 클린 엣지 그린 에너지 지수에 편입된 기업들을 살펴보면 최근 미국 관련 분야의 트렌드를 읽을 수 있다.

우선 태양광의 경우 기존의 실리콘결정질 태양전지보다는 박막태양전지 등 새로운 기술에 관심이 많다. 세계 1위 박막태양전지 업체인 퍼스트솔라와 태양전지를 연결하는 '스트링 리본' 이라는 테크놀로지를 갖고 있는 에버그린솔라, 고효율 태양전지를 생산하는 선파워 등이 지수에 포함돼 있다.

이와 함께 신재생에너지 자체보다는 에너지 관련 물질(Material)이나 전력 기술에 집중하는 업체들도 다수 포함돼 있다. 전기 모터 제조업체인 발도, 에너지 변환 장비 업체인 아메리칸 슈퍼컨덕터, 전력용 반도체 제조사인 어드벤스드 아날로직 테크, 전기 장치 제조업체인 AVX, 탄소섬유를 만드는 졸텍 등이 그런 사례다.

특히 배터리와 대용량 에너지 저장 관련 기업들이 많다는 점이 눈에 띈다. 맥스웰 테크놀로지, 아이트론, ENER1 등이다.

또 한 가지는 중국 기업들이 많다는 점이다. 고성능 배터리 개발 및 제조업체인 ABT, 차이나 BAK 배터리, 태양광 등을 개발하는 잉리 등이다. 이들은 아예 기업 설립 단계에서부터 미국 시장을 염두에 두고 사업을 벌여 왔다.

클린 엣지 그린 에너지 지수 펀드는 일리노이에 본사를 둔 투자사인 퍼스트 트러스트에 의해 운용되고 있다. 2007년 8월부터 나스닥 시장에서 거래되고 있다. 225만 주가 발행됐으며, 2009년 5월 7일 현재 순자산 규모(Total Net Asset)는 2,915만 달러다. 펀드의 거래 개시 가격은 주당 20달러였다. 클린 에너지 투자 붐이 일었던 2008년 1·4분기에 27.79달러까지 오르기도 했으나, 글로벌 금융 및 경제위기 이후 하락하면서 7일 거래종료 기준으로 10.86달러까지 떨어졌다. 지난 1년간만 하락률이 53.53%에 이른다.

클린 엣지 그린 에너지 지수에 투자하는 퍼스트 트러스트 펀드의 주가 추이. 신재생에너지 붐이 한참 일던 2007년 연말까지 상승세를 이어갔으나 2008년을 넘어오면서 글로벌 금융 및 경제위기의 영향으로 급락했다

한편 클린 엣지의 글로벌 풍력 지수는 투자사인 파워 셰어에 의해 운용되고 있다. 미국뿐만 아니라 전 세계 증시에 상장된 풍력 기업 32개가 지수에 편입돼 있다.

03. 개발도 하고, 돈도 벌고 :: CDM/JI

CDM/JI란?

1992년 합의된 유엔기후변화협약(UNFCCC)은 세부 이행방안인 교토의정서(1997년 채택)를 통해 회원국의 온실가스 감축 의무량을 정해준 뒤 이를 신축적으로 달성할 수 있도록 돕는 갖가지 제도를 도입했다. 그 가운데 대표적인 것이 온실가스 배출권 거래(Emission Trading)와 청정개발체제(CDM, Clean Development Mechanism) 및 공동이행(JI, Joint Implementation)이다.

CDM은 교토의정서가 규정한 온실가스 38개 의무 감축국(주로 유럽국가들과 미국을 제외한 선진국·부속서 1에 해당국 명단이 들어 있기 때문에 Annex 1 국가라고도 한다)이 비의무 감축국(한국과 중국을 포함한 개발도상국)에서 온실가스의 감축 사업을 벌이는 것을 말한다.

감축 대상 온실가스는 이산화탄소(CO_2), 메탄(CH_4), 아산화질소(N_2O), 불화탄소(PFC), 수소화불화탄소(HFC), 불화유황(SF_6) 등 6가지다. 의무 감축국은 감축 사업에서 줄이는 온실가스의 양만큼의 온실가스 배출권을 확보하게 된다. 그 같은 배출권을 CER(Certified Emission Reduction)라고 한다. 1CER는 이산화탄소 1t 또는 이산화탄소 1t에 해당하는 다른 온실가스를 감축한 것을 의미한다.

CDM은 UNFCCC 사무국에 등록하고 검증을 받아야 하는 사업이다. 의무 감축국이 비의무감축국에 기술 및 자본을 투자하여 온실가스를 감축하는 사업인 양자(Bilateral) CDM 사업과 감축 의무국의 기술 및 자본 투자 없이 비의무 감축국이 일방적으로 추진하는 온실가스 감축 사업인 일방적(Unilateral) CDM 사업으로 나뉜다.

우리나라는 2가지 CDM 사업을 모두 추진하고 있지만, 일방적 CDM의 경우 의무 감축국들이 인정하기를 꺼리고 있어 향후 기후 변화협상 결과에 따라 변수가 생길 수도 있다.

국내에선 2009년 4월 현재 총 23건의 CDM 사업이 유엔에 등록돼 매년 1,460만t의 온실가스 감축 효과를 얻고 있다. 인천광역시의 수도권 매립지나 경기도의 시화조력발전소, 대구광역시의 서대구 바이오매스 열병합발전 등이 대표적 CDM 사업이다. 울산화학의 HFC 분해 사업은 2005년 3월 UNFCCC에 국내 최초의 CDM 사업으로 등록됐다.

우리나라의 CDM 규모는 등록건수 기준으로 인도 · 브라질 · 중국 · 멕시코에 이어 세계 5위, 온실가스 감축효과 기준으로 중국(1억4,730만t) · 인도(3,330만t) · 브라질(1,970만t)에 이어 세계 4위다. 2009년 4월 태국 정부와 기업, 단체로 구성된 30명의 CDM 사업연수단이 방한하는 등 우리나라의 CDM 사업 능력은 세계적으로 인정받고 있다.

JI는 온실가스 의무 감축국이 다른 의무 감축국에서 온실가스 감축 사업을 벌인 뒤 탄소배출권을 얻는 제도이다. 여기서 나온 배출권은

ERU(Emission Reduction Unit)라고 한다. 예를 들어 영국 기업이 프랑스의 쓰레기 매립지에서 가스를 에너지로 바꾸고 온실가스 배출권을 확보하는 것이다. 1ERU는 CER와 마찬가지로 이산화탄소 1t, 또는 이산화탄소 1t에 해당하는 다른 온실가스를 감축한 것을 의미한다.

JI는 의무 감축국 가운데서도 경제발전 정도가 떨어지는 러시아와 우크라이나 등 동유럽 지역에서 주로 이뤄진다. 그러나 JI 사업은 다른 의무 감축국 간에는 CDM만큼 활발하지가 않다. 예를 들어 영국 기업이 프랑스에서 ERU를 얻으면 프랑스는 그만큼 배출권을 다시 확보해야 하기 때문이다. 우리나라는 의무 감축국이 아니기 때문에 해당사항이 없다.

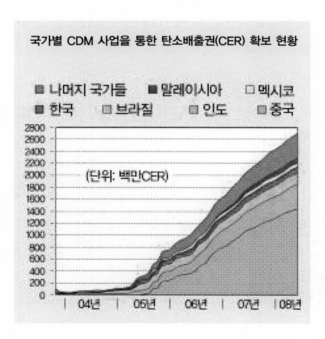

에코 시큐리티스

　세계를 무대로 청정개발체제(CDM) 사업을 이끄는 대표적인 업체가 영국의 에코 시큐리티스(Eco Securities)이다. 에코 시큐리티스는 세계 각국에서 CDM 사업을 직접 시행할 뿐만 아니라 탄소배출권을 거래하며, 컨설팅 업무도 하고 있다.

　에코 시큐리티스의 본사는 명문 옥스퍼드대학 부근의 고풍스러운 거리에 자리 잡은 현대식 3층 건물 안에 있다. 건물 가운데로 자연채광이 들어오는 친환경적인 사무실은 매우 조용하고 안정된 분위기였다. 에코 시큐리티스 회의실에서 폴 소피 CDM 사업담당 국장과 레이첼 마운틴 글로벌 마케팅 팀장을 만났다. 마운틴 팀장은 "에코시큐리티스가 탄소 비즈니스 업계에서 뽑는 최고의 회사로 6년 연속 선정됐다."는 자랑으로 설명을 시작했다.

에코 시큐리티스의 사무실 전경

에코 시큐리티스는 23개국에 지사를 갖고 있으며, 총 직원 수는 300여 명이다. 한국에는 지사가 없지만 연락선을 갖고 있으며, 실제로 CDM 비즈니스도 하고 있다. 에코 시큐리티스는 현재 34개국에서 408개의 CDM 프로젝트를 동시에 진행하고 있다. 중국 난징에서는 쓰레기 매립지에서 나오는 가스를 개발하는 사업이, 미국 아이다호 주에서는 가축의 분뇨에서 배출되는 온실가스를 줄이는 사업이, 온두라스에서는 수력발전소 건설이 진행 중이다. 이밖에 풍력·태양광·지열 등 재생에너지 개발, 에너지 효율화, 조림, 6개 온실가스 직접 감축 등 모두 18가지의 테크놀로지가 CDM 사업에 사용되고 있다. 소피 국장은 "CDM에 사용되는 테크놀로지는 직접 개발하지 않고 시장에 나와 있는 기술을 이용한다."고 말했다.

CDM 사업을 통해 확보한 배출권(CER)은 감축 의무를 가진 정부나 기업에 판매한다. 가장 중요한 시장을 묻는 질문에 소피 국장은 "현재는 중국, 미래는 미국이 될 것"이라고 말했다. 중국에서는 현재 에코 시큐리티스의 CDM 프로젝트 가운데 절반 정도가 진행되고 있다. 중국은 시장이 크고, 경제 성장에 따라 온실가스 배출도 많기 때문에 CDM 사업도 활발하다고 소피 국장은 말했다. 또 미국은 버락 오바마 대통령이 클린 에너지와 기후 변화에 대해 큰 관심을 갖고 있기 때문에 탄소 시장이 급성장할 것으로 기대된다는 것이다.

소피 국장은 온실가스 10대 배출국인 한국에 지사를 두지 않은 이유를 묻자 "한국은 곧 의무 감축국이 될 것으로 보기 때문"이라고 말했다. 한국이 의무 감축국이 되면 한국에서의 CDM 사업은 의미가 없어지는 것이다.

CDM 사업은 사전평가부터 프로젝트 기획, 승인, 시행, 모니터, 온실가스 감축 확인 등 매우 복잡한 절차를 거쳐야 하기 때문에 전문 인력과 기술이 없으면 좀처럼 수행하기가 어렵다. 에코 시큐리티스는 교토의정서가 합의된 1997년 설립됐다. 창업자들은 탄소 시장이라는 개념도 없었던 1980년대부터 이미 탄소 관련 비즈니스를 기획하고 데이터베이스를 구축하며 전문가 네트워크도 형성해 왔다. 이 때문에 에코시큐리티스는 각국 정부 및 국제기구들에 조언해 오기도 했다. 따라서 유엔 등 국제사회가 CDM 체제를 만드는 과정에 직접 참여한 것이다.

에코 시큐리티스는 2005년 12월 런던 증시에 상장하면서 8,000만 유로의 투자금을 거둬들였다. 2007년에는 다시 1억 유로의 투자금을 유치했다. 이 가운데 4,400만 유로는 크레딧 스위스 은행이 지분의 9%를 인수한 것이다.

그러나 글로벌 금융 및 경제위기가 확산된 2008년 말 에코 시큐리티스의 수익성에 대해 의문을 제기하는 보고서들이 나오기 시작했다. 우선 탄소배출권 가격이 계속 하락하고 있다. 그런데다가 에코 시큐리티스가 추진하는 CDM 사업들에서 예상했던 것만큼의 탄소배출권이 나오지 않았다는 것이다. 또 유엔기후변화협약(UNFCCC) 사무국의 검증 절차가 너무 늦어 CDM 사업 추진이 계속 늦어지면서 금융비용도 늘어난다. 2005년 증시 상장 이후 지난해 말까지 1억 200만

에코 시큐리티스의 폴 소피 CDM 담당 국장이 CDM 사업 추진 과정을 설명하고 있다

달러의 손실을 입었다고 CNN은 보도하기도 했다.

이에 대해 소피 국장은 "금융위기는 양날의 칼"이라고 말했다. 경제위기 때문에 탄소 시장에 대한 투자가 줄어든다고 볼 수도 있지만, 오바마 정부처럼 클린 에너지와 탄소 비즈니스를 통해 경제위기를 극복하려는 움직임도 있기 때문이라는 것이다. 소피 국장은 국제기구나 국가에 CDM 인증 전문가가 부족해 '병목 현상'이 나타나고, 사업 추진이 늦어지는 것은 사실이라고 인정했다. 수익과 관련, 마운틴 팀장은 "현재 진행 중인 프로젝트가 다수 마무리되는 2012년이면 4,000만 유로의 수익이 발생한다."고 밝혔다.

한국 정부가 추진 중인 북한 조림 사업도 CDM 사업으로 인정받을 수 있을 것 같으냐는 질문에 소피 국장은 "물론 그럴 수 있다."고 말했으나 "조림의 경우 절차와 인증 과정에 복잡한 문제가 많아 유럽

국가들은 거기서 나온 CER를 잘 구입하지 않는다."고 말했다. 소피 국장은 "무엇보다 정부가 온실가스 감축에 대한 명확한 목표를 밝혀야만 그에 맞춰 기업들이 사업 전략을 세울 수 있을 것"이라고 말했다. 소피 국장은 한국 기업이 CDM 사업과 관련한 클린 테크놀로지들을 이미 대부분 확보하고 있기 때문에 동남아시아 등의 지역에서 사업을 추진해 나갈 수 있을 것이라고 전망했다.

7

녹색 성장의 리더들

01. 정책이 없으면 산업도 없다
:: 각국 정부의 녹색 정책

"21세기에는 에너지 분야에서 앞서가는 나라가 세계를 이끌어갈 것이다." (버락 오바마 미국 대통령)

세계 각국의 정부가 클린 에너지와 그린 비즈니스의 확산을 선도하고 있다. 정부가 직접 나서는 이유는 3가지다. 첫째, 오바마 대통령의 지적대로 에너지 문제가 향후의 국가경쟁력을 좌우하기 때문이다. 특히 '석유 이후' 의 에너지는 부존자원이 아니라 테크놀로지에서 나오기 때문에 모든 국가가 사활적 경쟁에 뛰어들고 있다. 둘째, 석유와 마찬가지로 신재생에너지 사업도 투자 규모가 크다. 대규모 인프라스트럭처의 건설이 필요하다. 따라서 정부나 글로벌 기업 정도가 아니면 나서기가 쉽지 않다. 셋째, 신재생에너지에 대한 예산 지원 필요성 때문이다. 태양광과 풍력은 아직 석유 등 석탄연료와 비교해 가격 경쟁력이 떨어진다. 당분간 발전 차액을 보조하는 지원금이 필요한 것이다.

오바마 대통령 취임 이후 미국도 '녹색 강국' 으로 자리를 잡아가고 있다. 기후변화협약의 비준을 거부했던 조지 부시 전 대통령과는 달리 오바마 대통령은 클린 에너지와 그린 비즈니스를 글로벌 금융 및 경제위기를 타개할 새로운 성장 동력으로 제시하고 있다. 오바마 대통령은 기후변화협약(교토의정서) 가입과 온실가스 배출 제한 및 거래(Cap and Trade)의 도입도 약속했다.

오바마는 2008년 대선 당시 '미국을 위한 새로운 에너지 정책'을 천명했다. 10년 간 1,500억 달러를 신재생에너지와 관련 비즈니스에 투입해 500만 개의 녹색 일자리를 만들겠다는 것이 골자다. 이 정책은 '미국 회복 및 재투자법'에도 반영됐다. 우선 2010년까지 540억 달러를 '녹색 산업'에 투입해 경기 회복을 돕는다는 것이다. 재생에너지 기술개발 및 관련 시스템 구축에 320억 달러, 공공주택 등의 친환경 설비와 서민 주택의 냉·난방 설비 지원에 220억 달러가 투입되는 내용 등이 담겨 있다. 또 하이브리드나 전기차와 같은 '그린카(친환경 자동차)'를 구입할 경우 대당 7,000달러의 세금을 공제해 준다. 그 덕분에 전기차 생산업체인 테슬라도 세단 '모델 S'를 5만 달러 미만으로 판매할 수 있게 됐다.

독일은 지난 2000년 신재생에너지법 제정을 계기로 클린 에너지 분야의 최강대국으로 자리매김하기 시작했다. 법의 골자는 클린 에너지에 대한 정부의 지원이었다. 이른바 Feed-In-Tariff 정책이다. 풍력이나 태양광, 바이오매스 등 신재생에너지를 통해 전기를 생산하면 전력회사들이 20년에 걸쳐 의무적으로 매입하도록 규정했다. 또 태양광 등 신재생에너지 시설을 설치하는 국민은 2~4%의 낮은 금리로 융자를 받을 수 있다. 사실 독일은 석유와 같은 화석연료는 물론이고 태양이나 풍력, 지열 등 자연 에너지 자원도 다른 나라에 비해 풍부한 편은 아니었다. 그럼에도 불구하고 정부의 적극적인 지원책을 통해 세계적인 신재생에너지 강국으로 부상했다. 독일의 전체 에너지 사용량 가운데 신재생에너지가 차지하는 비율은 2005년 6.6%에서 2006년 8%, 2007년 9.1%로 증가했다. 2008년에는 10%를 넘은 것으로 추산된다. 신재생에너지 비율보다 더 중요한 것은 독일이 태양광과 비화산 지역의 지열 개발, 에너지 효율 및 그린 빌딩 설계와 건축 등의 분야에서 첨단 테크놀로지를 개발, 세계 시장을 장악해 가고 있다는 점이다.

일본은 이미 에너지 대국의 반열에 들어서고 있다. 일본은 자원으로서의 에너지 대신 기술로서의 에너지를 보유하고 있다. 일본은 태양광과 하이브리드 카, 각종 배터리, 에너지 저장 등의 분야에서 세계적인 경쟁력을 갖고 있다.

2008년 6월 후쿠다 야스오 당시 총리는 2050년까지 이산화탄소 배출량을 60~80%까지 감축하겠다는 내용을 골자로 하는 이른바 '후쿠다 비전'을 발표했다. 후쿠다 정부는 이를 통해 일본을 저탄소 사회로 조기에 진입시키는 한편, 국제적으로 '포스트 교토(2013년 이후의 기후변화협약) 체제'를 선도하겠다는 의지를 밝힌 것이다. 특히 미국과 중국, 인도 등 주요 이산화탄소 배출국에 대해 교토의정서 준수 및 감축 의무를 부과함으로써 국제 경쟁력을 약화시키겠다는 복안도 갖고 있는 것으로 분석된다.

이에 앞서 일본 정부는 2008년 5월 'Cool Earth 에너지 혁신기술계획'을 제시했다. 21개 탄소 저감 기술 확보를 통해 신성장산업을 육성하고 신규시장을 창출하겠다는 계획이다. 21개 핵심 기술에는 고효율 천연가스 및 석탄발전, 초전도 송전, 탄소 포집 및 저장, 태양광 발전, 차세대 원자로, 지능형 교통 시스템, 연료전지차, 하이브리드

주요국의 기후변화 및 에너지 정책

국가	주요정책·법률·기구	내용
한국	• 저탄소 녹색 성장 • 저탄소 녹색 성장 기본법	– 신재생에너지 녹색 산업 통해 일자리 창출 – 그린 홈 100만 호 보급 – 그린카 4대 강국 도약

미국	• 미국을 위한 새로운
	   에너지 정책
	• 미국 회복 및 재투자법
		– 10년 간 1,500억 달러 투입
		   500만 개의 녹색 일자리 창출
		– 2010년까지 540억 달러 녹색 산업에 투입

일본	• Cool Earth 에너지 혁신 계획 • 후쿠다 비전	– 21개 핵심 기술 개발 – 2050년까지 이산화탄소 배출 60~80% 감축
독일	• 신재생에너지법	– 신재생에너지 발전에 대한 보조금 지급 – 전력회사의 신재생에너지 발전 의무화 – 신재생에너지 표준화를 위한 국제기구 추진
영국	• 그린혁명 계획	– 2050년까지 탄소 제로형 국가로 개조 – 풍력으로 전력생산의 1/3 충당 – 유럽기후거래소(ECX) 집중 육성
중국	• 재생가능에너지법	– 2050년까지 세계 최대·최고의 저탄소 기술국 도약 – 산간 오지에 채양광·풍력·바이오연료 의무화
프랑스	• 환경에너지·지속가능· 국토개발부(MEDAT) 설립	– 신형원자로 추가 건설 및 수출 – 2020년까지 유기농 경작면적을 20%로 확대
덴마크	• 국립에너지연구소	– 2050년까지 화석에너지와 단절 풍력 시장 장악력 확대
핀란드	• 국가에너지기후전략	– 토탄 등 목질계 바이오패스 특화
아이슬란드	• 아이슬란드 신에너지(INE) 설립	– 초고온 지열 발전 개발 – 지열 설비 및 기술 수출
러시아	• 에너지법 개정안 마련 중	– 우주개발에 사용된 태양광 기술 개발

카, 바이오연료, 탄소저감 제철 공정, 에너지절약 주택, 고효율 조명, 연료전지, 저전력 IT 기기, 고효율 열펌프, 고성능 전력저장 장치, 수소 생산·저장 및 수송, 파워 일렉트로닉스 등이 포함돼 있다.

영국은 2008년 6월 고든 브라운 총리 주도로 '그린 혁명 계획'을 수립했다. 2050년까지 영국을 '탄소 제로' 국가로 개조하겠다는 야심찬 목표를 설정했다. 영국 정부는 이를 위해 2020년까지 1,000억 파운드(약 200조 원)를 투입, 전체 전력생산의 15%를 신재생에너지로 충당하는 등 국가 에너지 조달체계를 혁신한다는 계획을 갖고 있다. 영국은 이와 함께 전통적으로 경쟁력을 갖고 있는 금융 산업을 통한 녹색 경제 장악에도 관심을 갖고 있다. 이를 위해 세계 탄소배출권 시장의 40%를 차지하고 있는 유럽기후거래소(ECX)를 집중 지원하고 있으며, 청정개발체제(CDM) 등 기후 변화 관련 사업에 대한 투자에도 적극적이다.

한미 녹색 정책 비교

버락 오바마 대통령이 취임하자 세계는 미국 새 정부의 기후 변화 및 에너지, 환경 정책에도 큰 관심을 보이고 있다. 중국의 원자바오 총리, 한스 게르트 포터링 유럽의회 의장 등 각국 정부 및 국제기구의 고위관계자들이 즉각 오바마의 관련 정책에 대해 직접적인 관심을 표시했다. 오바마의 기후 변화 및 에너지, 환경 정책을 우리 정부의 '녹색 성장' 적 관점에서 분석해 본다.

오바마는 2050년까지 1990년의 온실가스 배출량 대비 80%를 감축하겠다고 공약했다. 이명박 대통령은 2008년 7월에 열린 G-8 정상회담에서 "한국사회를 저탄소 사회로 조기 전환하겠다."면서 "2020년까지의 온실가스 감축을 위한 중기 목표를 내년에 발표하겠다."고 약속했다. 이에 따라 2050년까지 80%라는 오바마의 대담한 공약은 한국 정부에게는 큰 심적 부담이 될 것으로 보인다. 오바마는 이와 함께 유럽연합(EU) 국가들이 채택한 Cap and Trade 시스템을 경제 전반에 적용하겠다고 밝혔다. Cap and Trade란 산업별, 기업별로 일일이 탄소 배출량을 정해 주고, 초과 및 부족분을 경매 방식으로 거래하는 시스템이다. 이에 따라 탄소시장 설립을 준비 중인 우리나라도 영향을 받을 가능성이 크다. 다만 오바마는 Cap and Trade 시행 시기를 밝히지 않았다. 우리나라도 기업들의 반발이 강하기 때문에 당초 목표한대로 탄소 시장이 개설될지는 불분명하다.

오바마는 2012년까지 미국에서 소비하는 전력의 10%를 신재생에너지로 충당하겠다는 뜻을 밝혔다. 또 2020년까지는 25%로 목표치가 상향된다. 특히 정부가 사용하는 전력은 2020년까지 30%를 신재생에너지로 충당키로 했다. 한국 정부도 태양광, 풍력, 연료전지 등 10여 가지가 넘는 에너지 기술을 개발하겠다고 발표했다.

오바마는 청정 석탄과 원자력을 전력공급원으로 사용하겠다고 공약했다. 유럽의 기후 변화 및 신재생에너지 공세에 대한 일종의 반격이라고도 볼 수 있다. 많은 유럽 국가들은 석탄과 원자력은 친환경 에너지원으로 간주하지 않는다. 청정 석탄은 석탄을 태우면서 발생하는 이산화탄소를 포집해서 땅 속에 묻는(Carbon Capture and Storage) 기술이 핵심이다. 이는 우리 정부가 발표한 녹색 성장 기술에도 포함돼 있다. 또 한국전력연구원이 국제에너지기구(IEA) 청정석탄센터(Clean Coal Center)와 협력해 이 문제를 연구 중이다. 이와 함께 오바마는 원자력발전도 계속하겠다는 입장을 밝혔다. 그 대신 핵 연료 확보, 핵폐기물 저장, 핵 물질 확산 등 3가지 문제를 확실하게 다루겠다고 말했다. 한국 정부도 원자력발전의 비중을 높이기로 하고 제4세대 미래형 원자력 기술 개발을 추진 중이다.

오바마는 2015년까지 100만 대의 전기자동차가 도로 위를 달리도록 만들겠다고 공약했다. 이에 따라 세계 각국의 자동차 개발 경쟁은 하이브리드를 넘어 전기차 쪽으로 급속히 방향을 잡을 가능성이 크다. 한국에서도 하이브리드 자동차와 함께 전기차의 개발이 일부 이뤄지고 있다. 그러나 현행법에 따르면 전기차는 도로를 주행할 수도 없는 상황이어서 법규 정비부터 필요한 상황이다.

이명박 정부와 버락 오바마 미 정부의 '녹색 성장' 정책 비교

정책	이명박 정부	오바마 정부
개념	저탄소 녹색 성장 (Low Carbon, Green Growth)	에너지, 기후 변화 및 환경 정책 또는 녹색 경제 (Green Economy)
온실가스 감축	구체적인 목표 제시 없음	2050년까지 1990년 대비 80% 감축
탄소 시장	설립 논의 중	Cap and Trade 시스템 도입
신재생에너지	수소연료전지, 태양광, 풍력, 바이오, 핵융합 등 기술 개발	2010년까지 전기사용량의 10%, 2020년까지 25%를 신재생에너지로 생산
친환경 자동차	2020년까지 4대 '그린카' 강국	2015년까지 전기차 100만 대 운용
석탄	청정 석탄 기술 개발	에너지부와 기업이 공동으로 Carbon Capture and Storage 기술 개발
원자력	원전 20기 추가 건설, 4세대 기술 개발	현재 건설된 원자력 발전소 유지 및 기술 개발
투자	2030년까지 110조 원	향후 10년간 1,500억 달러
고용	2012년까지 Green 기업 400개 육성, 2030년까지 95만 개 일자리 창출	10년간 Green Job 500만개 창출
세금	소득에 대한 세금(Earning Tax)에서 탄소에 대한 세금(Burning Tax)으로	유가 상승으로 폭리 취한 석유 업체에 '횡재세(Windfall Profit Tax)' 부과해 서민 에너지 지원

* 자료: 청와대 국정기획수석실, Van Ness Feldman (미국 법률회사)

 올라비르 라그나 그림슨 아이슬란드 대통령 인터뷰

2008년 1월 23일 오후 1시 15분. 아이슬란드 대통령의 관저인 베사스타디르(Bessastadir)에 도착했다. 관저는 대통령의 집무실이 있는 수도 레이캬비크의 중심가에서 20km쯤 떨어진 아름다운 해안에 자리 잡고 있다.

아이슬란드 대통령의 관저인 베사스타디르

약속 시간보다 일찍 도착한 기자를 집사 복장의 비서가 맞았다. 현관 방명록에 서명한 뒤 대기실로 쓰이는 응접실로 안내됐다. 북유럽 스타일의 클래식한 가구와 그림으로 깔끔하게 장식된 응접실에는 올라비르 라그나 그림슨 아이슬란드 대통령이 빌 클린턴·조지 부시 미국 대통령, 장쩌민·후진타오 중국 국가주석, 블라디미르 푸틴 러시아 대통령, 넬슨 만델라 남아프리카 대통령 등 국가원수들, 유럽·아시아 각국의 로열 패밀리들과 함께 찍은 사진들이 전시돼 있었다.

정확히 1시 30분에 의전실로 안내됐다. "아이슬란드 방문을 환영합니다." 그림슨 대통령이 환한 미소와 힘찬 악수로 기자를 반겨 줬다. 그림슨 대통령은 키가 190cm 가까이 되는 장신이다. 세계에서 (위도가) 가장 높은 수도에서, 가장 (키가) 큰 지도자를 만난 셈이다. 인터

314

뷰는 의전실 옆에 있는 그림슨 대통령의 서재에서 1시간 10분 동안 이뤄졌다. 인사말을 나누면서 최근 한국에서 그림슨 대통령에 대한 기사가 화제가 됐다는 말을 해줬다. 그것이 첫 질문이 됐다.

질문 최근 경제위기의 정부 책임을 촉구하는 시위대를 관저 안으로 불러 커피를 대접했다. 어떻게 그런 생각을 했나?

올라비르 라그나 그림슨 (살짝 웃으며) 사실은 커피가 아니라 핫초콜렛이었다. 그날은 추운데다 비도 오고 바람도 많이 불어 도심에서 집회를 하던 시위대 10여 명이 여기까지 왔다고 해서 한 번 대화를 나눠보자고 한 것이다. 관저로 들어오라고 하자 시위대도 처음에는 조금 놀라워하긴 했다. 현대 민주주의에서 시위는 국민의 중요한 의사표현 수단이다. 신문 기고나 TV 인터뷰를 통해서만 의사를 표출하는 것은 아니다. 권력을 가진 자, 특히 선거로 선출된 정치 지도자는 대통령이든, 총리든, 시위대와 대화하는 것을 두려워해서는 안 된다고 생각한다.

질문 시위대와 어떤 대화를 나눴나?

올라비르 라그나 그림슨 그날 우리는 매우 지적인(Intellectual) 대화를 나눴다. 국제사회의 금융위기, 아이슬란드 민주주의와 경제 시스템의 개혁 필요성, 어떤 분은 매우 혁명적인 아이디어를 내놓기도 했고, 어떤 분은 1970년대 학생운동 시절의 이슈들을 제기하기도 했다. 거의 1시간 동안 대화를 나눴다. 다행히 그날의 대화를 국내외에서 모두 긍정적으로 평가해 줬다. 그렇게 대화를 하는 것은 시위대에게도 적지 않은 부담이 될 수 있다. 왜냐하면 그들의 의사를 분명하고 공식적으로 정리해서 정치 지도자에게 내놓아야 하기 때문이다.

질문 **정치학자 출신으로서 정치 지도자들이 국민과 소통하는 가장 좋은 방법은 무엇이라고 보나?**

올라비르 라그나 그림슨 가장 기본적인 원칙은 열린 마음을 갖는 것이다. 그리고 정직하게 진실을 말해야 한다. 말을 돌리지 말고 직설적으로 접근하는 것도 중요하다. 그리고 국민은 똑똑하고, 모든 사안을 이해할 능력을 갖고 있다고 생각해야 한다. 국민과의 대화를 홍보 행위나 정치적 책략으로 생각해서는 안 된다. 민주주의에서는 국민이 정치인의 파트너다. 민주주의의 요체가 무엇인가? 권력이 대통령이나 정부에게 있는 것이 아니라 궁극적으로 국민에게 있다는 것 아닌가. 그것이 민주주의와 독재의 차이다. 따라서 국민을 진지한 동반자로 삼아 정책결정 과정에 참여시켜야 한다. 문제는 정치 지도자의 행위가 PR 매니저나 광고 에이전시, 책략가의 조언에 따라 이뤄진다는 점이다. 그러면 국민과의 진정한 대화보다는 정치적 게임에 몰두하게 되는 것이다.

질문 **아이슬란드는 글로벌 금융위기를 가장 먼저 겪었다.**

올라비르 라그나 그림슨 아이슬란드에 닥친 일은 마치 허리케인과 같앉다. 금융위기라는 허리케인이 바다에서 시작돼 대륙으로 가기 전에 작은 섬인 아이슬란드를 덮친 것이다. 그것이 2008년 10월에 벌어진 일이다. 그러나 이제 허리케인은 대륙 전체로 확산됐다. 영국, 미국, 중국도 국제 금융위기 때문에 경제적으로 어려운 상황이 됐다. 이제 아이슬란드만의 문제가 아니라 글로벌 현상이 된 것이다.

질문 아이슬란드는 언제쯤 위기에서 회복할 수 있을까?
올라비르 라그나 그림슨 전 세계의 경기 침체가 얼마나 깊고 오래가는 가에 달렸다. 아마도 시간이 걸릴 것이다. 그러나 아이슬란드의 미래는 매우 밝다. 나는 낙관적이다. 아이슬란드는 21세기의 경제활동에 필요한 중요한 자원들이 많다. 지열과 수력 등 클린 에너지가 풍부하고, 어업을 통해 확보한 해양자원도 많다. 우리는 외국에서 에너지와 식량을 사는 데 외화를 쓸 필요가 없다. 그리고 아이슬란드 자연의 웅장한 아름다움을 봐라. 전 세계에서 갈수록 많은 관광객들이 몰려온다. 이밖에도 아이슬란드는 전 세계에서 청정수 보유량이 가장 많은 나라 가운데 하나다. 청정수는 21세기에 가장 부족한 자원 중에 하나다. 아이슬란드 동남쪽에 작은 어촌이 있다. 그 지역에서 한 해에 생산할 수 있는 청정수의 양이 전 세계 1년 생수 판매량의 2배에 해당한다. 아이슬란드는 자원이 많을 뿐만 아니라 실용적이고 유연한 나라다. 위기를 남들보다 일찍 극복할 수 있다. 아이슬란드에 머물면서 사람들이 얼마나 낙관적이고, 위기 극복에 대한 자신감과 의지를 갖고 있는지 잘 목격했을 것이다.

질문 아이슬란드의 클린 에너지 개발에 국제사회의 관심이 많다.

올라비르 라그나 그림슨 내가 자랄 때는 아이슬란드 에너지의 80%가 석유와 석탄이었다. 그런데 불과 한 세대 만에 기후 변화를 초래하는 화석연료 사용국가에서 전기와 난방을 100% 클린 에너지로 충족시키는 나라로 탈바꿈했다. 자동차와 선박연료만 해결하면 완전한 클린 에너지 국가로 가게 된다. 우리는 갈 것이다. 아마 세상 사람들은 그것이 (화산 지대인) 아이슬란드에서나 가능하다고 말할 것이다. 그러나 그렇지 않다. 세계 어느 나라에서도 가능하다. 그것이 태양광이든, 풍력이든, 지열이든, 수력이든, 테크놀로지는 이미 다 알려져 있다. 이제 남은 것은 정치적, 경제적 의지뿐이다. 더 이상 변명은 필요 없다.

올라비르 라그나 그림슨 아이슬란드 대통령과 인터뷰를 갖고 있는 필자

질문 아이슬란드 사람들은 한겨울에도 창문을 열고 지내더라. 잉여 에너지를 어디에 사용할 것인가?

올라비르 라그나 그림슨 지금까지는 주로 외국의 알루미늄 공장을 유치하는 데 사용했다 (알루미늄은 제련 과정에 많은 전기를 소모한다). 알루미늄을 통해 전기를 수출한다고 말하기도 한다. 그러나 2008년부터 세계 각국의 다른 산업 분야에서 아이슬란드의 클린 에너지를 사용하고 싶다는 요청을 많이 받는다. 사실 오늘 아침에도 미국 기업인들과 미팅을 가졌다. 이들은 아이슬란드에 IT, 텔레콤, 헬스케어, 오일 분야의 데이터 센터를 만들고 싶어 한다. 아이슬란드는 해저 케이블로 유럽과 미국과 연결돼 있다. 앞으로는 아이슬란드의 에너지를 놓고 알루미늄 회사들이 마이크로소프트, 구글 등과 경쟁해야 한다.

질문 한국 기업이 아이슬란드에 진출한다면 어떤 이점이 있을까?
올라비르 라그나 그림슨 한국의 글로벌 기업들이 여러 분야에서 아이슬란드 기업과 전략적인 협력관계를 맺을 수 있을 것이다. 아이슬란드의 에너지 자원과 한국 기업들의 테크놀로지를 결합하면 글로벌 시장에서 큰 성공을 거둘 수 있을 것이다. 아이슬란드는 지열과 수력 등무공해 에너지 자원이 풍부하고, 이를 개발하는 노하우를 축적한 전문 인력도 갖추고 있다. 여기에 한국 기업들의 글로벌 시장 접근능력이 결합하면 커다란 시너지 효과가 있을 것이다. 특히 에너지나 클린테크놀로지 쪽에서 전망이 좋다고 본다. 청정수 마케팅도 가능하다. 또 관광 쪽도 생각해 볼 수 있다. 한국 기업이 아시아에서 관광객을 아이슬란드로 유치할 수 있다. 아이슬란드는 자원이 많고, 맨파워도 있지만, 작은 나라여서 우리의 힘만으로는 능력을 최대화할 수가 없다. 글로벌 시장에서 힘을 가진 기업과의 파트너십이 필요한 것이다. 2008년에 아이슬란드의 지열 개발 기술과 일본 미쯔비시 중공업의 발전기 생산 능력을 결합해 제3국으로 진출한다는 내용의 합의가 성사됐다. 그것이 한국과 아이슬란드 간의 협력 모델이 될 수 있을 것이다.

질문 아이슬란드에서 한국 기업들에 대한 인식은 어떤가?

올라비르 라그나 그림슨 한국 기업들은 지난 10여 년 동안 아이슬란드 시장에서 존재감을 확대해 왔다(현대자동차를 비롯한 각종 한국 제품이 들어와 있다). 또 한국 기업들에 대한 인식도 좋다. 한국 기업들은 다른 나라의 기업들보다는 아이슬란드 진출에 강점을 갖고 있다고 볼수 있다. 그러나 한국 기업들은 그렇게 조성된 기회들을 충분히 활용하지 못하고 있다.

질문 버락 오바마 미국 대통령의 취임에 전 세계가 관심을 보이고 있다. 직접 만나 보니 어떤 인물인가?

올라비르 라그나 그림슨 2007년 그가 대통령 선거운동을 막 시작하는 시점에 워싱턴에서 만났다. 미국과 아이슬란드의 관계, 특히 기후 변화와 클린 에너지 분야의 협력에 대해 대화를 나눴다. 그동안 다양한 나라에서 다양한 세대의 정치 지도자들과 만날 기회가 있었지만 그 가운데서도 오바마는 매우 특별했다. 오바마는 기후 변화와 에너지 문제의 핵심을 잘 파악하고 있었다. 또 그 문제를 어떻게 정책으로 전환해서 미국 내에서 이행할 수 있느냐에 대해서도 생각을 깊이 하고 있었다. 매우 강인하면서도 통찰력 있는 인물이라는 느낌이 들었다. 그는 새로운 가능성과 해결방안을 찾고 있었다. 사실 정치 지도자 가운데 그런 의지를 갖고 있는 인물은 매우 드물다. 왜냐하면 새로운 해결방안을 찾으려면 위험을 감수해야 하기 때문이다. 그러나 오바마는 분명히 긍정적이고 건설적인 방법으로 그런 위험을 감수하겠다는 의지를 갖고 있었다.

질문 빌 클린턴, 조지 부시 대통령과도 여러 차례 정상회담을 가졌다. 미국의 정치 리더십은 어떻게 변하고 있다고 보나?

올라비르 라그나 그림슨 클린턴과 오바마 모두 맨손으로 출발했다. 아무런 배경 없이 스스로의 능력으로 성공을 일궈냈다. 바로 그것이 미국 정치의 매우 중요한 특성이다. 미국은, 물론 비판받을 부분이 많지만, 클린턴이나 오바마같은 리더를 선출해 낼 수 있는 역동적인 민주주의 시스템을 갖고 있다. 미국을 제외한 유럽이나 다른 지역의 민주주의는 그런 다이내믹한 변화를 일궈내기에는 너무 정형적이고, 제한된 것이 아닌가라는 생각이 든다. 오바마 정부는 클린턴 정부의 최고 인사들과 오바마 측 신진인사들의 결합이다. 힐러리 클린턴처럼 유능한 인물들이 많이 포진돼 있다. 이들이 앞으로 미국과 세계에 어떤 영향을 미치는가를 관심 있게 지켜볼 만하다.

질문 아이슬란드는 미국과 유럽, 러시아 등의 중간지점이다. 한국도 미·중·러·일과 같은 강대국 사이에 있다. 주변국들과 외교적 관계의 균형을 어떻게 잡아가고 있나?

올라비르 라그나 그림슨 이미 냉전이 끝나기는 했지만, 매우 흥미로운 질문이다. 아이슬란드는 유럽국가들, 러시아, 미국, 그리고 더 나아가 중국, 인도와의 관계를 확대하고 있다. 기본적인 가이드라인은 아마 좋은 의도를 갖고 주변국들을 상대하는 것이라고 본다. 솔직하고, 정직하게 대화해야 한다. 아이슬란드는 상대적으로 작지만 주변 강대국들과의 관계에서 선의만을 기대하지 않는다. 우리가 상대국을 위해 해줄 수 있는 것을 반드시 협상 테이블에 내놓는다.

질문 아이슬란드가 유럽연합에 합류하고, 크로나 대신 유로를 통화로 사용할 것이라는 추측이 나온다.

올라비르 라그나 그림슨 곧 선거가 실시되면 그 문제가 주요 쟁점이 될 것이다. 매우 복잡한 문제다. 유럽연합은 어업을 농업에 포함시키는데, 아이슬란드는 이를 원치 않는다. 또 우리는 에너지 자원들을 독자적으로 관리하고 싶어 한다. 정당들이 이 문제를 논의하는 과정에서 해결방안도 제시될 것이다.

그림슨 대통령은?

올라비르 라그나 그림슨 대통령은 1996년 임기 4년의 아이슬란드 대

322

통령에 처음 당선된 뒤 세차례나 연임에 성공, 13년째 임기를 이어오고 있다. 그림슨은 1943년 5월 14일 아이슬란드 북서쪽의 작은 어촌 이사표르더에서 태어났으며, 영국 맨체스터대학에서 정치학을 공부했다. 아이슬란드 최초의 정치학 박사이다. 학위 취득 후 아이슬란드

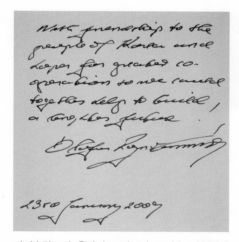

아이슬란드의 올라비르 라그나 그림슨 대통령이 한국인들에게 전달한 친필 메시지. "한국 국민에게 우정을 보내며, 더 밝은 미래를 건설하기 위해 한국과 국제사회에서 협력해 나가기를 희망한다." 는 내용을 담고 있다

대학의 정치학 교수를 지냈으며, 신문 편집인과 TV · 라디오 프로그램 진행을 맡기도 했다. 교수 재직 시절부터 진보적인 정당의 일원으로 활동하던 그림슨은 1978년 직접 선거에 나서 의회에 진출했다. 이후 소속 정당인 국민동맹당의 의장에도 당선됐으며, 1988년부터 91년까지는 재무장관을

역임했다. 유럽 정치에도 참여해 1980~1984년, 1995년에 유럽의회 의원을 맡았다. 아이슬란드의 대통령은 국가원수로 의회가 통과시킨 법률에 대한 거부권도 갖는다. 그림슨은 지난 2004년 미디어에 대한 통제를 강화하는 내용의 미디어법에 거부권을 행사했다. 아이슬란드 헌정사상 유일한 거부권 행사였다.

빌 리터 미국 콜로라도 주지사의 뉴에너지 이코노미

에너지와 환경 정책을 추진하는 데는 중앙 정부 못지않게 지방 정부의 역할이 중요하다. 현장에서 정책을 실행하고, 그 정책에 대한 풀뿌리 주민들의 반응도 직접 들을 수 있기 때문이다.

빌 리터 콜로라도 주지사

미국의 50개 주 가운데 가장 '친환경적인' 주 가운데 하나로 꼽히는 콜로라도의 빌 리터 주지사와 인터뷰를 갖고 에너지와 환경 정책에 대한 입장을 들어 봤다. 인터뷰는 2007년 5월 8일 덴버 콜로라도 주 청사의 주지사 회의실에서 이뤄졌다.

리터 주지사는 1956년 콜로라도에서 태어났으며, 검사 생활을 하다가 2006년에 대통령에 당선됐다. 리터 주지사는 선거운동 기간 동안 신재생에너지 육성을 핵심으로 하는 '뉴 에너지 이코노미'를 주창했다.

질문 **주지사 선거 당시 뉴에너지 이코노미를 내세운 이유는?**
빌 리터 주지사 선거를 시작한 것이 2005년 5월부터다. 사실 그 전까지는 에너지와 관련한 경력이 없었다. 검사 생활을 주로 해왔다. 그러나 선거에 나서면서 콜로라도 주민들이 관심을 갖고 있는 이슈에 대해 생각했다. 로키 산맥을 끼고 있는 콜로라도 주민들은 이전부터 환경보호와 클린 에너지, 대체에너지 육성에 대해 관심이 많았다. 콜로라도는 주민의 대학 졸업자 비율이 2번째로 높은 주다. 기후 변화와 지구온난화에 대해 많은 토론을 한다. 나 역시 콜로라도 주민으로서 그에 대해 관심을 가져왔다. 그래서 에너지를, 새로운 에너지를 부각시키는 쪽으로 선거의 방향을 잡았다. 특히 신재생에너지 분야에서 어떻게 미국의 다른 주들을 이끌 수 있는가를 고민했다.

질문 콜로라도에서 클린 에너지가 그처럼 부각된 배경은 무엇인가?

빌 리터 우선 콜로라도는 대체에너지 자원이 풍부한 지역이다. 50개 주 가운데 4번째로 바람이 많고, 6번째로 일조량이 풍부하다. 또 주 서부에는 광활한 농장 지역이 있다. 그런데다가 지열자원도 풍부한 곳이 콜로라도다. 이와 함께 우리 주에는 세계적인 수준의 대학과 연구소들이 있다. 콜로라도광산대학은 세계 최고 수준이며, 콜로라도대도 환경과 에너지 분야에서 매우 높은 평가를 받고 있다. 미국재생에너지연구소(NREL)를 비롯한 미 정부의 연구소들도 이 지역에 자리 잡고 있다. 이런 모든 점들을 종합해 볼 때 아직 개척되지 않은 에너지 분야에서 큰 경제 개발의 기회가 올 수 있다고 보는 것이다.

질문 기존의 화석연료는 포기할 것인가?

빌 리터 그렇지 않다. 콜로라도는 석탄 매장량이 매우 풍부하고, 석유도 난다. 그러나 석탄의 경우 청정 개발이 중요하다. 와이오밍, 몬타나 등 인접 주들과 협력해 석탄을 가스로 전환하거나, 탄소 포집 및 저장(CCS) 기술을 이용해 개발하는 방안들을 협의하고 있다. 이와 관련해서는 연방 정부의 지원도 요청했다. 우리가 가진 자원을 이용하지 않을 수는 없다.

질문 에너지 정책의 주체는 누구인가? 연방 정부인가, 주 정부인가?
빌 리터 에너지는 국가 단위로 해야 한다고 본다. 미국에는 연방의회를 통과하고 대통령이 서명한 에너지법이 있다. 그것이 기본이다. 만일 주별로 에너지 정책을 수행하게 된다면 국가 전체적인 수요와 공급이 왜곡될 가능성이 크다. 주 정부로서는 주민들과 연방정부를 연결하는 역할을 해야 한다. 주민들의 목소리를 듣고, 주 정부 차원에서 할 수 있는 것은 하고, 그렇지 않은 것은 연방 정부에 "우리 주에서는 이런 일들이 벌어지고 있다. 연방 정부도 정책을 바꿔야 한다."고 건의하는 역할을 하면 될 것이다. 말하자면 '그라운드 업'이다.

질문 주민들의 목소리가 어느 정도 반영되는가?
빌 리터 최근에 콜로라도 전력회사들이 전기 생산의 10%를 신재생에너지로 충당해야 한다는 법이 주 의회를 통과했다. 이것은 의회에서 의원들이 발의한 것이 아니다. 주민들의 청원으로 이뤄진 것이다. 이

제 신재생에너지 비율을 2020년까지 20%로 올린다는 목표를 세우고 있지만 충분히 달성할 수 있다고 본다.

질문 에너지, 환경 문제가 선거에 얼마나 영향을 주나?

빌 리터 콜로라도의 경우 10년 전만 하더라도 공화당이 주 정부와 상·하원을 장악해 왔다. 그러나 지금은 민주당 출신인 내가 주지사가 됐고, 주 의회도 민주당이 다수다. 건강과 환경을 생각하고, 오일과 가스 채굴로부터 야생 지역을 보존하는 데 큰 관심을 갖고 있는 콜로라도 주민들이 영향력을 발휘한 것이다. 나는 선거 때 '환경의 파수꾼'이 되겠다고 약속했다. 그 약속이 민주당원은 물론 공화당원들에게도 어필했다.

콜로라도뿐만이 아니다. 로키 산맥 서쪽을 보자. 와이오밍, 뉴멕시코, 몬타나, 캔사스, 오클라호마, 아리조나 모두 10년 전에는 주지사가 공화당 출신이었다. 그런데 지금은 민주당 출신이다. 10년 전에는 환경규제를 풀어 오일과 가스를 채굴하는 것이 이 지역의 정치, 경제 이슈였다. 그러나 지금은 이 지역에서 재생에너지 개발을 가장 강력히 추진하고 있다.

질문 뉴에너지 이코노미의 의미는 뭔가?

빌 리터 뉴에너지 이코노미라고 부르는 이유는 기존의 에너지 이코노미가 콜로라도에서 매우 중요하기 때문이다. 오일, 가스, 석탄은 우리

주의 중요한 산업이다. 가스 산업만 해도 시장 가격과 채굴 규모에 따라 80억 달러에 이른다. 여기서 세금이 나오니 주 재정에 큰 도움이 된다. 여기에 대체에너지를 추가하는 것이 오일과 석탄의 생산을 중단하는 것을 의미하지는 않는다. 기존의 에너지에 신재생에너지를 더해 에너지 전체의 가치를 높이는 것이다.

질문 **그러면 뉴에너지는 얼마나 커질 것인가?**
빌 리터 태양광 기술이 더 좋아지고, 효율이 높아지면 솔라 에너지는 주 경제의 큰 부분이 될 것이다. 콜로라도 주에 건설된 풍력발전소들은 점점 더 많은 세금을 내고 있다. 대체에너지가 전체 에너지 산업의 몇 %가 될지는 속단하지 않겠다. 2020년까지 신재생에너지 20%라는 목표는 반드시 달성될 것이다. 그리고 태양광, 풍력, 지열 등에서 매우 중요한 경제 활동들이 이뤄질 것이다.

질문 **물 부족 문제는 어떻게 다루나?**
빌 리터 기후 변화와 강수량의 관계에 대해 깊이 있게 보고 있다. 특히 농민들이 물 이용을 둘러싸고 충돌하지 않도록 갖가지 방안을 강구하고 있다. 우리 주의 젖줄은 콜로라도 강이다. 이 강을 함께 쓰는 주변의 아리조나, 캘리포니아 주 등과 협약을 맺고 있다. 상류의 주가 하류의 주에 얼마만큼의 물을 흘려 보내 줘야 한다는 내용이다.

질문 **신재생에너지는 환경 이슈인가, 비즈니스 이슈인가?**

빌 리터 환경을 위한 비즈니스라고 할 수 있다. 또 신재생에너지는 국가 안보, 경제 안보의 이슈이기도 하다. 이미 1970년대부터 에너지 독립에 대한 얘기들이 나오기 시작했지만, 지금처럼 에너지 독립의 필요성이 강조된 시기가 없는 것 같다.

질문 **콜로라도 주민은 화석연료보다 비싼 신재생에너지의 비용을 지불할 준비가 돼있나?**

빌 리터 유럽인들은 비싼 가격에 재생에너지를 살 준비가 된 것 같다. 미국인들은 유럽에 가서 에너지 가격을 보면 놀라고 돌아온다. 현재 에탄올 가격이 가솔린보다 낮다. 가격을 계속 낮게 유지할 수 있는 방안을 강구해야 한다. 가격을 낮추는 것, 또 가격을 낮추기 위해 보조금을 지급하는 것이 매우 중요한 정책 가운데 하나가 될 것이다. 글쎄… 콜로라도 주민들이 신재생에너지의 가격으로 얼마까지 기꺼이 내려고 할까?

융델 스웨덴 에너지부 사무총장이 말하는 '석유 제로' 정책

요세피네 바 융델 스웨덴 에너지부 사무총장

"한 나라가 온실가스를 줄일 수 있는 가장 강력한 무기는 탄소세를 사회 전 영역으로 확대하는 것입니다. 당장은 비용 증가로 이어져 사회에 부담이 되겠지만 장기적으로는 에너지 효율성을 높여 경제적 선순환을 만들어 낼 것입니다."

세계 최고 수준의 환경기술 보유국인 스웨덴 에너지부의 요세피네 바 융델 사무총장은 자국 녹색 성장의 원동력으로 '탄소세에 기반한 경제체제'를 꼽았다. 이산화탄소 배출량에 비례해 세금을 부과하면 자연스레 온실가스 감축과 에너지효율 극대화를 추구하는 사회로 바뀐다는 것이다. 2020년부터 석유를 쓰지 않겠다는 의미로 알려진 '석유 제로 선언'(2006년 발표)에서부터 2050년까지 온실가스 중립을 달성하겠다는 '청정 에너지 전략'까지 모두 이러한 탄소세 철학에 근거한 국가 성장전략이다.

"석유 제로 선언이 흔히 '2020년부터는 석유를 한 방울도 쓰지 않겠다'는 뜻으로 알려져 있는데 이는 오해입니다. 우리라고 석유를 쓰지 않고 살 수 있는 뾰족한 방법은 없어요. 이는 50년 뒤에도, 100년 뒤에도 변하지 않습니다. 다만 2020년까지 신재생에너지 사용비율을

50%로 늘려 석유 사용량을 '제로'에 가깝게 줄여 보자는 것이 선언의 정확한 의미죠. 우리에게 '에너지 유토피아'를 기대했다면 다소 실망스럽겠지만, 사실 이런 목표도 달성이 쉽지 않은 난제입니다."

청정 에너지 전략에 따라 스웨덴에서는 10년 뒤부터 모든 차량에 대한 화석연료 사용이 금지된다. 2020년까지 자국의 온실가스 배출량을 40%(1990년 대비) 이상 줄이기 위해서다. 이는 유럽연합(EU)이 2020년까지 스웨덴에 부과한 17% 감축 의무를 크게 넘어선 것이다.

현재 스웨덴의 탄소세는 산업 부문은 이산화탄소 t당 200크로네(3만 2,000원), 비산업 부문은 t당 900크로네(14만 5,000원)로 온실가스 국제시세(2만 원 정도)보다 훨씬 비싸다. 스스로에게 더욱 강력한 규제를 부여해 기후 변화 대응 선도국가로서의 모범을 보이고 있는 것이다.

"자동차에 대한 탄소세야말로 시민들에게 가장 광범위하고 포괄적인 영향을 미칩니다. 차량별 이산화탄소 배출량에 따라 세금을 매기면 당연히 청정 차량에 대한 수요가 늘게 되죠. 스웨덴은 신재생에너지원인 바이오매스(나무, 풀, 가축, 분뇨, 음식쓰레기 등에서 메탄·에탄올 등 연료를 채취하는 에너지원)가 미래 차량의 주된 에너지원이 될 것으로 보고 이에 대한 준비를 하고 있습니다. 이미 국내에서는 2005년부터 바이오가스 차량을 운행하고 있고요. 화석연료에 탄소세를 부과하면 전 세계에 분포한 토탄층(peat, 식물이 두껍게 퇴적돼 화학적 변화를 받아 석탄처럼 변한 것) 개발을 자극해 액화바이오매스

에너지를 저렴하게 사용할 수 있는 시대를 앞당길 것입니다."

마지막으로 융텔은 원자력 사용 확대에 대해 "경제성장을 위한 불가피한 선택"이라고 밝혔다. 애초 스웨덴은 자국의 모든 원자력발전소(12기)를 2010년까지 폐쇄하기로 되어 있었지만 2009년 2월 그 원칙을 폐기해 신규 원전 건설을 허용한 상태다.

"스웨덴도 한국처럼 제지·철강·자동차 등 에너지 다소비형 산업 구조를 갖고 있습니다. 저렴한 전력 생산이야말로 자국의 생존에 필수적이죠. 그런 의미에서 원자력은 우리로서는 피할 수 없는 선택입니다. 당장은 원전 증설보다는 기존 원전에 대한 출력 증강 작업을 통해 효율성을 높여 나갈 것으로 보입니다. 앞으로 아무리 많은 신재생에너지가 개발된다 하더라도 석유 및 원자력과의 공존은 피할 수 없다고 봅니다."

저탄소 녹색 성장 정책을 말한다

"저탄소 녹색 성장 정책의 목표는 강력한 '주식회사 한국' 만들기입니다."

녹색성장위원회의 김형국 위원장은 "이산화탄소 감축 정책도 국가경제와 기업 활동에 절대 타격을 주지 않도록 우선순위를 잘 조절해 나가겠다."며 이 같이 강조했다. 2009년 2월 16일 이명박 대통령 주

재로 첫 회의를 갖고 공식 출범한 녹색성장위원회는 한승수 국무총리와 서울대 환경대학원장 출신인 김 위원장이 공동 위원장을 맡고 있다. 김 위원장으로부터 녹색 성장 정책의 방향을 들어봤다.

질문 유럽연합은 2020년까지 이산화탄소 배출을 20% 줄이고, 신재생 에너지 비율을 20% 이상으로 늘린다는 이른바 20-20-20 정책을 발표했다. 우리도 이처럼 명확한 정책 목표를 제시할 필요는 없을까?

김형국 유럽 등의 그런 목표를 유념하지 않을 수가 없다. 우리가 자동차도 팔아야 하니까. 그러나 유럽과 우리는 산업구조가 다르다. 유럽은 이미 탈제조업 사회에 도달했다. 반면 우리나라는 제조업 사회의 최정점에 도달하고 있다. 우리의 대책이 너무 앞서나가서는 안 된다고 본다. 우리가 국제경쟁에서 생존할 수 있는 선을 잘 지켜야 할 것이다.

질문 저탄소 녹색 성장 법안에 예고된 이산화탄소 배출량 할당 및 거래(Cap and Trade) 제도는 생존할 수 있는 선을 넘어선다고 기업들은 주장하는데.

김형국 기준을 따르지 않고는 우리(국가 전체)가 생존할 수가 없다. 예전에 GM의 이익은 미국이란 말이 있었다. 마찬가지로 우리 기업의 이익은 '주식회사 한국'의 이익이다. 정부나 위원회는 절대 기업에 해가 가는 일을 하지 않을 것이다.

질문 Cap and Trade 제도는 도입되는가?

김형국 Cap and Trade가 됐든지, 다른 방안이 됐든지, 불가피하게 갈 수밖에 없다. 특히 외국과의 협상에서 이것을 많이 요구하지 않겠는가? 그들의 요구에 대한 우리의 협상카드로 열어 두고 있다. 그런 차원에서 이해해달라.

질문 우리나라의 신재생에너지 자원은 충분한가?

김형국 우리 여건에 풍력과 태양광발전은 어렵다는 것이 지식경제부 등의 실무자들 생각이다. 일본이 신재생에너지에 대해 약간 소극적인 생각을 한다는 데 영향을 받은 것 같다. 그러나 독일은 태양빛이 약한데도 잘 하고 있다. 전문가들은 앞으로 태양광 산업이 100배 이상 성장할 수 있다고도 한다. 그렇다면 우리도 열심히 연구는 해야 한다. 안 하고 가만있을 수는 없다. 물론 우리가 직접 태양 에너지를 이용하느냐 하는 것은 두고 봐야 한다. 왜냐면 그렇게 하려면 많은 보조금이 필요하고 국가 재정이 소모되기 때문이다. 우리는 독일의 큐셀처럼 수출산업화를 해야 하지 않나 생각한다. 우리는 해볼 만한 저력을 갖고 있다.

질문 발전차액지원금은 증액할 생각이 있나?

김형국 산업 초기 단계에서 선의의 이용자에게는 보조금이 있어야 한다. 그러나 보조금을 악용하는 사례는 용납해서는 안 된다고 본다. 대기업으로서 도덕성이 없는 행동이다. 정책의 원칙은 시장 메커니즘을 최대한 활용하자는 것이다. 태양광발전을 정부 시설에 먼저 할 수도 있다. 정부는 리스크를 감당하는 역할도 하니까.

질문 **녹색 성장 정책에 환경 정책 쪽이 부족하다는 지적도 있다.**
김형국 환경 오염에는 수질오염, 토질오염, 대기오염의 3가지가 가장 중요하다. 저탄소 녹색 성장은 기본적으로 대기오염에 중점을 두고 있다. 기후 변화의 요인이 온실가스 배출이기 때문이다. 그리고 수질오염에 대한 대책이 바로 4대 강 살리기다.

질문 **4대 강 살리기가 대운하를 추진하는 전단계라는 시각도 여전하다.**
김형국 내가 (이명박)대통령이 발언하는 것도 여러 번 직접 들었다. 생태복원이 절대적이다. 그리고 운하든 뭐든 강의 적극적 이용은 이 정부가 아무리 하고 싶어도 물리적으로 시간이 없기 때문에 할 수가 없다. 그것이 다음 정권의 선택이 될 수는 있다.

질문 **청와대에서 소득에 대한 세금을 탄소배출에 대한 세금으로 바꾼다는 말을 한 적이 있다. 가능할까?**
김형국 합의하기가 쉽지 않을 것이다. 이는 세제상의 큰 변혁이기 때문에 많이 검토돼야 할 사안이다.

질문 탄소세 도입은 어떻게 생각하나?

김형국 세원 포착이 가능하기는 하다. 기업의 생산량을 역산하면 이산화탄소 배출량 계산이 가능하니까 기업에 대해서는 적용이 가능할 수도 있다. 그러나 기업들에게 이중규제가 되지는 않도록 하겠다.

질문 녹색 성장은 여러 부처와 관련이 있다. 의견 조율이 쉽지 않을텐데.

김형국 정부 조직도 생물체 같아서 영토 넓히기가 치열한 것은 잘 알고 있다. 임기응변이라는 말이 있는데 나는 임사응변, 즉 일에 따라서 각 부처들에 힘을 실어 주는 식으로 조정해 보겠다.

질문 녹색 성장이 중요하기는 하지만 너무 어렵다고 한다. 국민이 쉽게 이해하도록 홍보나 교육하는 방안은?

김형국 우리나라의 물값과 전기값은 세계적으로 싸다. 그래서 낭비도 많다. 지금 아끼지 않으면 상승요인이 빨리 다가온다는 식으로 접근했으면 한다. 교육은 가장 좋은 것이 가정교육이다. 특히 주부들이 중요하다. 대통령의 지시에 따라 녹색 성장이 교육 과정에도 반영되고 있다. 또 지속가능발전위원회에서 초등학교 교사들을 위한 교재도 만들고 있다.

질문 북한과 녹색 성장 분야에서 협력하는 방안은?

김형국 꼭 해야겠는데 그런 장치를 어떻게 해서 들어가야 할지 고민 중이다. 박정희 대통령이 산업을 일으킨 것보다 산림녹화를 한 것이 더 중요하다고 본다. 이를 제1차 녹색 혁명이라고 할 수 있다. 마찬가지로 북한에서도 큰 성공을 거둘 수 있다고 본다.

질문 **지능형 전력망은 어떤 식으로 추진하나?**
김형국 한전에서 주도적으로 하는 것 같다. 인구 3~4만 정도 되는 태안반도 주변지역에서 시범적으로 하는 것으로 알고 있다. 우리는 인구밀도가 높아 공급체계를 마련하는 데 조건이 좋다.

질문 **한국의 주택은 아파트가 다수다. 아파트에서의 에너지 절약 방안은?**
김형국 검토하고 있다. 일단 옥상녹화부터 시작해 볼 수 있다. 겨울에 보온이 되고, 여름에 시원하다. 에너지효율을 20~30%까지 줄인다. 서울시 등 공공기관부터 시작하고 있다. 또 중수도 이용 등 여러가지 방안이 가능하다.

고건 기후변화센터 이사장의 녹색 성장 정책 평가

"저탄소 녹색 성장 정책에는 아직 구체적인 로드맵과 실행계획이 부족해 보입니다."

 고건 기후변화센터 이사장은 2009년 3월 9일 인터뷰에서 국무총리와 서울시장을 지내고 환경단체를 이끈 경험을 토대로 시행 8개월째를 맞은 이명박 정부의 녹색 성장 정책을 평가하고 조언도 제시했다. 고 이사장은 "이른바 '그린 뉴딜'이 글로벌 트렌드이기 때문에 녹색 성장은 당연히 채택해야 할 정책"이라면서도 더욱 빠르고, 대담한 추진을 당부했다.

2008년 2월 설립된 기후변화센터는 기업인, 정·관계 인사, 언론인 등 사회지도층 인사를 대상으로 한 기후변화리더십 과정과 지방자치단체장들을 위한 별도의 교육 과정 등을 운영해 왔다.

질문 **환경운동가로 변신하게 된 계기는?**

고건 공직에서 물러나고 정치 활동도 접기로 한 이후에는 한동안 대외활동을 하지 않았다. 그러나 평생 공직에 몸담았기 때문에 사회에 대한 봉사는 계속하는 것이 마땅한 도리라고 생각했다. 정·관계와 학계, 환경단체, 시민단체, 소비자 단체, 경제인 등과 대화를 나누다 보니 기후 변화가 심각하므로 같이 모여 대응 전략을 모색해 보기로 했다. 그래서 2008년 2월 기후변화센터에 참여했고, 이사장을 맡게 됐다.

질문 해 본 느낌은?

고건 기후변화센터는 우리나라 최초의 기후 변화 전문 민간단체다. 여기에 참여하면서 각 분야가 기후 변화 문제에 등한히 해 뒤떨어졌다는 느낌을 갖게 됐다. 국제사회는 유럽연합을 중심으로 온실가스 감축경쟁에 들어갔다. 우리는 국가적으로 구체적인 목표가 설정되지 않았다. 따라서 중장기 대응전략이나 행정계획도 없다. 금년 내에 목표를 설정하지 않을 수 없을 것이다. 대응전략을 세우고 분과별 행동계획을 세울 때라고 본다. 우리나라는 온실가스 배출량으로는 세계 10위지만, 근래의 온실가스 배출량 증가율로 보면 세계 1위다. 그러나 사회 전 분야에서 기후 변화 문제에 대한 관심과 노력이 미미했던 것이 사실이다. 지난 1년 간 열심히 떠들고 활동해서 기후 변화 문제가 심각한 과제로 인식되기 시작했다고 본다.

질문 기후변화센터의 리더십 과정에 기업인들도 대거 참여했다. 기업들의 준비태세는 어떤가?

고건 문제를 인식하게 된 수준이라고 본다. 전반적으로는 기후 변화를 문제로서, 부담으로서 받아들이고 있다. 그러나 기업의 경쟁력은 결국 기후 변화에 대한 대처에 달려 있다고도 말할 수 있다. 피할 수 없는 문제다. 다만 우리 기업들이 기후 변화에 대한 준비가 되어 있지 않으니 적응기간을 갖고 점차적으로 대응하는 태세를 갖춰야 한다. 2009년 말 코펜하겐 회의에서 한국이 의무 감축국으로 결정된다면 감축 의무가 현실화되는 2012년까지 3년 정도의 유예기간이 있다. 이를 적응기간으로 삼아야 한다.

질문 **어떤 대응책이 있을까?**

고건 세계 각국을 돌아보니 3가지 정도의 방법이 있는 것 같다. 영국의 경우는 기업들이 온실가스를 감축하면서도 경쟁력을 유지시키는 경제적 유인정책을 채택했다. 독일은 온실가스 배출을 강력히 규제한다는 정치적, 사회적 합의를 도출해 냈다. 이런 정책들을 적당히 병행해야 한다고 본다. 우리나라의 경제는 수출 의존적이기 때문에 절대 피해갈 수 없다. 정부와 기업이 잘 협의해서 적응 노력을 해야 한다.

질문 **지방자치단체는 기후 변화와 관련해서 어떤 역할을 할 수 있나?**

고건 지방정부는 가장 중요한 실시기관이자 행정의 주체다. 10년 전 리우 환경회의에서 기후 변화에 대응하는 기본원칙으로 채택한 구호도 'Think Globally, Act Locally'였다. 지방정부는 주민생활과 밀접하기 때문에 에너지 절약, 기후 변화 대응 지침, 실천적 프로그램을 만들어야 한다. 전국적으로 에너지 절약 등을 선도하는 지방정부들이 있다. 이런 움직임이 좀 더 확산돼야 한다.

질문 **정부의 저탄소 녹색 성장 정책은 어떻게 평가하나?**

고건 '그린 뉴딜'이 글로벌 트렌드이니 당연히 채택해야 할 정책이다. 다만 녹색 성장을 정책방향으로 선언했는데, 더 중요한 것은 구체적으로 실천하는 액션 플랜이다. 지금은 액션 플랜을 제시하고 이를 실천해 나가야 하는 단계다. 예를 들어 전남 신안군 지도면에 20MW 규모의 태양광발전소가 설치됐지만, 막상 들여다보면 핵심 기술과 부품이 모두 수입된 것이다. 이런 것은 녹색 에너지는 맞지만, 녹색 성장은 아니다. 따라서 진짜 녹색 성장이 되려면 그린 테크놀로지의 혁신이 이뤄져야 한다. 즉 신재생에너지 원천기술을 확보해야 하는 것이다. 정부는 우리가 원천기술을 갖고 핵심부품을 만들 수 있도록 연구개발을 뒷받침해야 한다. 그리고 녹색 성장을 위해서는 국민의 라이프스타일도 바뀌어야 한다. 시민들이 일상생활 속에서 에너지를 절약해나가야 한다. 정부는 이를 위해 에너지 절약에 파격적인 인센티브를 주는 시스템을 만들어 뒷받침해야 한다. 이미 외국에 이와 관련한 비즈니스 모델도 많이 나와 있다.

질문 **녹색 성장의 추진기구로서 녹색성장위원회는 어떻게 보나?**
고건 지식경제부와 환경부, 그리고 과학기술 및 국토 분야의 정책까지 모두 위원회에서 심의하는 기능을 줬기 때문에 녹색 성장과 관련한 국정의 최고심의기관이라고 볼 수 있다. 일단 옥상옥의 느낌도 있다. 그러나 대통령 소속이기 때문에 기획력이나 추진력은 가질 것으로 본다. 총괄 조정기능도 충분히 할 수 있다. 그러나 이렇게 하면 각 부처가 수동적이 될 수 있다. 각 부처가 아이디어를 내고 창의력도 발휘할 여지도 남겨 둬야 한다. 위원회는 로드맵을 만들고, 구체적인 실행계획은 관계부처에서 하는 것이 낫지 않나 싶다.

질문 **기후 변화와 관련한 국민의 인식은 어느 정도로 보나?**

고건 여론조사 결과를 보면 국민의 70%는 기후 변화에 대한 문제의식을 갖고 있다. 그러나 실제 생활에서 에너지 절약 등에 참여하는 국민은 30% 정도다.

질문 **언론의 보도는?**

고건 최근 들어 신문과 방송이 기후 변화의 심각성을 인식시키기 위해 많은 지면과 시간을 할애하고 있다. 그러나 우리가 처한 절박성을 반영하려면 그런 보도가 배가돼야 한다.

질문 **정부 내에서는 아직도 우리나라가 의무감축국이 되지 않을 수 있다는 생각이 남아있는데?**

고건 그것은 착각이다. 지난해 말 폴란드 포즈난에서 열린 기후변화회의에 참석해 보니 선진국이나 개발도상국이나 모두 한국과 멕시코는 당연히 의무 감축국이 돼야 한다고 주장하더라. 멕시코 정부는 이미 감축 의무를 실행하겠다고 선언했다. 우리도 피할 방법이 없다. 특히 미국에서 버락 오바마 대통령 정부가 들어서면서 국제사회 분위기가 완전히 바뀌었다.

질문 **외국에서는 어떻게 보나?**

고건 영국 런던정경대학의 니컬러스 스턴 박사는 영국이나 한국이나 1인당 온실가스 배출량이 연간 9t을 넘고 있다고 지적하면서 한국도 영국과 마찬가지로 2050년까지 1990년 대비 80%를 줄여야 한다고 강조하더라.

질문 **국무총리 시절(1996~1997년)에는 기후 변화 문제를 어떻게 대응했나?**

고건 1997년 교토의정서가 체결됐을 때 의무 감축국에서 빠진 것을 다행이라고 생각했다. 그 때문에 준비를 소홀히 해온 것이 사실이다.

질문 **서울시장 시절에는 어떤 노력을 기울였나?**

고건 당시에는 난지도 쓰레기장을 생태공원으로 만들고, 생명의 나무 1,000그루를 심고, CNG버스를 도입하는 등 나름대로 열심히 했다고 생각했다. 그러나 지금 와서 돌이켜보면 좀 더 혁명적 결단을 내리고 과감하게 추진했어야 하지 않았나 하는 아쉬움이 남는다.

질문 **기후 변화 문제를 교육 과정에 반영해야 할까?**

고건 초·중등 교육에 필수 과목으로 반영해야 한다고 본다. 녹색 성장이 성공하려면 국민의 라이프스타일이 저탄소 생활방식으로 바뀌어야 한다. 따라서 조기 교육이 필요하다. 예를 들어 초등학교 때부터 기후 변화 문제의 중요성을 교육시키고, 집 안에서부터 실천할 수 있는 작은 일들부터 기록하도록 만들고, 거기에 점수를 주면 좋겠다. 또 어머니 손을 잡고 시장에 가서 저탄소 상품을 함께 산다든지 하는 것도 좋은 방법이다.

질문 오랫동안 정부 고위직을 지내다가 환경단체에서 근무해 보니 어떤 어려움이 있나?

고건 물론 공직에 있을 때보다는 힘이 없고 어려운 것이 당연하다. 그러나 다행히도 기후변화센터에는 기업인이나 시민사회단체, 정·관계 인사들이 많이 참여해 주고 있다.

질문 정치인들은 실질적인 노력 없이 그린 이미지만 차지하려는 것 아닌가?

고건 많은 정치인들이 그린이라는 브랜드를 차지하기 위해 노력하는 것은 사실이다. 그러나 그 자체도 환영한다. 나는 정치인들에게 그린이라는 포장을 했으니 내실도 갖춰 달라고 말한다.

질문 신재생에너지는 여러가지가 있다. 몇 군데만 집중해야 할까, 아니면 모든 기술을 다 추구해야 할까?

고건 태양광과 풍력, 바이오매스 3가지는 기본적으로 해야 한다고 본다. 바이오매스는 축산 분료를 연료화하는 데 집중했으면 한다.

질문 기후변화센터에서는 고 이사장의 역할을 앨 고어와 비교하기도 하던데?

고건 총리 시절 당시 고어 부통령과 카운터 파트로서 처음 만났다. 이후에도 최근까지 몇 차례 만나 기후 변화 등에 대해 의견을 교환할 기회가 있었다.

02. 돈이 없으면 정책도 없다 :: 그린 벤처 캐피털

그린 벤처 캐피털 투자 트렌드

2009년 3월 24일 미국의 벤처 캐피털들과 이들이 투자한 기업의 경영자들이 백악관으로 모였다. 오바마 대통령이 '녹색 일자리' 창출에 기여한 이들의 공로를 보답하고, 계속적인 노력을 당부하는 자리였다.

오바마 대통령은 이 자리에서 "미국은 새로운 산업을 창조하기를 기대하고 있다."면서 "석유로부터의 해방, 에너지 독립을 추구하는 역사적인 노력을 대통령으로서 최대한 지원하겠다."고 다짐했다.

이에 대해 미국벤처캐피털협회의 마크 히센 회장은 "지난 30년 간 바이오 테크놀로지와 반도체, 소프트웨어 산업을 창조하는 데 결정적 역할을 한 것과 마찬가지로 우리는 미국에 클린 테크놀로지 산업을 꽃피울 준비가 돼있다."고 화답했다.

그린 컨설팅업체인 클린테크그룹과 딜로이트에 따르면 미국 내에서 2008년 신재생에너지를 포함한 클린 테크놀로지 분야에 대한 벤처 캐피털의 투자는 40억 달러(약 5조 2,000억 원)가 넘었다. 지난 2007년에 비해 54%나 증가한 수치다. 지난 2005년 이후 두 자릿수 상승세를 계속했다. 특히 2008년 3분기에는 무려 26억 달러의 투자를 기록해 분기별 최고 수치를 기록했다.

그러나 글로벌 금융 및 경제위기가 클린 테크놀로지나 벤처 캐피털 업계를 비껴가지는 않았다. 2009년 들어 클린 테크놀로지에 대한 투자는 크게 떨어졌다. 1·4분기에 82개 기업에 10억 달러(약 1조 3,000억 원)가 투자됐지만, 전년과 비교해 48%가 감소했다.

클린테크그룹의 리서치 책임자인 브라이언 팬은 "소프트웨어 업체의 경우 회사 창업부터 주식시장 상장까지 5,000만 달러면 충분했지만, 에너지 업체의 경우 그 정도는 1차 펀딩에 불과하다."면서 "이에 따라 그린 벤처들은 바이오연료 정제나 MW급 태양광발전소 같은 대형 프로젝트보다는 소규모 업체에 투자하는 쪽으로 방향을 돌리고 있다."고 말했다.

그럼에도 불구하고 벤처 투자자들은 여전히 클린 테크놀로지에 대해 관심을 갖고 있다고 업계 관계자들은 말하고 있다. 실리콘 밸리의 대표적인 벤처 캐피털 가운데 하나인 클라이너 퍼킨스 커필드 바이어의 클린 테크놀로지 투자 담당인 존 디어 파트너는 2009년 초 발표한 성명에서 "현재의 경제 상황을 감안하면 그린 벤처 캐피털의 투자가 지난해보다 줄어든 것은 놀랄 일이 아니다."면서 "클린 테크놀로지는 여전히 21세기의 가장 큰 경제적 기회를 가져올 것이기 때문에 앞으로 계속 투자를 늘려야 한다."고 말했다.

클린 테크놀로지 투자 현황(북미, 유럽, 중국, 인도)

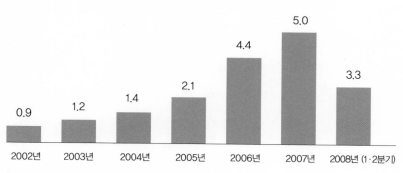

* 단위 : 10억 달러

미국 벤처 캐피털의 투자를 가장 많이 받고 있는 클린 테크놀로지 분야는 태양광이다. 리서치 업체인 그린테크미디어 분석에 따르면 2009년 1 · 4분기에 투자된 벤처 캐피털 자금 가운데 42%가 솔라 에너지 쪽으로 갔다. 이와 함께 바이오연료와 고성능 배터리, 에너지 저장, 전기차에 투자금이 몰리고 있다고 그린테크미디어는 밝혔다.

실리콘 밸리에서 벤처 기업 및 벤처 캐피털 관련 컨설팅업체인 벤처소스그룹을 운영하고 있는 데이비드 리 사장은 클린 테크놀로지에 대한 투자가 1990년대의 IT 분야 투자와는 차이가 크다고 말했다.

데이비드 리 벤처소스그룹 사장

'닷컴 붐' 당시에는 벤처 캐피털들이 벤처 기업의 주식 상장과 인수합병(M&A)을 통해 투자금의 10배에서 많게는 100배까지 이익을 남겼다고 한다. 또 1년에 주식시장에 상장하는 벤처 업체도 300개에 이르렀다고 한다. 그러나 지난해 주식시장 상장에 성공한 클린 테크놀로지 벤처 기업은 13~14개 정도라고 리 사장은 말했다. 또 벤처 캐피털의 투자 이익도 2~5배면 성공적이라는 것이다. 리 사장은 "클린 테크놀로지 분야 투자에는 닷컴 붐 당시와 같은 '묻지마 투자'나 거품이 없다."고 말했다.

리 사장은 현재 벤처 캐피털의 투자는 여전히 IT 분야에 가장 큰 비중을 두고 있다고 말했다. 총 투자금의 50% 이상이 IT 분야로 가며, 그 다음이 바이오 테크놀로지라고 리 사장은 설명했다. 클린 테크놀로지 분야에 대한 벤처 캐피털의 투자 비율은 아직 10%를 넘지 않고 있다고 리 사장은 말했다. 리 사장은 그러나 "미 전역에 있는 2,400여 개의 벤처 캐피털 가운데 클린 테크놀로지만 투자하는 회사가 계속 늘어나고 있다."고 전했다.

미국의 그린 벤처 캐피털들이 중국과 인도의 기업에는 투자를 많이 하면서도 한국 기업에는 투자를 하지 않는 이유를 묻자 리 사장은

"핵심 기술을 가진 기업이 드물기 때문"이라고 말했다. 리 사장은 "한국은 수학이나 과학보다는 응용기술 쪽으로 발전해 왔기 대문에 신재생에너지 쪽에서도 핵심 기술을 갖기는 어렵다고 본다."면서 "한국 기업들은 외국의 원천기술 확보에 돈이 들어가기 때문에 그만큼 수익성도 떨어지게 된다."고 말했다.

"IT · BT · ET를 융합한 기업에만 투자"

IT · 바이오기술(BT) · 에너지기술(ET)을 결합해 시장의 판도를 바꾸는(Game-Changing) 제품과 서비스를 내놓을 기업들에만 투자하고 있습니다."

미국의 대표적인 '그린 벤처 캐피털'인 CMEA의 제임스 김 선임 파트너는 2009년 3월 23일 인터뷰에서 IT, BT, ET 간 융합의 중요성을 강조했다. 김 수석파트너 스스로 MIT에서 컴퓨터과학과 전기공학, 컬럼비아대학에서 경영학을 전공한 뒤 IT와 에너지, 금융, 의료 등 다양한 분야에서 일한 경험을 갖고 있다.

CMEA는 세계 최대의 벤처 캐피털 가운데 하나인 NEA(New

Enterprise Associate)의 자회사로 출발했으며, 현재 12억 달러(약 1조 5,600억 원)를 투자하고 있다.

질문 다분야가 중첩된 기술을 가진 업체에 집중하는 이유는?

제임스 김 CMEA 투자액의 절반은 에너지, 4분의 1은 생명공학, 4분의 1은 IT다. 3개 분야에 초점을 맞추고 있다. 우리는 분야를 넘나드는 기업들에서 기회를 찾고 있다. 태양광을 보자. 태양전지는 사실상 (IT 제품인)반도체다. 그리고 동시에 에너지다. 바이오연료는 어떤가. 유전자공학에 기초를 둔 바이오 테크놀로지이면서 동시에 에너지다. 이런 것들이 우리가 투자하기를 원하는 분야이다.

질문 투자를 결정할 때 과학을 중시한다고 들었다. 무슨 의미인가?

제임스 김 과학에 초점을 둔다는 것은 고도의 테크놀로지를 기대한다는 의미다. 뭔가를 변화시키고 변환할 수 있는 잠재력을 가진 테크놀로지를 말한다. 우리는 태양전지의 효율을 조금 향상시키는 것에는 관심이 없다. 에너지 가격을 급격하게 줄일 수 있는 것을 원한다. 말하자면 솔라든 바이오든 게임 체인징하는 잠재력을 가진 회사와 기술에 투자하려고 한다. 테크놀로지를 통해서 에너지와 에너지 비즈니스 자체를 바꾸려는 것이다.

질문 솔린드라라는 태양광 회사에 투자했다. 어떤 점이 특별한가?

제임스 김 박막태양전지를 만드는 회사이다. 저비용, 고효율 태양전지 모듈을 만든다. 보통 태양전지 패널을 설치하는 데 와트 당 7달러가 들지만 솔린드라 제품은 훨씬 싸다. 거기다가 설치도 매우 쉬워 시스템을 운용하는 비용도 크게 떨어뜨릴 수 있다. 그러므로 '게임 체인징'이라고 할 수 있다. 오바마 정부의 경기부양 예산이 가장 먼저 투자한 회사가 바로 솔린드라이다.

질문 그동안의 투자 경험과 자료, 정보를 토대로 볼 때 어떤 신재생에너지가 가장 유망한가?

제임스 김 기존의 화석연료와 비교해서 현재 가격 경쟁력을 가진 것은 풍력이다. 따라서 우리는 더욱 향상된 풍력발전기에 관심을 갖고 있다. 다양한 바람의 세기나 방향 등과 관계없이 전력을 생산해 내고, 더욱 가볍고, 보수 및 관리 필요성도 줄어드는 풍력은 천연가스와 비교할 때 이미 경쟁력이 있고 앞으로 성장가능성도 크다. 글로벌 경제위기 이후에도 연 30% 이상의 성장을 보이고 있다. 또 솔라 에너지도 좋아한다. 솔라는 풍력과 조금 다르다. 지역 분산이 가능하다. 풍력은 기존의 천연가스발전소를 대체하는 대규모 발전소에 이용되고, 솔라는 각 지역에 확산시켜야 한다. 주택의 지붕 등 에너지가 당장 필요한 곳에서 직접 에너지를 공급할 수 있다. 바이오연료는 만약 가솔린과 같은 가격으로 생산할 수 있으면 역시 게임 체인징이 될 수 있다.

질문 태양광과 풍력이 기저부하가 될 수 있을까?

제임스 김 그것은 안될 것이다. 바람은 밤에 세게 불고, 태양은 낮에만 빛을 보낸다. 태양광과 풍력을 최대한 활용하려면 에너지 저장 시설이 필요하다.

질문 스마트 그리드는 타당한 사업일까?

제임스 김 전력회사들의 문제는 새로운 기술을 받아들이는 데 매우 굼뜨다는 점이다. 기존에 하던 대로 가느냐, 새로운 것을 받아들여야 하느냐는 선택이 앞에 있다면, 대부분 기존에 하던 방식을 고수한다. 그들 입장에서 새로운 기술을 받아들인다고 좋을 것이 없다. 일자리를 잃을 뿐이니까. 새로운 테크놀로지가 이익을 준다고 하더라도, 이를 받아들이는 데는 많은 장벽을 넘어야 한다. 미국에 스마트 그리드 시스템과 에너지 저장 시설이 설치되면 곧바로 투자한 만큼의 이익을 얻을 것이다. 그러나 전력회사들이 스마트 그리드 시스템을 설치하고, 소비자들이 사는 것이 현실화되려면 정부로부터의 인센티브가 필요하다. 또 전력회사와 소비자의 행동이 변화하는 시간이 좀 필요할 것이다.

질문 배터리가 대용량 에너지 저장 시설로 발전할 수 있을까?

제임스 김 우리가 투자한 A123가 전력회사 AES와 손잡고 MW급 규모의 저장 시설을 건설하고 있다. 리튬 이온 배터리를 응용할 잠재력과 가능성을 갖고 있다고 본다.

질문 **전기차에도 투자하나?**

제임스 김 우리는 아직 테슬러와 같은 전기차에 투자하지 않고 있다. 지금 가격이 너무 비싸지 않은가. 대량생산 체제가 필요하다. GM, 포드, 현대, 이런 대형 자동차 업체들은 수백 년, 수십 년씩 자동차 비즈니스를 해왔다. 전기차 사업은 대형 자동차 회사들에게 남겨 두는 것이 낫지 않나 생각한다.

질문 **수소연료전지는 어떤가?**

제임스 김 너무 멀다. 투자를 망설이고 있다

CMEA가 투자한 클린 테크놀로지 기업

투자회사	제품/테크놀로지	활용 분야
A123	배터리	자동차, 에너지 저장
CFX배터리	배터리	소형, 경량 배터리
Cnano	탄소 나노튜브	강력하고 전도성 강한 에너지 장비
다노텍	영구자석	전기 제어 장치
인벤튜어	생화학 물질 및 연료	해조류, 농산품 부산물, 쓰레기를 통한 에너지 생산
루미너스	LED	대규모, 고명도 LED 시스템
뉴스케일	모듈라 원자로	차세대 원자력 발전
솔린드라	박막태양전지	저비용 고효율 태양광 발전
슈퍼프로토닉	고체산화연료전지 (SAFC)	가정, 자동차, 주택용 고성능 연료전지
와일드캣 디스커버리	합성 물질 개발	수소 저장 탱크

03. 기술이 없으면 돈도 없다

:: 클린 테크놀로지 연구소

세계 최고의 신재생에너지연구소 NREL을 가다

미국의 동부에서 시작돼 서쪽으로 뻗어나간 대평원이 로키 산맥과 만나는 지역이 콜로라도 주다. 콜로라도 주에서도 평원과 산들이 처음 만나는 지점이 볼더 카운티이다. 바로 이 볼더 카운티의 골든이라는 도시에 미국의 대표적인 클린 에너지 및 에너지효율 관련 연구소인 신재생에너지연구소(NREL, National Renewable Energy Laboratory)가 자리 잡고 있다.

볼더 카운티의 고도는 해발 1,600m 정도다. 인근 대도시인 덴버가 '마일 하이 시티(Mile-high City · 1마일은 1,600m)'로 불리는 이유가 그 때문이다. 고도가 높을수록 태양광발전의 효율이 높아지고, 풍속이 일정해진다. 이와 함께 콜로라도 주에는 지열발전이 가능한 온천 지역도 많고, 특히 주민들이 환경친화적인 정책을 적극 지지하고 있기 때문에 신재생에너지 연구에는 최선의 조건을 갖춘 셈이다.

예상대로 NREL로 들어가는 절차는 제법 까다로웠다. 우선 NREL 본부에서 10분쯤 떨어져 있는 산등성에 자리 잡은 풍력연구단지를 먼저 방문하자 여권과 비자 등 필요한 서류를 꼼꼼하게 점검한 뒤 출입을 허락했다. 풍력연구단지에는 NREL의 연구원은 물론 풍력발전기 제조업체, 풍력발전소 운영자, 전력회사 등의 관계자들이 함께 모여 있다. 이들은 발전기 날개의 크기와 발전 효율의 관계, 날개가 좀 더 바람을 잘 받아 회전하도록 만드는 방법 등을 연구하고 있다. 또 연구를 통해 만든 풍력발전기의 시험 가동도 이곳에서 이뤄진다.

현장 책임자인 제임스 존슨은 "풍력발전은 단순해 보이지만, 오히려 태양광 등 다른 신재생에너지 발전보다 첨단 기술이 필요하다."고 말했다. 특히 가볍고, 튼튼하면서도 신축성 있는 발전기 날개, 마모 내구성이 강한 발전기 부품을 만드는 것은 여러가지 과학 기술과 산업이 복합된 분야라고 존슨은 강조했다. 연구단지에서는 현재 개발 중인 CART라는 이름의 풍력발전기가 보였다. 이 발전기로 터빈을 구성하는 부품들의 부하를 최소화하는 시험을 진행 중이었다.

NREL 풍력연구단지의 CART 풍력발전기. 터빈이 받는 부하를 최소화하는 시험에 이용된다

NREL 본부 역시 출입 절차가 까다로웠다. 특히 풍력연구단지와 달리 연구소 내부에서의 사진 촬영을 제한했다. 연구소라기보다는 군사 기지에 들어가는 느낌이 강했다.

브리핑룸에서 NREL의 태양광 전문가인 톰 슈렉 박사를 만났다. 슈렉 박사는 NREL이 재생에너지를 이용한 전력생산, 재생연료, 통합 에너지 시스템, 전략적 에너지 분석 등을 담당하고 있다고 설명했

다. 슈렉 박사는 특히 자신의 전공분야인 태양광발전의 경우 2000년 이후 매년 40% 이상의 고성장을 계속하고 있다고 강조했다. 슈렉 박사는 "현재는 결정질실리콘을 이용한 태양전지가 시장

콜로라도 주의 록키산맥 자락에 자리 잡고 있는 NREL의 전경

을 장악하고 있지만, 실리콘 가격 상승 때문에 차세대 기술이 떠오를 것"이라고 말했다. 슈렉 박사는 차세대 태양전지 테크놀로지로 플라스틱 또는 유기물, 퀀텀닷(Quantum Dots), 다중 여기자(勵起子, Excitons), 나노 테크놀로지, 다다중접합(Multi-Multi-Junctions), 열광자학(Thermophtonics) 등을 이용한 태양전지를 제시했다. 이와 함께 태양전지가 고온, 다습한 지역에서도 제대로 작동하도록 만드는

NREL의 태양광 분야 연구원이 고효율 박막태양전지를 개발하기 위해 진공 상태에서 실험을 하고 있다

것이 중요한 이슈라고 슈렉 박사는 말했다. 현재의 태양전지는 온도와 습도가 낮은 지역에서 효율이 좋다.

역시 브리핑룸에서 만난 NREL의 바이오 연료 전문가 제임스 맥밀런 박사는 석유를 대체하는 연료의 개발 필요성을 강조했다. 맥밀런 박사는 바이오연료 개발에는

품질과 가격, 지속가능성이라는 3가지 중요한 이슈가 있다고 말했다. 우선 석유를 대체할 만큼 성분이 훌륭해야 하고, 생산 및 수송 가격도 저렴해야 하며 충분한 양의 바이오연료를 생산할 수 있어야 한다는 것이다. 이와 함께 바이오연료 개발에 너무 많은 전기 등 에너지와 물이 소모되면 안 되고, 제조과정에서 온실가스 배출도 줄여야 한다고 맥밀런 박사는 설명했다.

맥밀런 박사는 본부 건물 옆에 설치된 바이오연료 공장으로 안내했다. 공장 현관에는 조지 W 부시 전 대통령이 이 공장을 방문했을 때 찍은 기념사진이 걸려 있었다. 사진 위에는 '바이오연료가 전국적인 주목을 받고 있다'라는 커다란 문구가 걸려 있었다. 이 공장에서는 각각 옥수수 줄기와 옥수수 대, 포플라, 잡초(Switchgrass)로 바이오 연료를 만들고 있었다. 바이오연료는 매우 복잡한 생산공정을 거쳐 나왔다. 어떤 형태든, 에너지를 생산한다는 것은 역시 단순한 과정이 아니다. 이 공장에서 나온 바이오연료는 블루 선이라는 업체가 판매하고 있다.

NREL 바이오연료 공장의 내부 모습

NREL은 미 에너지부에 소속된 기관이다. 1차 석유 파동을 겪은 뒤 1974년에 설립됐다. 처음에는 태양에너지연구소로 출발했다. 당시의 지미 카터 대통령은 이 연구소를 단순히 연구, 개발하는 기관이 아니라 재생에너지를 확산시키는 수단으로도 활용하겠다는 복안을 가졌다. 이 때문에 막대한 예산을 지원했다. 그러나 작은 정부를 주창하는 로널드 레이건 대통령 시절에는 이 연구소의 예산이 이전보다 90%나 깎였다. 연구원들이 강제로 해직되고, 연구 프로젝트는 중단됐다. 이 때문에 환경론자나 신재생에너지 신봉자들은 지금까지도 레이건 대통령을 강력히 비난한다. 이후 신재생에너지에 대한 관심이 고조되면서 기능을 조금씩 회복해갔다. 1991년 연구소의 기능을 신재생에너지 분야 전역으로 확대하고 NREL로 이름을 바꿨다.

●●● NREL의 한국인 연구원 김용현 박사 인터뷰

"다양한 분야를 쉽게 접할 수 있고, 그 중 관심있는 분야를 스스로 개척해 나갈 여건을 제공해 주는 것이 NREL의 장점입니다."

NREL 기초과학연구팀의 김용현 박사는 2009년 4월 인터뷰에서 NREL의 중점 연구 분야와 연구 방식 등을 설명했다. 카이스트에서 물리학을 전공한 김 박사는 지난 2003년부터 NREL에서 박사후 과정 연구원으로서 에너지 저장 분야를 연구하고 있다. 김 박사는 자신

의 의견이 NREL을 대표하는 것이 아니며, 한국 출신 연구원으로서
개인 의견을 밝히는 것이라고 말했다.

질문 현재 NREL에서 가장 중점을
두고 연구하는 신재생에너지는?

김용현 NREL에는 미국에서는 유
일하게 국가단위의 태양광 및 풍력
연구 센터가 있다. 또 바이오에너지
연구센터도 있다. 이와 함께 지열에

너지와 수소도 중요한 연구 분야로 삼고 있다. 연구 프로그램의 크기
만 놓고 보면 태양광 분야가 가장 크다고 할 수 있다.

질문 현재 NREL에서 가장 중점을 두고 연구하는 클린 테크놀로지는
어떤 분야인가?

김용현 거의 모든 분야에 대해 전략적인 투자를 하는 것으로 안다.
그 중에 하나를 특정하기는 어렵다. 내가 연구하는 에너지 저장 쪽도
최근에 NREL의 경영진으로부터 많은 관심을 받고 있다.

질문 NREL의 차별화된 경쟁력은 무엇이라고 보나?

김용현 NREL은 신재생에너지 분야의 기초 연구부터 기술 이전, 마
케팅까지 모든 영역을 연구 대상으로 삼고 있다. 기본적으로 10~20

년 뒤에 경쟁력을 가질 만한 기술의 개발에 관여하면서도, 한편으로는 당장 1~2년 후에 쓰임새가 있는 기술에 대한 연구도 많이 한다. 쉽게 얘기하면 대학, 연구소, 회사의 연구주제를 한 연구소에서 수행한다고 보면 될 것 같다.

질문 NREL과 같은 정부 연구기관의 장점은 무엇이라고 보나?
김용현 역시 기초기술에 대한 투자를 한다는 것이다. 또 모든 연구의 목표가 분명하다는 점도 장점이다.

질문 NREL과 같은 정부 연구소가 하기 어려운, 그래서 민간 연구소에서 해야 할 연구 분야는 어떤 것들이 있을까?
김용현 민간 연구소에 대해서는 잘 모른다. 다만 개인적으로는 정부든 민간이든 관계없이, 또 연구 분야에 구분이 없이, 다양한 주제를 개별 혹은 공동으로 연구하는 것이 좋다는 생각이다.

질문 현재 세계에서 가장 앞서 있는 에너지 저장 기술은 무엇인가?
김용현 에너지 저장 기술은 매우 다양하다. 가장 쉽게 접촉하는 것은 가솔린, 수소, 천연가스 등(이들은 에너지이자 저장 시설도 된다)의 화학연료들이다. . 또한 배터리로 중요한 분야인데 에너지 밀도 측면에서 아직 화학에너지를 따라갈 수 없다. 기계적 에너지 저장 시설도 있고, 열에너지 저장 시설도 있다.

질문 에너지 저장 기술이 발전하면, 에너지 시장에 어떤 변화가 올 수 있을까?

김용현 현재의 전력선에 기반한 에너지 구조(한국에서는 한전)가 많이 변화될 것이다. 모든 가정이나 개인이 좀 더 독립적으로 되는 것이다. 예를 들면 배터리가 발달하니까 컴퓨터와 전화의 이동(Mobile)이 가능해졌듯이.

질문 현재 본인이 연구하는 에너지 저장 기술을 간단히 설명해 달라.

김용현 주로 나노기술에 기반한 수소저장 물질을 이론적으로 연구하고 있다. 나노 관련 배터리 물질과 열 저장 물질 연구다.

04. 교육이 없으면 기술도 없다

:: 세계 대학의 신재생에너지 학과

우후죽순처럼 늘어나는 신재생에너지 학과들

세계 각국이 화석연료를 대체하는 새로운 에너지 개발에 몰두하는 가운데 대학들도 신재생에너지를 적극적으로 교육 과정에 포함시키고 있다. 급속도로 팽창하고 있는 신재생에너지 산업 분야의 수요에 맞춰 전문 인력을 공급하기 위한 것이다.

호주의 뉴사우스웨일스대학은 태양광 재생에너지공학을 단과대로 운영 중이다. 이 대학은 학부에서 태양에너지를 가르친 최초의 대학으로 알려져 있다. 이 대학의 태양광연구센터에서 25% 효율의 태양전지를 개발하기도 했다. 호주 정부로부터 연구비 보조와 연구실 건설 등 많은 지원을 받고 있다. 이명박 대통령이 호주 방문 때 이 대학을 방문하기도 했다.

"2020년 이후에는 석유를 쓰지 않겠다."고 선언한 스웨덴에서는 왕립기술대학이 신재생에너지 교육의 선봉에 서 있다. 에너지기술학과에서 지속가능에너지공학이라는 석사 프로그램을 운영 중이다.

이 프로그램은 지속가능한 전력 생산, 지속가능한 에너지 이용, 태양 에너지 등 세 분야로 나눠진다. 2009년 현재 67개국에서 온 400명의 학생이 이 프로그램에서 공부하고 있다. 대학 측은 이 프로그램을 온라인을 통해 제공하는 방안도 검토 중이다.

미국에서도 각 지역의 대학들이 발 빠르게 재생에너지 학과를 신설하고 있다. 오리건공과대학은 2005년 재생에너지공학과를 신설했다. 신재생에너지 사업들이 전 세계적으로 진행되는 데 비해 이 분야의 전문 인력이 부족하다는 판단에 따른 것이다. 미국 최초의 4년제 신재생에너지 학과다. 올해 처음으로 50명의 졸업생을 배출하게 된다. 이 학과는 태양광과 태양열부터, 풍력, 지열, 바이오연료, 연료전지, 수력, 에너지효율 등을 종합적으로 가르친다. 물론 공과대학이기 때문에 에너지 테크놀로지 쪽에 강좌가 집중돼 있다.

아칸소 주의 존 브라운대학도 재생에너지 학과를 개설했다. 이 학과에 들어간 학생은 3가지 코스 가운데 하나를 선택할 수 있다. 첫째, 에너지 테크놀로지. 에너지 기업에서 엔지니어로 일하거나 대학원에서 에너지공학을 전공할 학생들을 위한 것이다. 둘째는 에너지 관리. 정부나 비정부기구(NGO)에서 에너지를 담당하거나 에너지 회사에서 경영을 담당하려는 학생들을 위한 것이다. 셋째는 국제개발. 해외시장의 에너지 개발에 관심을 가진 학생들을 위한 것이다. 학생들은 수업을 통해 태양 에너지와 풍력, 바이오에너지의 설계와 건설, 운영을 직접 체험하게 된다.

햇빛이 강한 미 아리조나 주의 대학들은 태양광 분야의 강좌 개설에 적극적이다. 아리조나대학과 아리조나주립대학, 코코니노칼리지 등이 개별적으로 공대에 태양광 관련 강좌를 개설하는 한편 공동으로 '아리조나 솔라 센터'라는 프로그램도 운영하고 있다. 노스캐롤라이나의 아팔라치안주립대학은 공대에 풍력을 집중 교육하는 프로그램을 갖고 있다.

UC데이비스(캘리포니아대학 데이비스 캠퍼스)는 '에너지효율 센터'를 운영 중이다. 이 센터는 2006년 캘리포니아 클린에너지 펀드의 지원으로 설립됐다. 미국 내에서 에너지효율에 초점을 맞춘 최초의 대학 프로그램이다. 연구를 통해 개발한 기술을 시장에 전수하고, 에너지효율 분야에서 일할 인력을 육성하는 것이 설립 목적이다. 따라서 정부 관리와 기업인 등도 이 센터의 운영에 적극적으로 협력하고 있다. 이 센터에서는 에너지효율과 기후 변화 완화의 경제학, 에너지효율 방법론, 에너지효율 분야의 혁신 등의 강좌를 개설하고 있다.

미국의 대표적인 대학들도 신재생에너지 관련 연구센터를 신설하거나 기존의 학과에 클린 에너지와 그린 비즈니스 관련 커리큘럼을 대폭 확대하고 있다. 매사추세츠공과대학(MIT)은 기계공학과와 자동차연구소, 에너지연구소, 전기화학공학연구소 등에서 연료전지를 집중 연구한다. MIT는 학생이 아닌 사람들에게 공개되는 평생교육 프로그램에도 솔라 에너지와 바이오연료, 이산화탄소 포집 및 저장, 기후 변화 정책과 에너지 등의 강좌를 개설했다.

UC버클리는 '재생가능하고 적절한 에너지 연구소'를 설치했으며, 스탠퍼드대학은 에너지자원공학과, 건축환경공학과 등 관련 학과들

미국 대학의 신재생에너지 관련 학과들

학교	학과	교육 기간
오리건공대	신재생에너지공학과	4년
존 브라운대학(아칸소)	신재생에너지학과	4년
뉴욕주립대(캔톤 캠퍼스)	대체 및 재생에너지 학과	4년
일리노이주립대(노말 캠퍼스)	재생에너지학과	4년
레인커뮤니티칼리지(오레곤)	재생에너지기술	2년
산후안 칼리지(뉴멕시코)	솔라 에너지 시스템	1년 또는 2년
브롱스 커뮤니티 칼리지(뉴욕)	솔라 전기 테크닉	2년

이 공동으로 신재생에너지 분야 연구에 참여하고 있다.

하버드대학은 케네디스쿨의 벨퍼센터에서 '환경 및 천연자원 프로젝트'로 신재생에너지 문제를 다루고 있다. 행정대학원인 케네디스쿨에 있기 때문에 테크놀로지보다는 국제정치적 시각에서 신재생에너지 문제를 다룬다.

이와 함께 미 에너지부의 지원을 받아 신재생에너지 관련 분야를 연구하는 대학들도 있다. 일리노이대학이 자동차용 바이오연료를, 버지니아폴리텍이 자동차용 연료전지를, 캘리포니아대학 데이비스 캠퍼스가 하이브리드 자동차를, 펜실베이니아대학이 에너지 저장을, 미시간대학이 자동차용 경량 물질을 연구 중이다.

아이슬란드의 지열 대학들

지열 선진국인 아이슬란드는 지난 30여 년 간 축적한 지열 개발 기술과 노하우를 전파하고 교육하는 데도 매우 적극적이다.

아이슬란드는 1975년 케냐에 처음 진출한 이후 지금까지 미국과 독일, 중국, 인도네시아, 필리핀, 헝가리, 지부티 등 10여 개 국가에서 지열 개발 프로젝트에 참가하고 있다. 지열 테크놀로지는 아이슬란드의 주요 수출 산업이다.

아이슬란드에는 3개의 대표적인 지열 교육기관이 있다. 유엔대학 지열 훈련 프로그램(UNU-GTP)과 RES(School of Renewable Energy Science), REYST이다.

2009년 1월 16일 아침 방문한 UNU-GTP는 아이슬란드 국가에너지기구(NEA) 청사의 1층에 자리 잡고 있었다. 프로그램 소장인 잉그바르 프리드라이프슨 박사는 "개발도상국 가운데 지열자원과 개발 경험이 있는 국가의 전문가를 초빙하고 있다."면서 "자국의 지열 데이터를 이곳으로 가져와 화학적, 지질학적으로 해석하고 분석하는 것도 주요 업무"라고 설명했다. 1975년 설립된 이 프로그램을 거쳐간 지열 전문가는 43개국에서 402명이다. 중국인이 70명으로 가장 많고, 케냐 42명, 필리핀 31명, 엘살바도르 27명, 에티오피아 26명 등의 순서다.

UNU-GTP의 잉그바르 프리드라이프슨 소장

프리드라이프슨 소장은 2009년에 북한의 지열 전문가도 이 프로그램에 초빙할 계획이라고 말했다. 그는 중국 주재 아이슬란드 대사가 이미 두 차례에 걸쳐 북한을 방문, 지열자원을 탐색하고 전문가들과도 면담을 가졌다고 전했다.

UNU-GTP 프로그램의 운영비용은 모두 아이슬란드 정부가 부담한다. 유엔을 통해 개도국을 지원하는 일종의 ODA 형식이다. 기본적으로 6개월 프로그램이지만, 희망자는 프로그램이 끝난 뒤 아이슬란드대학에서 추가 연구를 한 뒤 석사학위를 받을 수도 있다. 프리드라이프슨 소장은 "최근 지열과 관련한 국제 세미나는 사실상 우리 프로그램 출신이 주도하고 있다."고 말했다.

UNU-GTP의 성공에 자극받아 탄생한 것이 RES다. 아이슬란드 북부 아쿠레이리에 자리 잡은 이 학교는 UNU-GTP에 들어갈 수 없는 선진국 학생들을 주 대상으로 하고 있다. 미국과 핀란드 등 유럽 출신 학생들이 많다. 이 학교의 안보른 올라프슨 국제담당관은 "지난해 서울대 학생 몇 명이 단기 연수를 하고 갔다."면서 "이들이 매우 우수해 한국 학생들을 적극 유치하기로 했다."고 말했다. 이 학교는 화산 활동이 계속돼 지열자원을 생생하게 볼 수 있는 아쿠레이리 지역에 자리 잡은 것이 큰 이점 가운데 하나라고 올라프슨 담당관은 말했다.

아이슬란드의 대표적인 에너지 기업인 레이캬비크 에너지도 아이

RES의 안보른 올라프슨 국제담당관

슬란드대학, 레이캬비크대학과 연계한 석사학위 프로그램인 REYST를 지난해 만들었다. 지열뿐만 아니라 신재생에너지 전반에 걸쳐 14개 코스로 구성됐다. 첫 입학생은 아이슬란드 현지 학생과 외국 학생이 반반이다. 외국 학생은 독일과 인도네시아, 아이보리코스트, 필리핀,

지부티 출신이다. 독일 출신인 마킨 플리어는 "클린 에너지에 관심이 많았고 직업으로서의 전망도 좋아 이 프로그램에 들어왔다."면서 "독일에서도 지열을 공부할 수 있지만, 아이슬란드와 같은 초고온 지열은 접할 수 없다."고 말했다.

레이캬비크 에너지가 설립한 에너지 대학원 REYST에서 아이슬란드 대학의 폴 얀센 교수가 각국에서 온 학생들과 에너지 이익 평가 수업을 진행하고 있다

콜로라도대, 주의 에너지 개발 허브로

2007년 5월, 콜로라도대학(University of Colorado)이 워싱턴과 뉴욕 등에 주재하는 해외 특파원 20여 명을 학교로 초청했다. 콜로라도 주의 신재생에너지를 세계 각국에 홍보하는 행사를 주최한다는 것이다. 주 정부가 아니라 대학이 전면에 나선 것이 이채로웠다.

5월 7일 콜로라도대학이 자리 잡은 볼더에 도착해 보니 이유를 알 수 있었다. 콜로라도 주 정부와 덴버·볼더 등 주요 시 정부, 재생에너지연구소(NREL), 대기연구센터(NCAR), 해양대기국(NOAA) 등 국가 연구소, 기업들, 주요 대학들이 신재생에너지를 적극 육성하기 위한 협력기구를 구축했으며, 콜로라도대학이 그 대표 역할을 맡은 것이다. 콜로라도대학은 그동안 공대 등에서 7명의 노벨상 수상자를 배출한 미 중서부 지역의 대표적 대학 가운데 하나다. 콜로라도 신재 생에너지 협력기구의 폴 저드는 "록키산맥을 끼고 있는 콜로라도 주 민들은 전통적으로 환경 보호에 관심이 많으며, 이에 따라 대학들도 환경과 에너지 분야에 대한 연구를 집중해 왔다."고 설명했다.

신재생에너지 협력기구의 사무국이 자리 잡은 콜로라도대학 아틀 라스 빌딩은 에너지효율 테크놀로지를 최대한 적용한 건물이다. 미국 그린빌딩협회가 주는 에너지·환경디자인리더십(LEED) 인증을 받 았다. 아틀라스 빌딩은 환경친화적인 건축 자재로 지어졌고, 단열을 강화해 냉난방 효율을 높였으며, 화장실에도 물 없이 청소하는 변기 를 배치했다.

협력기구 측이 특파원들을 위해 마련한 일정은 이 기구의 참가자들 을 고스란히 반영했다. 세계적으로 유명한 NREL과 부속된 풍력연구 단지, NCAR, NOAA에서 에너지 및 기후 변화 전문가들이 테크놀로 지의 트렌드를 설명했다. 또 세계 대학들 간의 태양광 주택 경연대회 인 '솔라 데카슬론'에서 2번 연속 우승한 콜로라도대의 공대학생들 도 만날 수 있었다.

7일 저녁 대학 측은 특파원들을 폴섬 스타디움의 스카이박스로 안

콜로라도 주 에너지협력기구 사무국이 자리 잡고 있는 콜로라도대학 아틀라스 빌딩

내했다. 폴섬 스타디움은 이 대학의 미식축구 팀 버팔로스의 경기장이다. 폴섬 스타디움의 맨 윗쪽에 자리 잡은 스카이박스는 4면이 유리로 둘러싸여 서쪽으로는 록키산맥을, 동쪽으로는 대평원을 바라볼 수 있도록 설계됐다.

대학 측은 이날 스카이박스에 특파원들과 함께 콜로라도 주의 대표적인 신재생에너지 관련 업체직원 20여 명을 불러 모았다. 록키산맥으로 해가 지는 모습을 감상하며, 자연스럽게 인사를 나누고 클린 에너지, 그린 비즈니스에 대해 의견을 교환하는 자리였다. 콜로라도 주 안에서 사업을 하는 기업들도 있었지만, 세계 1위 풍력발전기 제조업체인 덴마크 기업 베스타스의 미국지사 등 대기업들도 많았다. 주택

용 에너지 관리시스템을 연구, 제작하는 텐드릴의 팀 엔웰 사장은
"몇 년 안에 미국에는 스마트 그리드의 구축이 시작될 것"이라면서
"IT가 발달한 한국에서도 이 분야에 관심을 가져볼 만하다."고 말했
다. 엔웰 사장의 전망대로 2009년부터 전력업체 엑셀에너지가 보울
더 시에 지능형 전력망을 까는 작업을 시작했다.

콜로라도 주의 신재생에너지 협력 체제

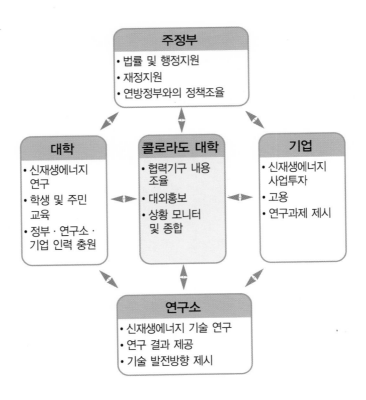

05. 석유든 풍력이든 에너지는 마찬가지?
:: 석유 메이저들

●●● "Beyond Petroleum이라고 불러주세요"

"BP는 더 이상 브리티시 페트롤륨(British Petroleum)이 아닙니다. 비욘드 페트롤륨(Beyond Petroleum, '석유를 넘어서' 라는 의미)이라고 불러주세요."

"BP는 더 이상 석유 회사가 아닙니다. 에너지 회사입니다."

2007년 10월 12일 워싱턴 DC의 BP 솔라 본사에서 만난 리 에드워즈 CEO는 BP의 태양광 사업 등 신재생에너지 개발을 홍보하는 데 열을 올렸다. BP 솔라는 백악관과 서너 블럭 떨어진 시내 중심가에 자리 잡고 있었으며, 에드워즈 CEO의 사무실은 10층짜리 빌딩의 꼭대기, 즉 펜트하우스였다.

태양전지를 제작하는 BP 솔라는 직원이 2,200명이며, 2007년 매출은 10억 달러(약 1조 2,000억 원)에 이른다.

질문 BP가 언제부터 태양광같은 클린 에너지에 관심을 가졌나?

리 에드워즈 BP가 솔라 비즈니스를 시작한 지가 이미 30년이 넘는다. 태양광 사업을 가장 먼저 시작한 회사 가운데 하나다. BP는 태양광뿐만 아니라 풍력과 수소 등 다른 대체에너지 사업도 하고 있다. 이를 위해 BP 대체에너지(BP Alternative)라는 회사를 세웠다.

질문 대체에너지에 어느 정도를 투자하나?

리 에드워즈 BP Alternative는 2005년에 세워졌고, 10년 동안 80억 달러(약 9조 6,000억 원)를 투자할 예정이다. 대체에너지뿐만 아니라 관련된 클린 테크놀로지에도 투자할 계획이다. 이를 통해 새로운 에너지원을 개발할 뿐만 아니라 온실가스를 줄이는 데도 크게 기여하게 될 것으로 기대한다.

질문 BP가 이산화탄소 감축에도 큰 관심을 갖고 있나?

리 에드워즈 이산화탄소를 줄이려면 에너지 분야를 바꿀 수밖에 없다. 전력을 생산할 때 배출되는 이산화탄소의 양이 전체의 40%가 넘는다. 교통 분야보다 2배 정도 된다. 클린 에너지의 발전이 없으면 이산화탄소를 줄일 수 없는 것이 현실이다.

질문 석유 개발로 환경을 훼손해온 데 대한 보상심리는 아닌가?

리 에드워즈 개인 의견을 말하겠다. 나는 23년 간 BP에서 일했다. 글로벌 브랜드를 담당할 때 (친환경적인 의미를 담고 있는) 힐리오스 로고를 만들고 'Beyond Petroleum'이라는 마케팅 캠페인에도 참여했다. BP가 대체에너지 사업을 하는 것은 사과(Apology)를 위한 노력이 아니다. 미래의 가능성을 잡기 위한 노력일 뿐이다. 우리는 좋은 비즈니스를 통해 이윤을 남기려 하는 것이다. 세계의 변화된 에너지 수요에 맞춰 새로운 클린 에너지를 제공하는 것이다. 물론 대체에너지뿐만 아니라 BP의 석유 사업 분야에서도 좀 더 깨끗하고 환경친화적인 사업을 하려고 노력하고 있다.

질문 대체에너지 사업을 하면서 BP에 대한 여론도 변했나?

리 에드워즈 우리가 솔라, 윈드, 수소에 이렇게 많은 투자를 하지만 여전히 홍보를 위해서 한다는 비판적인 시각이 존재하는 것을 알고 있다. 그러나 그것은 사실이 아니다. 그리고 우리가 대체에너지 사업을 하는 것을 직접 본 사람들은 평가가 바뀐다. 앞으로 여론도 더 변할 것으로 기대한다.

질문 솔라 등 대체에너지 사업이 비즈니스로서는 어떤가?

리 에드워즈 굿 비즈니스다. 솔라나 대체에너지에 대한 수요가 예상보다도 크다. BP는 규모가 큰 회사고, 전력 산업을 잘 이해하고 있다. 지난 몇 년 간 대체에너지 쪽이 BP 안에서도 가장 빠르게 성장하는 분야다. 이미 이익이 나고 있고, 더 많은 투자를 할 것이다. 장기적으로 큰 이익이 나올 수 있는 비즈니스다.

질문 대체에너지의 가격은 여전히 석유 등 화석 연료에 비해 비싸지 않은가?

리 에드워즈 BP 전체가 에너지 가격을 낮추기 위한 기술 혁신을 계속 하고 있다. 가까운 시기에 대체에너지의 가격이 석탄과 경쟁할 수 있을 것으로 본다. 일본은 이미 거의 비슷해졌다. 일본은 원래 전기료가 비싸다. 태양광발전 쪽에 보조금을 조금만 줘도 석탄발전소에서 나오는 전기와 가격이 비슷해진다. 하와이나 캘리포니아처럼 일조량이 풍부하고 전기료가 비싼 곳에서도 곧 솔라 에너지가 경쟁력을 갖게 될 것이다. 물론 그렇지 못한 조건을 가진 곳에서도 태양광이 경쟁력을 가질 수 있도록 계속해서 테크놀로지를 개발해 나갈 것이다.

질문 언제쯤 그런 시기가 올까?

리 에드워즈 많은 시장에서 2015년까지는 가능하지 않을까 싶다. 어떤 지역에서는 2010년에도 가능할 것이다. 어떤 디자인과 어떤 테크놀로지를 개발하느냐, 어떤 재료를 쓰고, 어떻게 설치하느냐 등에 달렸다.

질문 BP 내부에서의 경쟁이 있을 텐데. 예를 들어 솔라와 석유 간에도 이해가 충돌할 수 있고.

376

리 에드워즈 석유와 솔라뿐만 아니라 BP 내의 모든 사업 부문이 더욱 성장하고 이익을 남기기 위해 경쟁한다. 또 새로운 투자금을 배정받기 위한 경쟁도 있다. BP가 대체에너지 법인을 별도로 만든 것은 미래에 대한 투자를 위해서다. 지금까지 대체에너지 분야는 투자한 것 이상의 성과를 얻어 왔다. 그리고 유능한 인재들이 BP 대체에너지 부문에서 일하기를 원한다.

질문 **석유 비즈니스와 대체에너지 비즈니스의 차이는?**
리 에드워즈 유가는 한 해 동안에도 30달러에서 100달러까지 움직임이 크다. 따라서 투자도 흔들리게 된다. 그에 비해 솔라 등 대체에너지 투자는 상대적으로 안정적이다. 이쪽으로 점점 많은 돈이 들어오고 그런 추세는 계속될 것이다.

질문 **언제쯤 대체에너지가 석유를 앞지르게 될까?**
리 에드워즈 50년 뒤에는 확실하게(Absolutely) 그렇게 될 것이다. 25년 뒤에는 그럴 개연성이 크다(Most likely). 10년 뒤에는 우리 하기에 달렸다(It's up to us).

질문 **한국 시장에도 관심이 있나?**
리 에드워즈 관심이 있을 뿐더러 열심히 비즈니스를 하고 있다. 아시아 세일즈 마케팅 팀에서 한국에 직접 제품을 팔고 있다. 한국은 매우 흥미로운 시장이다. 많은 잠재력을 갖고 있다. 우리의 경쟁 업체들도 같은 생각을 하고 있을 것이다. 한국은 우리가 관심을 갖는 시장의 '탑 10' 리스트에 있다. 아마 '탑 5'에도 들어갈 수 있을 것이다.

리 에드워즈 CEO는?

BP에서 북아메리카 파이프라인 담당 이사, 글로벌 브랜드 담당 부사장 등을 지낸 뒤 2005년 2월부터 BP 솔라의 사장을 맡았다. 리 에드워즈 사장은 2009년 1월 2일 미국의 바이오에너지 기업인 바이렌트의 사장 겸 CEO로 자리를 옮겼다.

"석유 메이저들은 변하지 않았다"

BP뿐만 아니라 다른 글로벌 메이저 석유 업체들도 신재생에너지에 관심을 보여 왔다.

엑슨모빌, 셰브론, 로열더치셸과 같은 석유 메이저 업체들은 그동안 태양광과 풍력 등 대체에너지에 투자하면서 BP와 마찬가지로 TV 광고 등을 통해 스스로를 석유 회사가 아닌 글로벌 클린 에너지 리더로 홍보해 왔다.

그러나 최근 들어 메이저 석유 업체들은 신재생에너지에 대해 회의를 갖고 있다고 뉴욕타임스가 2009년 4월 8일 자에 보도했다. 이들은 버락 오바마 대통령의 신재생에너지 투자 정책을 비판하는가 하면 이미 약속한 대체에너지 투자도 미루고 있다는 것이다.

로열더치셸은 2009년 3월 태양광과 풍력, 수소에 대한 리서치와 투자를 중단하고 대체에너지는 바이오연료에만 집중하겠다고 발표했다. 로열더치셸은 최근 영국 런던 인근 해상에 추진하던 대규모 해상 풍력발전단지의 개발에서도 손을 뗐을 뿐만 아니라 대체에너지 관련 사업 부문을 매각하고 있다.

BP도 2007년부터는 대체에너지 쪽에서 물러나 다시 석유에 집중하고 있다고 뉴욕타임스는 전했다.

엑슨모빌의 렉스 틸러슨 CEO는 뉴욕타임스와의 인터뷰에서 오바마 대통령의 당선 이후에도 "변한 것은 아무 것도 없다."면서 "미국 에너지의 미래를 대체에너지에만 의존할 수는 없는 것이 현실"이라고 말했다.

뉴욕타임스는 석유 메이저들이 대체에너지 투자를 홍보해 왔지만 실제로는 기존의 석유 사업에만 대규모 투자를 해왔고, 대체에너지 쪽에는 극히 일부의 투자금이 흘러갔을 뿐이라고 지적했다.

미국대체에너지위원회에 따르면 5대 석유메이저가 지난 15년 동안 대체에너지에 투자한 돈은 50억 달러 정도로, 벤처 캐피털들이 투자한 돈의 10분의 1밖에 되지 않는다고 뉴욕타임스는 지적했다. 석유 메이저들은 대체에너지를 주류 사업이 아니라 부가적인 사업으로만 본다는 것이다.

엑슨모빌은 2050년이 되더라도 석유와 가스, 석탄이 세계 에너지 공급의 80%를 차지할 것으로 예측하고 있다고 뉴욕타임스는 전했다.

8

녹색 성장의 다양한 이슈들

01. 아시아에 홍수가 나면 미국이 흔들린다

:: 기후 변화와 안보

"기후 변화는 극단주의와 테러리즘의 촉매제다." (CNA 보고서)

"신재생에너지 개발은 전투기 제작만큼 국가 안보에 중요하다."(록히드 마틴)

기후 변화와 신재생에너지 개발은 단순한 환경과 에너지의 이슈가 아니다. 국가 안보와도 밀접하게 관련돼 있다. 기후 변화가 나라 안팎에서 분쟁을 초래하고, 신재생에너지 개발을 통해 안보적 위협을 예방할 수도 있다.

미국외교협회(CFR)는 2007년 11월 '기후 변화와 국가 안보'라는 제목의 보고서를 발표했다. CFR은 이 보고서에서 "기후 변화로 인한 해수면 상승, 홍수와 가뭄, 흉작 등이 국제사회에서 인도적인 재난, 정치적 폭력, 정부 통제력 약화 등을 가져올 수 있다."고 지적했다. 이에 따라 보고서는 "현 상황에서 어느 정도의 기후 변화를 막는 것이 어렵기 때문에 미국과 세계 각국은 기후 변화가 초래하는 갖가지 사태에 대비하는 정책 대안을 마련해 둬야 한다."고 제안하고 "특히 감당할 수 없는 안보적 위협을 제거하기 위해 온실가스를 급격하게 감축해야 한다."고 주장했다. 보고서는 이와 함께 미국이 온실가스 감축 대열에 동참해야만 중국과 인도를 세계질서에 편입시킬 수 있고, 인도네시아의 정세도 안정시킬 수 있을 것이라고 밝혔다.

미국 국방부가 출자한 싱크탱크인 CNA도 지난해 11명의 전직 대장 및 중장을 참여시킨 '국가 안보와 기후 변화의 위협'이라는 보고서를 발표했다. 이 보고서는 기후 변화가 중동처럼 이미 정세가 불안정한 지역에서 극단주의나 테러리즘을 확산시키는 촉매제가 될 수 있다고 경고했다. 보고서는 이에 따라 기후 변화 문제가 안보와 국방 전략에 고스란히 반영돼야 한다고 제안했다. 이와 함께 미군은 향후 40년 간 세계 각국의 해수면 상승, 극단적인 한파와 폭염 등이 초래할 상황에 대한 대비책도 마련해야 한다고 강조했다. 이 보고서는 고도가 낮은 해안선 지역에 인구가 밀집해 살고 있는 남아시아 지역이 특히 기후 변화에 취약하다고 지적했다.

기후 변화로 인한 위기 상황은 한반도에도 적용될 수 있다. 미국 워싱턴에 자리 잡은 피터슨국제경제연구소의 마커스 놀랜드 선임연구원은 북한에 홍수나 가뭄 등으로 인한 흉작 등 대형 재난이 발생할 경우, 북한 당국의 통제력이 약화되고 주민의 대량 이탈 현상이 나타날 수 있다고 주장했다.

U-2, SR-71 정찰기와 F-16, F-22A 전투기, PAC-3 미사일 방어 시스템, 핵무기를 제작하는 세계 최대 방산업체인 록히드 마틴이 최근 들어 신재생에너지 개발에도 손을 대고 있다. 록히드 마틴은 지난해 대규모 전력 생산이 가능한 태양광 · 태양열 및 해양에너지 발전 시스템을 개발한다고 발표했다. 2017년까지 10GW에 이르는 전력을 생산한다는 목표다. 시장 가격이 무려 300조 달러인 대규모 프로젝트다.

록히드 마틴은 또 미 에너지부와 120만 달러 규모의 해양에너지 개발 계약을 체결했다. 이 회사는 또 차량 및 발전용으로 쓰일 '새로운 형태'의 연료도 개발 중이라고 밝혔다. 록히드 마틴의 크리스 마이어스 해양 시스템 및 센서 그룹 부사장은 "기후 변화와 에너지는 국가적으로 안보와 관련한 이슈"라면서 "우리 회사로서는 21세기 생존이 걸린 사업이기도 하다."고 말했다.

미국 정치권에서는 석유 수입이 초래하는 안보 위협을 우려하는 목소리가 커지고 있다. 미국은 1년에 석유 수입에 4,500~5,500억 달러(약 585~715조 원)를 사용한다. 미 국방부에서만 2006년 에너지 구입에 106조 달러의 예산을 사용했다. 이 가운데 3분의 2가 석유 수입으로 흘러갔다. 수입국은 대부분이 중동 등 미국에 적대적인 비민주 국가들이다. 일부에서는 미국이 석유를 구입하면서 지불한 달러가 고스란히 테러리스트들에게 흘러간다고 주장하기도 한다.

공화당의 로스코 바틀렛 미 하원의원은 리뉴어블에너지월드와의 인터뷰에서 "미군이 수입된 석유에 의존하는 것 자체가 국가 안보의 중대한 위협"이라고 말했다. 미국의 석유 수입은 1970년대 이후 계속 늘고 있다. 1973년 미국은 석유 소비량의 34%만 수입했다. 그러나 2010년에는 수입 석유의 비율이 75%에 이를 전망이다. 또 민주당의 스티브 이스라엘 하원의원은 최근의 급격한 유가 급등락과 관련, "원유가 상승과 공급 부족 때문에 미군 전력에 큰 차질이 올 수도 있다."고 지적했다. 바틀렛·이스라엘 의원은 "미국이 석유 생산국의 정치적 인질이 되는 것을 막기 위해 국방부가 대체에너지에 더욱 큰 관심을 기울이라."고 촉구했다.

호주의 최대 신재생에너지 기업인 에너지 매터스는 지난 2월 '호주의 국가 안보에 이익이 되는 태양 에너지'라는 발표문을 통해 신재생에너지 육성을 통한 안보 위협 감소를 주장했다. 이 회사는 "전쟁이 일어나면 발전소가 중요한 공습의 타깃이 된다."면서 "태양광을 비롯한 신재생에너지 발전소는 소규모로 분산돼 있기 때문에 기존의 발전소 공습과 비교해 피해를 최소화할 수 있다."고 말했다. 이 회사는 또 "호주의 2008~2009회계연도의 국방비가 203조 달러에 이른다."면서 "성능이 의심스러운 군사용 장비를 개발하거나 사들여 예산을 낭비하는 대신 태양광발전소를 더 많이 짓는 것이 안보에 도움이 된다."고 주장했다.

2005년 8월 미국 멕시코 만 지역에 발생한 초대형 허리케인 카트리나로 인해 폐허가 된 뉴올리온스 시에서 미군이 치안을 유지하고 있다

기후 변화가 안보에 영향을 미치는 구체적인 사례들에는 어떤 것들이 있을까?

우선 미국의 경우 해안의 군사기지들이 위협을 받고 있다. 해수면 상승과 갈수록 강력해지는 허리케인, 토네이도의 영향에 노출된 것이다. 이에 따라 미 국방부는 전략환경연구개발 프로그램을 만들어 멕시코 만 지역과 동중부의 대서양 연안 지역, 사우스 캐롤라이나 주 등의 해수면 상승 수치와 허리케인의 강도 변화 과정 등을 예측하는 모델을 연구하고 있다고 워싱턴타임스는 보도했다. 연구에 따르면 3,000만 에이커의 미 군사기지가 기후 변화의 영향을 받는 것으로 이 신문은 보도했다.

기후 변화가 가져올 또 다른 안보 위협은 '환경 난민'이다. 동남아시아와 아프리카·중남미 등의 개발도상국이나 빈국에 홍수나 한발 등으로 대규모 난민이 발생하고, 이들이 미국과 유럽 등으로 대거 유입될 가능성이 크다는 것이다. 인구의 대량 이동은 해당국의 정치적 불안정을 불러올 수 있다고 CRF와 CNA 보고서는 지적했다. 특히 아프리카 사하라 사막 남부 지역의 경우 홍수와 가뭄, 온난화로 인한 각종 질병 등으로 식량·경제난이 더욱 심각해질 경우 정권 자체가 불안정해질 수 있다. 이는 인접국 간의 갈등, 내전 심화, 테러리스트 양산이라는 심각한 결과로 이어질 수 있다고 관련 보고서들은 지적한다.

이와 함께 미 국방부는 인구가 집중된 지역에 기후 변화로 인한 대형 자연재해가 발생할 경우 이를 구조하는 비상체제를 구축하고 있다고 워싱턴타임스는 보도했다. 지난 2005년 발생한 허리케인 카트리나와 같은 대형 재해는 행정력만으로 대응할 수 없기 때문에 군이 나서야 한다는 것이다. 미 국방부는 이미 대량 인력, 식품, 물, 의료품 수송체계에 대한 대비를 마친 것으로 알려졌다.

기후 변화가 가져온 가장 큰 지정학적 이슈 가운데 하나는 북극 영유권 문제다. 북극의 빙하가 녹아내리면서 인간이 활동할 수 있는 북극 대륙의 면적이 확대돼 주변국들이 영유권을 주장하고 나서고 있다. 2007년 한 해 동안만 100만 평방마일의 얼음이 녹았다. 1958년 이후 빙하면적이 절반으로 줄었다. 북극에는 원유 등 엄청난 지하자원이 매장된 것으로 추정되고 있다. 또한 각종 어류 등 해양자원도 풍부하다.

뿐만 아니라 북극 주변을 통과하는 상업용 해상로가 개발되면, 국제통상의 판도를 바꿀 수 있을 것으로 전문가들은 예상한다. 현재 북극과 인접한 러시아와 캐나다 등이 영유권을 주장하고 있으나, 미국 등 다른 강대국들이 이를 순순히 받아들이지는 않을 것으로 보인다.

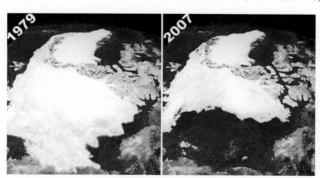

1979년과 2007년 인공위성이 촬영한 북극의 모습. 빙하의 면적이 절반 정도로 줄어들면서 북극 대륙의 지하자원과 해양자원, 해상통로를 둘러싼 러시아·캐나다 등 주변국, 미국 등 강대국 간의 다툼이 새로운 지정학적 문제로 부상하고 있다

02. 후진국 병이 돌아온다

:: 기후 변화와 건강

기후 변화가 건강에 미치는 영향은?

한국이 '선진국 클럽'이라는 경제협력개발기구(OECD)에 가입한 1996년. 이 해에 '후진국 병'이라고 할 수 있는 말라리아가 급격하게 늘어나기 시작했다. 1994년에는 인구 10만 명 당 발생자 수가 1명 미만이었으나 1997년에는 8명을 넘어섰다. 같은 시기에 쯔쯔가무시중과 렙토스피라증, 신증후군출혈열도 빠르게 늘어나기 시작했다.

기상청에 따르면 1980년 이후 우리나라에 발생하는 기상 재해의 숫자는 감소하는 추세다. 그러나 기상 재해로 인한 사망자와 이재민 숫자는 2002년 최고치를 기록하는 등 오히려 2000년대 이후 늘어나고 있다. 이 같은 '이상 현상'들이 나타나는 이유는 무엇일까? 기상과 보건 전문가들은 바로 기후 변화 때문이라고 설명한다.

지구온난화로 인한 기후 변화는 인류의 건강에도 중대한 위협이 되고 있다. 세계보건기구(WHO)는 2008년 4월 7일 세계 보건의 날의 테마를 '기후 변화로부터의 건강 보호'로 정했다. WHO는 폭염, 전염병, 자연 재해 등 기후 변화로 인한 사망자가 세계적으로 연간 16만 명에 달한다고 발표했다. 이에 앞서 2007년 기후 변화 대응을 위한 정부간 협의체(IPCC)의 4차 보고서는 기후 변화로 인한 폭염과 홍수, 가뭄 등 기상 재해가 사망과 질병의 중요한 원인이 되고 있다는 사실을 통계로 입증했다. 특히 한국은 기후 변화로 인한 건강악화에 상대적으로 심각하게 노출돼 있는 것으로 나타나 대책 마련이 시급한 상황이다.

지구온난화가 직접적으로 나타나는 현상은 폭염의 증가다. 우리나라의 연평균 기온은 지난 1971년 섭씨 12.35도에서 지난해 13.79도로 1.44도 상승했다. 이는 세계 평균 기온이 지난 100년 간 0.74도 증가한 것과 비교하면 매우 심각한 수치다. 이에 따라 서울을 비롯한 각 지역의 30도 이상 고온발생 빈도도 크게 늘어나고 있다. 기상청에 따르면 1990년부터 2000년 사이의 통계를 분석한 결과 일 최고기온이 상승하면 사망자도 늘어났다. 특히 혹서가 발생했던 1994년 7월과 8월(일 평균 최고기온 32.2도)에 사망한 사람은 모두 5,742명으로 전해인 1993년 같은 기간(일 평균 최고기온 27.5도)의 4,754명, 다음해인 1995년 같은 기간(일 평균 최고기온 28.5도)의 4,953명보다 훨씬 많았다. 이와 함께 최고기온은 오존 오염도 높이는 것으로 기상청 통계를 통해 확인됐다.

기온이 상승하면 전염병도 창궐한다. 섭씨 12도의 날씨에서 모기의 알이 유충이 되는 기간은 11.5일이지만, 29도가 되면 5일로 줄어든다. 발육기간 단축과 함께 알의 수도 늘어나고 생존률도 증가한다. 당연히 모기의 개체수가 크게 늘어난다. 또 모기의 감염 지역이 고도가 높은 지역으로 확대된다. 하버드대학 건강 및 글로벌 환경 센터에 따르면 기온이 1도 상승하면 모기의 활동 범위는 고도 170m가 상승하며, 위도로는 200km가 늘어난다. 이에 따라 모기 등이 전염시키는 질병도 늘어난다.

질병관리본부에 따르면 우리나라의 급성 전염병은 지난 1960년대 이후 꾸준히 줄어들어 1990년대 초반에는 거의 퇴치된 것으로 통계상으로 나타났다. 그러나 1995년 이후 말라리아와 이하선염이 다시 나타나기 시작해 2000년에는 1970년대와 비슷한 수준으로 늘어났다.

기후 변화로 인한 재해 때문에 발생하는 사망자 수도 무시못할 상황이 됐다. 월드워치인스티튜트가 발간한 '2006년 지구환경 보고서'에 따르면 지난80년대와 90년대 지구의 온도 증가로 서태평양에서 태풍이 2% 증가했으며, 이에 따라 사망자수는 30%가 증가했다. 이 보고서에 따르면 홍수와 해일, 폭풍, 지진, 화산, 가뭄 등의 재해로 인한 피해자는 1980~84년 6억 명에서 2000~2004년에는 무려 15억 명으로 늘어났다. 특히 한국은 필리핀, 인도네시아, 베트남, 루마니아, 중국, 미국과 함께 태풍으로 인한 경제피해국 상위 10위에 포함돼 있다. 또 2005년 글로벌 컨설팅업체인 맥킨지의 보고서도 한국이 기후 변화로 인한 자연 재해, 질병 발생에 가장 취약한 국가로 지목됐다.

기후 변화 시대의 건강 유지법

미국예방의학저널은 2008년 11월 '기후 변화, 건강 변화' 라는 주제의 특별호를 통해 기후 변화에 따른 건강악화 문제에 대응하는 방법을 집중적으로 다뤘다. 저널은 전례가 없이 큰 스케일과 복잡성을 가진 기후 변화 시대에 보건 당국자들은 새로운 사고와 소통, 행동 방식을 채택해야 한다고 촉구했다.

새로운 사고와 관련, 저널은 보건 당국자들이 앞으로 정책을 수립할 때보다 먼 미래까지 계획의 범주에 포함시켜야 한다고 지적했다. 기후 변화 자체가 장기간에 걸쳐 이뤄지는 현상이기 때문이다. 현재의 의학과 과학으로 해결할 수 있는 보건 문제뿐만 아니라, 앞으로 새로운 분야에서 닥칠 새로운 문제들을 해결할 방안들도 늘 염두에 둬야 한다는 것이다. 이와 관련, 세계보건기구(WHO)는 기후 변화로 인한 건강악화는 상당부분 현재의 의료기술이나 시스템으로도 예방할 수 있다고 밝히고 있다. WHO는 재해를 예방할 수 있는 것이 최우선이라고 했다.

저널은 또 새로운 소통 방식에 대해서는 "기후 변화로 닥치는 새로운 건강 문제들을 외면하거나 두려워하지 말고 정부와 의학계가 해결책 마련에 적극적으로 나서야 한다."고 제안했다. 특히 새로운 기술을 잘 정리해 언론에 전달하고, TV나 영화로도 관련 프로그램이 제작될 수 있도록 적극 홍보해야 한다고 강조했다.

새로운 행동은 건강과 환경, 경제 및 사회적 공익을 포괄해야 한다고 저널은 주장했다. 우선 기후 변화가 실제로 건강에 위협이 되느냐에 대한 '맞다, 아니다' 의 논쟁은 그만두고 어떤 병이나 증상을 어떻게 치유하고 예방해나갈 것인가에 집중해야 한다고 저널은 제안했다. 일부 국가에서는 이미 행동이 이뤄지고 있다. 영국과 독일, 일본 등은 집중호우로 인한 홍수를 막기 위해 도로 공사 때 빗물을 땅으로 투과시키는 '그린 아스팔트' 의 사용을 의무화하고 있다.

미국환경보건센터의 하워드 프럼킨 박사는 "기후 변화는 의학계에서도 핵심적 이슈가 됐다."면서 "보건 전문가들은 기후 변화가 가져오는 건강상의 문제를 제대로 이해하고, 이를 해결할 수 있는 방안들을 찾아 정부의 정책결정자 및 대중에게 전달하는 노력을 기울여야 한다."고 강조했다.

●●● "책임은 작은 사람들이 피해는 크다"

한국에서 기후 변화가 건강에 미치는 영향을 처음 연구한 학자는 아주대학교 의과대학 예방의학교실의 장재연 교수다. 장 교수는 2003년 환경부로부터 '한반도 기후 변화 영향평가 및 적응 프로그램 마련' 이라는 프로젝트를 위탁받아 연구를 시작했다. 장 교수는 이후 국내외에서 관련 연구를 계속해 왔으며, 2008년에는 정부와 학계, 업

계 등의 관련 전문가들이 참여하는 '기후 변화 건강포럼'도 창립했다. 장 교수로부터 기후 변화가 한국인에게 미치는 영향을 들어 봤다.

질문 한국이 기후 변화의 영향을 더 많이 받는 이유는 무엇인가?

장재연 우선 국제기구의 통계로 볼 때 한국은 자연 재해가 많이 일어나는 지역이다. 한국, 타이완, 일본은 태풍이 지나가는 경로라서 재해가 많다는 것이다. 또 봄, 여름, 가을, 겨울이 뚜렷한 우리나라는 1년 내의 기후 변동 폭이 매우 크다. 적도 지방에서 기온이 1도가 올라가면 중위권 온대 지방에서는 그 이상 상승한다고 한다. 이와 함께 사회적 대응 능력도 중요한 요인이다. 1990년대 초반에 후진국 질병을 다 막았다고 생각했는데 다시 나타나고 있다. 대응역량이 완벽하지 못했던 것이다.

질문 기후 변화로 건강의 영향을 가장 많이 받는 계층은?

장재연 사회경제적 약자들이 특히 취약하다. 온실가스 배출은 선진국이 하고 피해는 후진국이 입는다는 말도 있지만 나라 안에서도 사정이 비슷하다. 폭염이 오면 독거노인과 저소득층이 어려워진다. 중산층 가정에서는 에어컨을 틀면 문제가 없지만. 또 전염병은 시골에서 농사짓는 분들이 많이 걸린다. 온실가스 배출의 책임은 적고 피해는 많은 셈이다. 따라서 정의나 복지의 측면에서 정부가 이들에게 관심을 가져야 한다.

질문 **정부는 어떻게 대응해야 하나?**

장재연 '기후 변화에 왜 대응해야 하는가'라는 철학이나 원칙이 먼저 서야 한다. 그래야 국민에게도 설득력을 갖는다. 최근 영국을 방문하니 전문가들이 기후 변화에 대응해야 하는 이유를 명확하게 설명하더라. 그러나 우리나라의 경우 그런 것이 없이 녹색 성장이라는 정책이 먼저 제시됐다. 또 정책도 우선순위가 없이 과제만 나열했다. 생태적 피해나 산업 측면의 기회도 중요하지만, 가장 중요한 것은 국민의 건강이 아닐까?

질문 **의료계에서 기후 변화에 관심을 갖게 된 것은 언제부터인가?**

장재연 1995년 미국 시카고에서 폭염으로 많은 사람이 사망하면서 폭염과 사망의 관계를 분석하는 논문들이 처음 나왔고, 이후 폭염을 기후 변화와 연관시키는 연구도 시작됐다. 폭염이나 재해, 질병의 증가 등을 개별적인 사안으로 보지 않고 기후 변화라는 차원에서 종합적으로 정리하기 시작한 것은 2000년을 넘어선 뒤다.

질문 **최근의 연구 동향은?**

장재연 논문 색인을 찾아보니 기후 변화와 건강 문제를 주제로 한 논문이 기하급수적으로 늘고 있다. 3년 전에 국제학회에 참석하니 기후 변화와 건강 전체를 묶은 세션이 하나 있었다. 2008년에는 네 세션 정도로 늘더니, 2009년에는 폭염과 각종 질병, 재해 등을 따로 떼어서 하루 종일 하더라.

질문 한국에서 기후 변화와 건강의 관계에 관심을 갖게 된 것이 언제인가?

장재연 2003년에 국제사회에서 기후 변화에 대한 협의가 본격화되자 우리 정부에서도 협상을 위해 건강과 관련한 영향평가를 시작했다. 그러나 그런 분야에 관심이나 경험을 가진 전문가가 아무도 없었다. 그래서 환경부가 나에게 그 과제를 의뢰했다. 내가 환경 · 보건 분야의 정책 기획을 여러 번 해본 경험이 있기 때문이다. 그 과제를 처음 시작할 때는 영향이 있을까 했다. 그러나 분야별로 조사를 하다 보니까 전체적으로 영향을 미친다는 일관성 있는 결과가 나왔다.

질문 이 문제는 정부 어느 부처가 담당해야 할까?

장재연 정부 내에 종합적인 협의체가 만들어져야 한다고 본다. 보건 복지가정부와 환경부, 국토해양부, 기상청, 소방방재청 등이 유기적으로 협력해야 한다. 포럼도 그런 차원에서 만들었다.

질문 기후 변화에 개개인은 어떻게 대응해야 할까?

장재연 폭염, 전염병, 재해로 인한 건강 피해는 나라 전체적인 문제여서 개개인의 문제로 풀어 나가기는 어렵다. 다만 그런 피해들을 피할 수 있는 가이드라인이 나오면 좋겠다. 얼마 전 그리스 아테네에서 열린 국제 학회에 참석했는데 큰 지진이 발생했다. 그런데 현지 참석자들이 당황하지 않고 질서있게 빠져 나가더라. 나중에 알고 보니 지진이 날 때 어떻게 해야 한다는 교육을 다들 받았다고 한다. 그 나라에서는 지진이 날 때 사망하는 이유를 모두 분석했다고 한다. 이를 근거로 가이드라인을 만든 것이다. 외국에는 폭염이나 홍수 등의 재해가 올 때 개인이나 가족, 그리고 지자체가 어떻게 대응해야 하는가에 대한 자세한 가이드라인이 나와 있다. 우리도 그런 것을 만들어 적극 홍보해야 한다고 본다.

질문 기후 변화와 건강 분야에서는 어떤 비즈니스 기회가 있을까?
장재연 정부가 기후 변화와 건강과 관련한 교육 프로그램을 만든다면 관련 교육 프로그램이나 매체가 필요하게 된다. 전염병 예방 백신을 개발하면 수출도 할 수 있다. 또 폭염을 예고할 수 있는 예측모델이나 소프트웨어도 나올 수 있다. 정책이 잘 만들어지면 산업은 따라가게 된다.

03. 올림픽과 월드컵의 그린 경쟁
:: 스포츠계의 녹색 바람

스포츠는 '그린 이벤트'

전 세계적으로 클린 테크놀로지와 그린 비즈니스가 주요한 화두로 떠오르면서 스포츠 업계에도 녹색 물결이 넘실거리고 있다. 스포츠 경기와 스타들이 팬들의 생활에 미치는 영향력을 감안할 때 스포츠 업계의 '녹색 지향'은 신재생에너지와 관련 기술 및 비즈니스의 확산에 큰 도움이 될 것으로 기대된다.

우선 지구촌의 양대 스포츠 축제인 올림픽과 월드컵이 모두 '그린 이벤트'를 표방하고 있다. 캐나다의 벤쿠버는 '지속가능한 올림픽'이라는 친환경적인 주제를 앞세워 2010년 동계 올림픽을 유치하는 데 성공했다. 영국 런던도 2012년 하계 올림픽을 앞두고 도심의 녹지 공간을 늘리는 등 친환경 노력을 펼쳐 나가기로 약속했다. 이에 앞서 2006년 이탈리아 토리노에서 열린 동계 올림픽은 이른바 '탄소 중립(Carbon Neutral)' 행사로 치러졌다. 나무 심기 등을 통해 경기를 치

2008년 베이징 하계 올림픽에서 사용된 한국 CT&T의 전기자동차

르면서 배출된 만큼의 온실가스를 상쇄했다. 중국은 2008년 베이징 하계 올림픽을 앞두고 공해문제가 부각되자 최대한 '깨끗한' 환경에서 올림픽을 치르는 데 주력했다. 그런 노력의 하나로 베이징올림픽위원회는 한국의 CT&T가 제작한 전기차를 행사장 안팎의 주요 운송 수단으로 사용하기도 했다.

국제축구연맹(FIFA)도 월드컵 경기를 환경친화적으로 치르기 위한 '그린 골(Green Goal)' 프로그램을 제시하고 있다. 2006년 독일 올림픽에서는 경기장 주변에 자전거 주차장을 설치하고, 대중교통 이용을 장려했다. 베를린 스타디움에는 1,400㎥에 이르는 빗물 저장소가, 도르트문트와 뉴렘베르크의 축구경기장에는 태양광 패널이 설치됐다. 뮌헨의 축구장은 재생가능한 용기에만 음료수를 담아 팔 수 있도록 했다.

미국의 프로 스포츠 팀들도 녹색 물결을 적극적으로 받아들이고 있다. 메이저리그 보스턴 레드삭스의 홈 구장인 펜웨이 파크. 1913년 건립된, 미국에서 가장 오래된 야구경기장이다. 2008년 5월 19일 펜웨이 파크의 본부석 지붕 위에 28개의 태양열 집열판이 설치됐다. 솔라 보스턴이라는 업체가 7만 5,000달러를 투입해 설치한 이 집열판을 통해 생산된 온수가 펜웨이 파크에서 사용하는 온수의 3분의 1을 충당한다. 가스 대신 태양열을 이용하면서 감축한 이산화탄소 배출량은 연간 18t.

레드삭스의 사장인 래리 루치노는 태양열 집열판 설치와 관련, "펜

미국 프로야구 보스턴 레드삭스 팀의 홈경기장인 펜웨이 파크 지붕에 설치된 태양열 집열판

웨이 파크가 미국 야구팬들에게 가장 사랑받는 경기장일 뿐만 아니라, 가장 '녹색'인 경기장이 되기를 희망한다."고 발표했다. 보스턴의 언론들은 그동안 펜웨이 파크의 상징이었던 37ft짜리 대형 외야 펜스 '그린 몬스터'와 함께 '그린 에너지'가 명물로 등장했다고 보도했다. 또 보스턴 시는 "보스턴 시민들이 펜웨이 파크를 보고, 자신들의 가정에도 태양광 패널이나 태양열 집열판을 설치하기를 바란다."고 확산 효과를 기대했다.

미국 풋볼리그 명문 팀인 뉴잉글랜드 패트리엇은 홈 경기장인 질레트 스터디움에서 사용하는 전기를 풍력발전을 통해 생산한 전기로만 충당하고 있다. 이를 위해 매릴랜드 주의 콘스텔레이션 뉴에너지라는 업체와 계약을 맺었다. 질레트 스터디움에서 매 경기마다 사용하는 전기의 양은 무려 2,269가구가 하루 종일 사용하는 전력과 맞먹는다. 패트리엇의 조나선 크래프트 사장은 현지 언론과의 인터뷰에서 "풍력발전에서 나오는 전기를 이용하는 것이 이산화탄소 배출을 줄이는 것은 물론이고, 신재생에너지에 대한 풋볼 팬들의 인식을 확산시키는 데도 기여하기를 희망한다."고 말했다. 역시 NFL의 명문 팀인 필라

델피아 이글스도 환경운동에 앞장서고 있다. 이 팀은 이미 2003년부터 필라델피아 지역에서 나무 심기와 자원 절약, 쓰레기 재활용 등을 지원하고 있다.

엄청난 휘발유 소모와 소음 등으로 가장 반 환경적인 스포츠로 인식돼 온 F-1(Formular One) 자동차 경주조차도 녹색 물결을 피해가지 못하고 있다. 2008년 말부터 F-1 경기에 참가하는 자동차들은 일정 비율의 바이오연료를 사용하고 있다. 또 2009년부터는 자동차가 급제동할 때 발생하는 운동 및 열에너지를 이용할 수 있는 장치의 부착이 의무화된다. 이와 함께 전력 소모가 많은 헤드라이트 제품은 부착을 금지할 예정이다. F-1 경기의 규칙을 만드는 국제자동차협회의

미국 프로풋볼 팀 뉴잉글랜드 패트리엇 팀의 홈 경기장인 질레트 스터디움. 모든 조명과 전광판이 풍력발전에서 나오는 전기를 사용한다

맥스 모슬리 사장은 뉴욕타임스와의 인터뷰에서 "이 같은 조치들이 F-1 경기를 보다 환경친화적으로 만들기를 기대한다."면서 "자동차 기술을 향상시키는 데도 도움을 줄 것"이라고 말했다.

스포츠 업계의 신재생에너지와 클린 테크놀로지 적용이 확산되자 이와 관련한 비즈니스도 속속 생겨나고 있다. 미네소타의 그린 마크 라는 마케팅 및 컨설팅 업체는 스포츠 팀이나 선수를 그린 비즈니스 또는 그린을 추구하는 비즈니스와 연결시켜주고 있다. 그린 마크는 회사의 브랜드를 '그린'과 연결시키려는 1,000개 이상 업체를 확보 하고 있다고 밝혔다.

야오밍도 '그린 스타'

야오밍

세계적인 스포츠 스타들 가운데도 '녹색 깃발'을 휘날리는 친환경주의자 들이 늘어나고 있다. 중국 출신의 미국 프로농구(NBA) 스타 야오밍은 상어 남 획을 공개적으로 반대하고 있다. 중국 인들이 상어 지느러미 요리인 '삭스핀' 을 만들기 위해 지나치게 많은 상어들 을 잡아들이고 있다고 비판한다. 야오밍은 불법 사냥을 반대하는 와

데이비드 제임스

일드에이드(WildAid)라는 환경단체와 뜻을 같이한다고 발표하고, 이 단체가 제작한 홍보 영상물에도 출연했다. 이 영상에서 야오밍은 사냥꾼이 코끼리를 향해 쏜 총탄을 마치 상대 선수의 슛을 블로킹하는 것처럼 막아내는 연기를 선보였다.

잉글랜드의 프로축구 팀 포츠머스의 골키퍼인 데이비드 제임스는 프리미어 리그의 영향력을 적극 활용해 유럽 지역에서 녹색 운동을 펼쳐야 한다고 목소리를 높이고 있다. 그는 지난 2006년 12월 일간지 〈가디언〉에 기고한 글에서 "선수들은 '휘발유 먹는 하마(배기량이 많은 고급차)'를 몇 대씩 보유하고, 축구 팬들도 경기장에 대중교통수단 대신 자가용을 몰고 나온다."면서 "영국의 축구선수와 팬, 그리고 구단 모두 지구온난화에 대해 아무런 관심이 없는 것 같다."고 지적했다. 제임

이언 소프

스는 "프리미어 리그에 소속된 구단과 선수들은 자동차, 비행기 이용 등 일상적인 활동에서부터 이산화탄소 배출을 줄이는 노력을 통해 대중에게 기후 변화의 중요성을 알려야 한다."고 강조했다.

올림픽 수영에서 5개의 금메달을 딴 호주의 이언 소프는 2007년 선수생활

빌리진 킹

을 은퇴한 뒤 환경운동가로 변신했다. 그는 현재 호주의 폭스텔 TV방송 등에서 환경과 관련한 프로그램을 제작하거나 진행하고 있다. 소프는 "너무나 중요한 이슈이기 때문에 내가 직접 뛰어들기로 했다."고 선데이 텔레그래프와의 인터뷰에서 밝혔다.

전설적인 테니스 스타 빌리진 킹은 미국 캘리포니아 주 팜스프링스에서 '그린 커뮤니티' 운동을 펼치고 있다. 보다 친환경적인 건물을 짓고, 자원 재활용을 확산시키기 위한 노력이 핵심이다. 킹은 온실가스의 40%가 주거 및 사무용 건물에서 나오기 때문에 그린 빌딩 확산이 중요하다고 강조한다. 또 가정에서 쓰는 자원은 85%를 재활용할 수 있다고 주장하고 있다.

프랭키 프레데릭스

나미비아의 단거리 육상선수인 프랭키 프레데릭스는 "내가 뛸 때는 다른 사람보다 숨을 두 배 이상 깊이 들이쉬기 때문에 깨끗한 공기가 절실하게 필요하다."는 이유를 내세워 유엔환경계획(UNEP)의 각종 환경보호 프로그램에 협력하고 있다.

04. **Green is Green** :: 그린 마케팅

그린 시대에는 그린 마케팅

전 세계적으로 신재생에너지를 비롯한 '그린 비즈니스'가 부상하면서 이들을 홍보하기 위한 '그린 마케팅'도 붐을 이루고 있다. 그린 비즈니스는 그동안 주로 기업 대 기업(B to B, Business to Business)의 형태로 이뤄져 왔다. 예를 들면 독일 업체가 만든 태양전지를 한국의 전력회사가 수입해 태양광발전소를 만드는 식이었다. 그러나 그린 비즈니스가 점차 성장하면서 기업 대 소비자 (B to C, Business to Customers) 형태의 사업도 크게 늘어나고 있다. 예를 들어 주택 소유자가 태양전지 모듈을 직접 구매, 지붕 위에 설치하는 것 등이다. 이에 따라 그린 비즈니스 기업들이 직접 소비자를 잡기 위한 마케팅 경쟁도 본격화하고 있다.

마케팅 전문가들은 "그린 비즈니스는 일단 기존의 마케팅 수단들을 사용하지만, 메시지는 차별화돼야 한다."고 강조하고 있다. 커뮤니티 에너지의 마케팅 책임자인 멕 데니는 "그린 에너지의 소비자 또는 잠재적 고객은 라이프스타일이 남다르다."고 말했다. 집에서 좀 더 많은 시간을 보내고, 대중교통을 이용하며, 인터넷에 통달해 있다는 것이다. 연령대는 다양하다고 한다. 이들에게 최고의 홍보 수단은 구전

애플 맥북 노트북이 환경친화적인 생산과정을 거쳤다는 사실을 강조하는 홍보물

'휘발유 먹는 하마'라는 악명을 듣는 허머(Hummer)조차 시대의 흐름을 인식, 그린색으로 도장한 하이브리드 제품을 내놓았다

리바이스의 친환경 청바지 '에코 진'　코카콜라가 '웰빙 제품'을 만들겠다고 다짐하는 의미로 제작한 '코카콜라 그린'

(Word of Mouth)이라고 데니는 말했다. 뉴욕 시의 경우 맨해튼의 인기있는 빵집에서부터 소문은 시작된다는 것이다. 커뮤니티 에너지는 미국 펜실베이니아 주에 자리 잡은 풍력발전 업체다.

그린 비즈니스는 세계적으로 중요한 관심사 가운데 하나이기 때문에 미디어를 최대한 이용하는 것도 좋은 방법이다. 텍사스의 그린 마운틴 에너지가 대표적인 사례다. 이 회사는 가정에 기존의 화석연료 대신 신재생에너지를 공급하는 업체다. 이 회사는 우선 창립 자체를 최대한 '기삿거리'로 만들었다. 기존의 석탄 대신 풍력을 이용한 에너지를 가정에 판다는 것 자체가 충분히 화제가 될 수 있기 때문이다. 이 회사는 일단 신문에는 환경보호와 신재생에너지 확산이라는 면을 강조했고, 방송에는 그럴 듯한 '그림'을 제공했다.

또 신문은 신문대로, 방송은 방송대로, 인터넷은 인터넷대로 해당 미디어와 기자의 특성에 맞게 메시지를 달리해서 정보를 제공했다.

그 결과 매출은 당초 계획보다 3배가 늘어났고, 인터넷 사이트 방문 빈도는 무려 415%가 증가했다. 그린 마운틴 에너지의 마케팅 캠페인은 신재생에너지 마케팅 콘퍼런스에 성공사례로 보고됐다.

다른 비즈니스와 마찬가지로 그린 비즈니스에서도 스타를 잡는 것이 중요하다. 10여 년 전부터 심각성이 제기되어 온 기후 변화 문제가 최근에 세계적인 관심사로 확산된 것은 앨 고어 전 미국 대통령을 '대변자(Spokesman)'로 내세웠기 때문이라는 것이 과학자들의 솔직한 고백이다. 그린 마운틴 에너지도 마케팅 캠페인 과정에서 팝 스타 케니 로긴스의 친환경 메시지가 담긴 엽서를 소비자들에게 돌렸다.

코네티컷 클린 에너지 펀드는 미래의 고객인 어린이를 상대로 한 마케팅 캠페인에 열을 올리고 있다. 어린이들은 현재의 에너지 사용자이고, 미래의 에너지 구매자이며 또한 미래의 에너지 정책결정자이기 때문이다. 이에 따라 이 펀드는 어린 학생들을 위한 신재생에너지 교육 프로그램과 교재를 개발하고, 태양광발전을 실시간으로 볼 수 있는 모니터를 학교에 설치해 관심을 유발하는 데 많은 예산을 투입하고 있다.

클린 테크 컨설턴트인 스티브 와이스는 현재와 같은 글로벌 금융 및 경제위기 상황에서는 벤처 캐피털로부터 투자를 받거나 소비자에게 제품이나 서비스를 팔기 위해 4개의 전략이 필요하다고 주장했다.

첫째는, 차별화된 제안이나 메시지이다. 태양광 시장의 경우만 해도 전 세계에서 셀 수도 없이 많은 회사가 태양전지를 생산하고 있다.

게다가 실리콘결정질 및 비결정질, 박막, 집광형, 유기 등 종류도 너무 많다. 따라서 정확하고 명쾌하며 간단하게 자신의 제품을 설명할 수 있는 기업만이 승리할 수 있다고 와이스는 말했다.

둘째는, 상품을 드라마로 만들라는 것이다. 클린 테크놀로지가 꼭 어렵고 지루할 필요가 있느냐고 와이스는 반문한다. 시리어스 머티리얼이라는 회사는 친환경 건축자재인 벽체(Drywall)를 생산했지만 시장에서 별다른 주목을 받지 못했다. 그러나 이 벽체가 100년 동안 변화가 없던 벽체에 혁명을 가져온 친환경 제품이며, 냉난방 효과가 80% 향상되고, 재활용률이 80%나 되는 것은 물론, 내구력이 강해 "당신과 인생을 함께 할 수 있다."는 식으로 이야기를 만들어 홍보를 시작하자 판매량이 크게 늘었다. 또 '올해의 환경제품'에도 선정되기에 이르렀다.

셋째는, 소비자가 원하는 제품을 만들라는 것이다. IT든 신재생에너지든 하이테크 기업들은 그들이 발명하거나 개발한 기술을 뽐내는 데 관심을 두다가 소비자가 원하는 것이 무엇인가를 간과하는 경우가 많다고 와이스는 지적했다. 그러나 소비자는 환경보호보다는 그 제품의 성능이나 디자인을 보고 구매 의사를 결정하는 것이라고 와이스는 지적했다.

넷째는, 약속한 것을 주라는 것이다. 이것은 신뢰의 문제에 해당한다. 제품에 대한 거짓되거나 과장된 설명은 온실가스보다 위험하다고 와이스는 지적했다.

"그린 고객은 거짓말쟁이"

"미국인의 84%는 클린 에너지를 구입하겠다고 말합니다. 그러나 실제로 구입하는 사람은 3%에 불과합니다".

스마트 파워의 브라이언 킨 대표는 그린 비즈니스에서 소비자의 '말'과 '행동'을 일치하게 만드는 것이 얼마나 어려운 작업인가를 거듭 강조하면서 소비자에 대한 철저한 연구를 통해 마케팅 전략을 세워야 한다고 말했다. 킨 대표와는 2009년 3월 이메일 인터뷰를 가졌다.

스마트 파워는 신재생에너지 사용과 에너지효율을 촉진시키기 위해 만들어진 비영리 마케팅 기구다. 워싱턴에 본부가 있으며 미 전역의 지부에서 소비자 및 시장 조사를 실시하고 있다.

킨 대표는 지난 30년 동안 신재생에너지가 (에너지가 아닌) 환경 상품만으로 인식됐으며, 이에 따라 환경보호론자들을 잠재 고객으로 삼았다고 지적하면서 바로 그 점이 실패의 원인이었다고 진단했다. 따라서 신재생에너지 산업이 비약적인 성장을 하기 위해서는 새로운 고객을 찾아 나서야 한다는 것이 킨 대표의 주장이다.

킨 대표가 신재생에너지 산업의 가장 중요한 잠재 고객으로 지목한 그룹은 놀랍게도 '여성 가장과 주부들'이었다. 무엇보다 이들이 가정의 에너지와 관련한 지출의 선택권을 갖고 있기 때문이라는 것이다. 또 이들은 신재생에너지를 선택하면 전기료가 약간 늘어나지만 환경이나 후세를 위해 기꺼이 감수할 의지도 갖고 있다고 킨 대표는 설명했다.

킨 대표는 이 그룹에 접근하는 방법은 TV 광고가 아니며, 보다 세분화되고 전문화돼야 한다고 강조했다. 킨 대표는 미국에서 신재생에너지를 선택할 만한 여성 가장과 주부들에게 접근하는 가장 좋은 매체는 '야후 샤인(Yahoo! Shine)'이라고 말했다. 야후 샤인은 육아, 패

스마트 파워의 브라이언 킨 대표

션, 음식, 여행, 건강, 섹스, 가십 등을 주로 다루는 인터넷판 '여성지'이다.

킨 대표는 이와 함께 에너지효율 쪽에서 가장 주목해야 할 집단은 10대라고 말했다. 왜냐하면 모든 세대 중에서 10대가 가장 에너지를 낭비하기 때문이라는 것이다. 킨 대표는 10대들의 경우 부모나 선생님이 아무리 가르쳐도 좀처럼 듣지 않기 때문에 '또래 마케팅'을 사용해야 한다고 설명했다. 10대들이 애용하는 인터넷 친구 사귀기 사이트인 마이스페이스나 페이스북, 싱크엠TV, 유튜브, 트위터 등이 좋은 매개체가 될 수 있다고 킨 대표는 제시했다.

킨 대표는 또 이 같은 인터넷 사이트들에서도 10대들의 관심과 참여를 유발하려면 반드시 '인센티브'가 제공돼야 한다고 강조했다. 말하자면 가장 좋은 에너지 절약 사례를 유튜브에 발표하는 10대에게

1만 달러의 상금을 주는 캠페인 등을 시도해 볼 만하다는 것이다. 또 10대들을 대학의 환경보호 서클과 연결시켜 주거나, 10대들이 에너지 절약과 관련한 TV프로그램을 직접 만들어 보도록 지원해 주는 것도 효과적인 방법이 될 수 있다고 말했다.

05. 북한의 벌거숭이산에 나무를
:: 녹색 성장과 북한

이명박 정부의 '저탄소 녹색 성장' 정책이 북한까지 확산될 수 있을까? 현재 정부 안팎에서는 북한에 대한 조림 사업을 통해 탄소배출권을 확보하고, 신재생에너지를 보급하는 다양한 방안들이 검토되고 있다. 김형국 녹색성장위원회 위원장은 2009년 3월 인터뷰에서 "북한과 녹색 성장 분야의 협력을 꼭 해야겠는데 그런 장치를 어떻게 만들어 가야 할지 고민 중"이라고 말했다. 김 위원장은 특히 "박정희 대통령이 산업을 일으킨 것보다 산림녹화를 한 것이 더 중요하다고 본다."면서 "이를 제1차 녹색 혁명이라고 할 수 있으며, 북한에서도 큰 성공을 거둘 수 있다."고 강조했다.

국무총리실은 최근 유엔환경계획(UNEP)과 북한에 대규모 조림 사업을 벌이고 이를 청정개발체제(CDM) 사업화해서 탄소배출권을 확보하는 문제를 협의했다고 정부 고위관계자는 전했다. 현재 남북관계가 불편하기 때문에 한국 측이 단독으로 북한에서 사업을 제안하기는 어려우므로 UNEP와 협력한다는 것이다. 예산은 우리 측이 부담하고 탄소배출권을 확보하며, 사업은 UNEP가 추진하는 방식이다. 한나라당의 정두언 의원 등 정치권에서도 북한에서의 조림 사업 및 탄소배출권 확보를 검토해 보라고 정부 측에 요청했다고 관계자는 말했다. 그동안 산림청, 민주평통을 비롯한 각종 기관 및 단체, 유한킴벌리를 비롯한 기업 등은 탄소배출권과 관계없이 북한에서 나무심기 운동을 벌여 왔다.

이에 앞서 정부는 북한 핵 문제 해결 과정에서 신재생에너지를 공급하는 방안을 미국 측과 협의한 바 있다고 외교소식통은 전했다. 노무현 정부 시절 6자회담에서 합의했던 대북 중유 제공량 100만t 가운데 일부를 태양광과 풍력 등 신재생에너지로 대체한다는 내용이다. 북한에 이 같은 방안을 공식적으로 제안한 것은 아니지만 6자회담 에너지 실무그룹회의 등에서 가능성을 거론하기는 했다고 외교소식통은 전했다.

한·미 양국에서 북한에 신재생에너지의 제공을 검토하는 것은 정치적·기술적으로 여러가지 이점이 있기 때문이다. 신재생에너지는 북한의 송·배전 문제를 줄일 수 있다. 북한은 생산된 전기를 전국에 배분할 수 있는 시설이 열악하다. 설사 북한 측이 요구해 온 대로 신포지역에 2,000MW 용량의 경수로가 건설된다고 하더라도 전국적인 송·배전 시설을 추가로 건설해야만 전력 활용을 최대화할 수 있다.

지난 2006년 4월 산림청과 통일부 등이 개성공단 지역에서 개최한 나무심기 행사의 모습

신재생에너지 발전소는 수십 MW나 수 MW 단위로 필요한 지역에 나눠서 설치할 수 있기 때문에 장거리 송·배전 시설망이 필요 없는 것이다.

이와 함께 신재생에너지는 이산화탄소 배출 감소를 통한 지구온난화 방지라는 국제사회의 목표에도 부합한다. 특히 한 소식통은 북한에 신재생에너지 발전소가 건설된다면 세계은행이나 국제통화기금(IMF), 아시아개발은행 등으로부터 건설자금을 지원받을 수 있을 것이라고 말했다.

지열을 이용한 발전 기술이 가장 앞선 아이슬란드는 북한의 지열에너지 개발을 지원하겠다는 뜻을 갖고 있다. 북한도 나름대로 신재생에너지에 관심을 보여 왔다. 김정일 국방위원장은 2007년 북한 언론 공동사설에서 태양 에너지, 풍력 에너지를 비롯한 새로운 에너지의 연구개발의 필요성을 역설했다. 북한은 1990년대 에너지난을 겪으면서 신재생에너지 개발 사업에 관심을 갖기 시작한 것으로 알려졌다. 북한은 2005년 4월 유엔 기후변화협약에 따라 온실가스 배출 감축을 목표로 하고 있는 '교토의정서'에도 가입했다.

●●● "북한도 풍력을 좋아하더라"

북한에 신재생에너지를 공급하자는 아이디어가 완전히 새로운 것은 아니다. 국제 안보 전문 싱크탱크인 노틸러스연구소는 지난 1998년 북한 평안남도 온천군 운하리에 5기의 풍력발전기를 설치한 바 있다.

노틸러스연구소의 스캇 브루스 미국 사무소 소장으로부터 북한에 신재생에너지를 지원했던 경험과 향후 지원 가능성 등을 들어봤다. 브루스 소장은 영국 벨파스트의 퀸스 대학과 UC버클리에서 역사를 전공했으며, 버클리 연사연구회 등에서 활동하고 있다.

질문 북한에 풍력발전소를 지원했던 이유는 무엇인가?

스캇 브루스 미북 간의 신뢰구축조치(CBM)로 기획된 시범사업이었다. 존스재단, 록펠러재단 등 민간 재단에서 재정지원을 했다. 당시 프로젝트는 비정부기구(NGO)가 북한에 식량이 아닌 에너지를 지원하는 최초의 사례였다. 풍력발전기 용량은 11kW로 50가구의 주민 절반이 하루 12시간 이용할 수 있는 에너지원이 됐다.

질문 그 당시에 풍력발전소로 경수로를 대체한다는 미 정부의 숨은 뜻이 있었던 것은 아닌가?

스캇 브루스 그렇지 않다. 당시 빌 클린턴 미 행정부는 경수로 제공을 반대하지 않았다.

질문 당시에 왜 운하리를 선택했는가?

스캇 브루스 평양과 남포에서 가까웠기 때문이다. 풍력발전 장비를 배로 운반해야 했기 때문에 항구 부근 마을을 선택한 것이다.

질문 신재생에너지가 북한에 어떤 유용함을 주는가?

스캇 브루스 우선 북한으로서는 중국으로부터 '에너지 독립'을 할 수 있다. 석유와 달리 태양광이나 풍력은 북한도 갖고 있다. 석탄처럼 고갈되거나 환경문제를 유발하지도 않는다. 이와 함께 핵이 포함되지 않는다는 것도 미국으로서는 중요한 의미를 갖는다. 이와 함께 북한

414

전국이 아니라 지역 차원에서 에너지 생산이 가능하다. 필요한 마을마다 소규모 발전소를 설치해 학교와 병원의 전력을 공급할 수 있다.

질문 북한은 신재생에너지가 아니라 경수로를 원하지 않는가?

스캇 브루스 북한의 에너지 문제는 단순하지가 않다. 경수로를 짓는다고 해도 북한의 에너지 문제는 해결되지 않는다. 경수로 발전소에서 전기가 필요한 지역으로 송·배전 시설이 연결돼야 하는데 북한은 그런 시설이 없다. 따라서 북한으로서는 에너지원을 다양화할 필요가 있는 것이다.

질문 당시 풍력발전기를 설치할 때 북한 주민들의 반응은?

스캇 브루스 처음에는 미국 사람들이 와서 이상한 공사를 한다고 두려워했다. 그러나 시간이 흐르면서 프로젝트의 성격을 이해하고 매우 협조적으로 변했다.

질문 북한 당국도 최근 세계적인 신재생에너지 부각 등에 대해 알고 있었나?

스캇 브루스 북한 당국자들도 신재생에너지를 개발해야 한다는 필요성에 대해 잘 알고 있다. 국제적인 신재생에너지 워크숍에도 북한 대표단이 참석하는 것으로 알고 있다.

노틸러스측에서 북한 평안남도 온천군 운하리에 설치한 풍력발전기 (왼쪽). 오른쪽은 풍력발전기에서 생산한 전기로 전등이 켜지자 기뻐하는 북한 주민

질문 북한에 다시 풍력발전 등을 지원할 계획은?

스캇 브루스 가능성은 계속 검토하고 있다. 무엇보다 펀딩(모금) 문제가 해결돼야 한다. 또 미 북간의 외교 문제도 있다.

질문 풍력발전소 지원을 다시 한다면 지난 번과는 어떻게 달라질까?

스캇 브루스 1998년 프로젝트는 사실 거꾸로 된 것이었다. 원래 풍력발전소를 세우려면 먼저 대상 지역의 바람의 세기와 빈도를 측정하고, 그 지역 주민의 전력 수요를 조사하는 것이 순서다. 그런데 당시에는 일단 발전기를 세우고 봤다. 어쨌든 당시에 북한 주민의 전력 사용 행태 등 많은 자료를 축적했다. 따라서 민간 차원이든 정부 차원이든 풍력 등 발전 지원 사업이 재개되면 당시에 축적한 자료를 유용하게 사용할 수 있을 것이다.

질문 운하리의 풍력발전기들은 아직도 작동되고 있나?

스캇 브루스 2002년까지는 계속 전기를 공급한 것을 확인했다. 그러나 그해 말에 북핵 문제가 다시 불거지면서 소식이 두절됐다.

06. 당신이 말한 모든 것이 녹색 성장이다

:: 녹색 성장 전문가 진단

녹색 성장 글로벌 리더들과의 대화

"녹색 성장의 근본은 기초과학이다."

"신재생에너지는 우승자가 많은 게임이다."

"녹색 성장과 신재생에너지가 만화만큼 쉽고 친근하도록 교육시켜야 한다."

2008년 10월 30일 서울 신라호텔에서 열린 세계 지도자 포럼에서 녹색 성장 분야의 주제발표와 토론을 담당한 학계·정부·기업의 전문가들과 별도의 좌담회를 가졌다. 참석자는 노벨화학상 수상자인 앨런 히거 UC산타바바라 교수와 최근까지 미국 에너지부 에너지효율 및 재생에너지 담당 차관보를 지낸 앤디 카스너 어플라이드머티리얼스 이사, 러시아 최대 투자은행인 투로익 다이얼로그의 루벤 바르다니안 회장이다. 좌담은 필자의 사회로 6층 비즈니스룸에서 열렸다.

질문 녹색 성장의 요체는 무엇인가? 환경인가, 에너지인가, 경제인가, 안보인가, 아니면 비즈니스인가?

앤디 카스너 모두 다라고 할 수 있다. 어떻게 하면 보다 안전하고, 경제적 경쟁력을 유지하며, 환경적으로 건강할 수 있는가를 추구하는 것이다. 그동안 관련 기술이 눈부시게 발전했지만 이를 속도감 있고, 규모 있게 국민생활에 적용하는 데는 실패했다. 따라서 정부는 신재생에너지 기술 등을 좀 더 빨리 상업화할 수 있는 분야 등에 투자해야 한다.

앨런 히거 화석연료에 기초한 경제에서 신재생에너지에 기초한 경제로 옮겨가는 것이다. 이명박 대통령이 말한 것처럼 녹색 성장은 경제적으로 중대한 기회이다. 테크놀로지는 이미 나와 있다. 어떻게 효율성을 높여 활용하느냐의 문제다.

루벤 바르다니안 두 분의 의견에 동의한다. 다만 최근의 경제위기 상황을 해결하는 과정과 마찬가지로, 녹색 성장 분야도 어떻게 정부와 기업들 간의 상충되는 이해관계들을 조율하고 추진 시기를 조정하느냐가 중요하다.

질문 도이치뱅크그룹의 보고서는 경제난을 조기 해소하기 위해 각국 정

필자의 사회로 좌담을 하고 있는 글로벌 리더들. 왼쪽부터 앨런 히거 UC산타바버라대 교수, 앤디 카스너 전 미 국무부 에너지효율 및 재생에너지 담당 차관보, 루벤 바르다니안 투로익 다이얼로그 회장

부가 녹색 성장과 관련된 투자를 대폭 늘리라고 제안했다. 동의하나?

루벤 바르다니안 물론이다. 경제위기가 아니더라도 녹색 성장과 관련된 투자 수요가 갈수록 늘고 있다. 기후 변화를 이용해 돈을 벌 수 있는 새로운 아이디어들이 계속해서 시장에 나오고 있다.

질문 태양광, 풍력, 지열, 조류 등이 동시다발적으로 개발되고 있다. 가장 전망이 좋은 분야는 어디인가?

앨런 히거 이 게임(신재생에너지 개발)의 승자는 한 명이 아니다. 많은 우승자가 나올 것으로 본다. 덴마크와 스칸디나비아 국가들은 풍력을 이용해 많은 에너지를 생산한다. 미국 캘리포니아 주에서는 태양광과 태양열 에너지를 이용한다. 또 뉴욕 시는 허드슨 강물 속에 바람개비를 넣어 전기를 생산한다. 이처럼 새로운 아이디어들을 통한 새로운 비즈니스 기회들이 끊임없이 나오고 있다.

질문 유가가 50달러 밑으로 떨어지면 신재생에너지는 경제적으로 효율성이 없다는 지적이 있다.

루벤 바르다니안 신재생에너지의 발전이 석유나 석탄 가격 등과 연계될 수밖에 없는 게 현실이기는 하다.

앨런 히거 바로 그것이 나의 가장 큰 두려움이다. 유가가 하락하면 사람들은 더 이상 문제가 없다고 생각하는데 그것은 맞지 않다. 기후 변화 문제는 분명 존재하고, 자원이나 석유 매장량의 감소도 현실이다. 1973년 오일위기가 닥친 이후 신재생에너지에 대한 관심이 고조됐지만, 다시 유가가 하락하자 관심은 사라졌다. 그런 잘못을 반복해서는 안 된다. 신재생에너지 개발에 대한 지원을 계속해야 한다. 우리가 현재의 경제위기를 극복하더라도 (석유의) 수요·공급 문제는 다시 한 번 불거질 것이다.

루벤 바르다니안 정부의 정책이나 기업의 투자가 너무 단기적인 것이 문제다.

앤디 카스너 펀더멘털이 변화한 것을 모르고 하는 얘기다. 예를 들어 태양광발전소를 건설하는 비용은 일단 화석연료발전소보다 많이 들지 모르지만, 에너지원인 태양빛을 공짜로 사용한다. 따라서 운용비용이 제로라는 얘기가 된다. 그리고 기술 발전에 따라 초기 투자비용도 매우 가파른 속도로 떨어지고 있다.

질문 언제쯤 신재생에너지가 정부 보조금 없이 화석연료와 가격 경쟁을 할 수 있을까?

앨런 히거 풍력 에너지를 만드는 비용은 이미 화석연료 가격과 비슷하다. 태양광은 계산에 따라 다르지만 5배 정도 비싸다. 그러나 기술 개발과 함께 가격이 '드라마틱'하게 하락하고 있다. 또 새롭고 혁신적인 아이디어들과 기술이 계속 나오고 있다. 재생에너지 기업들이 곧 부를 창출할 수 있을 것이다.

질문 신재생에너지 개발이나 녹색 성장과 관련한 정부의 역할은 무엇이라고 보나?

앨런 히거 우선 인프라스트럭처를 만드는 일이다. 예를 들어 어떤 기업이 사우스다코타 주에 풍력발전소를 만들 수 있다. 그런데 그곳에서 생산한 전기를 캘리포니아로 보내려면 송전선이 있어야 한다. 그런 대규모 송전선 건설은 정부만이 할 수 있다. 두 번째는 정부 보조금이다. 현재 세계 최대의 태양광 시장은 독일이다. 미국에 비해 일조량이 적은 독일이 1위에 오른 것은 정부의 보조금 때문이다.

앤디 카스너 햇빛이 비치는 곳에 태양광을, 바람이 부는 곳에 풍력발전기를 설치할 수 있도록 하는 것, 말하자면 적재적소의 투자를 유도하는 것도 정부의 중요한 역할이라고 할 수 있다.

루벤 바르다니안 간과하지 말아야 할 점은 그런 정책이 이른바 부자 정부에서만 가능한 일이라는 점이다. 아마 G-20 정도의 정부에서만 가능할 거다. 경제 규모가 작은 나라들, 예를 들어 동유럽 국가들은 경제를 발전시키고 규모를 키우는 것이 우선 과제가 될 수 있다.

질문 대학이나 기업에서 연구한 결과를 실제로 상품화하는 가장 좋은 방법은 무엇일까?

앨런 히거 기초과학의 육성이 우선 중요하다. 기초과학에서 새로운 발견이 나오고, 이를 기초로 상품이 개발될 수 있다. 예를 들어 내가 15년 전에 초고속전자이동을 연구할 당시 태양광발전에 대해서는 생각해 본 적도 없다. 그저 기초과학의 연구 결과물로 발표했다. 그러나 결국 이것이 태양전지의 원리로 응용되고 상품화된 것이다.

질문 신재생에너지 분야에서는 미국이 유럽에 뒤처진 것 아닌가?

앤디 카스너 전혀 동의하지 않는다. 태양광·풍력·지열 분야에서 총 생산량만 놓고 보면 미국은 이미 독일을 제치고 세계 1위가 됐다. 부시 대통령 시절 미국 정부가 국제적으로 인기가 없고 메시지 전달에 약하기 때문에 뒤처진다는 인식을 주고 있지만, 미국은 신재생에너지 강국이다. 관련 분야의 기초 및 응용과학도 앞서 있고, 현재 신재생에너지에 대한 정부의 예산도 유럽보다 훨씬 많다.

질문 러시아처럼 원유 매장량이 많은 나라는 신재생에너지 개발에 관심이 없는 것 아닌가?

루벤 바르다니안 러시아는 면적이 넓지만, 햇빛이나 바람을 많이 이용해 온 나라는 아니다. 그러나 신재생에너지의 중요성을 인식하고 있다. 우리도 장기적으로는 석유의 대안을 찾아야 한다는 사실을 깨닫고 있다. 정부에서 관련된 펀드를 조성하는 것으로 알고 있다.

질문 태양광을 포함한 신재생에너지 분야의 발전이 기대만큼 빠른가?

앨런 히거 세상에 기대만큼 빠른 발전이 어디 있겠는가. 새벽 3시에 일어나 집 안을 어슬렁거리다 위스키 한 잔을 마시며 생각한다. 어떻게 에너지 효율을 높일 수 있을까 하고. 나는 좀 더 빠른 진전을 원한다.

질문 녹색 성장이나 신재생에너지는 중요하지만 어렵다는 인식이 많다. 일반인들에게 쉽게 이해시킬 수 있는 방법은 없을까?

앨런 히거 한 가지 방법은 대학을 모델로 만드는 것이다. 예를 들어 미국에 있는 모든 대학에서 신재생에너지를 사용, 온실가스 배출을 줄이는 것이다. 그것이 학생들 생활의 일부가 되면 사회에 대단한 영향을 주게 된다. 실제로 태양광 패널을 설치한 대학들이 많이 늘어나고 있다.

앤디 카스너 에너지 효율을 표시하는 '에너지 스타'라는 프로그램을 운영한 적이 있다. LG나 삼성에서도 참여했다. 에너지 스타에 참여한 형광등 브랜드를 홍보하기 위해 디즈니가 만든 영화 '라따뚜이'에 투자를 하는 등 관심을 끌 만한 이벤트도 벌였다. 정부는 기업이 하지 않는 교육, 특히 모든 세대를 아우를 수 있는 교육을 담당해야 한다. 만화를 보는 아이들에게 아버지가 신재생에너지를 설명할 수 있을 정도가 돼야 한다. 이를 위해 대학뿐만 아니라 초·중·고등학교는 물론 보이스카우트나 로터리 클럽 등 다양한 단체에 접근해야 한다.

루벤 바르다니안 기후 변화가 범지구적 문제이고, 교토의정서가 국제 합의인 것처럼 교육 문제도 국제적으로 접근할 필요가 있다. (내가 설립한) 모스크바의 비즈니스 스쿨도 이 문제를 개별 국가 차원이 아니라 중국, 인도, 브라질 등 각국과 연계해 접근하고 있다.

2009년 1월 18일. 세상의 끝에 서 있었다. 장엄했다.

싱벨러(Þingvellir).

유라시아 대륙과 아메리카 대륙의 판(板)이 대서양에서 서로 부딪쳐 바다 위로 융기한 땅이 아이슬란드다. 맞닿았던 두 대륙은 다시 떨어지며 거대한 틈을 만들었다. 그곳이 바로 싱벨러다.

유라시아·아메리카 대륙 간의 틈은 점점 더 벌어지고 있다. 1년에 2~3m씩 멀어진다고 한다. 2009년 1월 현재 가장 많이 벌어진 틈의 길이는 3km 정도가 된다.

유라시아 대륙 쪽에서 아메리카 대륙을 바라보는 것보다는 아메리카 대륙에서 유라시아 대륙을 바라보는 것이 더 장엄한 느낌을 줬다. 역사가 주는 무게 때문일 수도 있다.

몹시 추웠다. 시베리아와 북극에서 부는 차디찬 칼바람이 이곳에서 만나 회오리치는 듯 했다.

대륙과 대륙 사이의 갈라진 틈은 남쪽으로 흐르면서 거대한 호수가 된다. 호수의 맑은 빛깔은 형언할 수 없이 아름답다. 에메랄드와 옥이 함께 담겨 있다.

호수가 시작되는 지점에 작은 건물이 있다. 무슨 건물일까?

교회다. 그렇겠지. 대륙이 맞닿을 정도로 기가 충만한 지역에 영혼을 달래 줄 무언가가 필요했을 것이다.

호수 건너편을 바라봤다. 저 멀리 아스라하게 연기가 오르는 것 같다. 저건 무엇일까? 지열발전소다. 그렇다. 대륙과 대륙이 만나 튀어오른 지점은 지구 내부의 에너지가 분출되는 곳이기도 하다. 그러고 보니 아이슬란드의 지열발전소는 대부분이 두 대륙의 판이 만나는 선을 따라 개발되고 있었다.

에너지는 태초부터 우주가 인간에게 내린 선물이다. 선물 가운데 많은 부분이 오랜 동안 잊혀져 왔다. 클린 에너지, 그린 비즈니스, 녹색 성장 이런 것들은 우리가 잊어 왔던 자연의 선물들을 되찾아 가는 과정일지도 모른다.

:: 이도운

연세대학교 정치외교학과를 졸업하였다. 미국으로 건너가 University of Colorado at Boulder에서 Integrated Marketing Communication을 전공하고, 석사학위를 받았다. 1990년 서울신문에 입사했고, 2000년 서울신문 민영화 이후의 편집 및 경영 전략을 수립한 회사발전위원회를 이끌었다. 2004년부터 2008년까지 워싱턴 특파원을 지냈다. 1995년 관훈클럽으로부터 국제보도상을 받았다. 시베리아 벌목장을 탈출한 북한 노동자들의 참상을 처음으로 세상에 알려, 한국 정부가 탈북자 문제를 공식적으로 인정하고 이들을 받아들이도록 정책을 바꾸는데 기여한 공로를 인정받았다. 2005년에는 미 정부의 장애인 정책을 심층 취재해 서울신문 동료기자들과 함께 가톨릭 매스컴상을 받았다. 저서로는 2001년 환경부 출입 시절 환경기자클럽 소속 기자들과 함께 쓴 『연어가 돌아오지 않는 이유』, 2007년 특파원 시절 각 신문·방송의 기자 및 교수들과 함께 쓴 『예비 언론인을 위한 미디어 글쓰기』가 있다.

앞으로 100년, 전 세계를 휩쓸

그린 비즈니스

출판 1쇄 펴낸날 | 2009년 7월 31일

지은이 | 이도운
펴낸이 | 이금석
마케팅 | 곽순식, 김선곤
물류지원 | 현란
기획·편집 | 박수진
펴낸곳 | 도서출판 무한
등록일 | 1993년 4월 2일
등록번호 | 제3-468호

주소 | 서울시 마포구 서교동 469-19
전화 | 02)322-6144
팩스 | 02)325-6143
홈페이지 | www.muhan-book.co.kr
e-mail | muhan7@muhan-book.co.kr

값 | 26,500원
ISBN | 978-89-5601-241-4 (03320)